# 全球中文发展研究

## JOURNAL OF GLOBAL CHINESE LANGUAGE DEVELOPMENT

**第一辑** 《全球中文发展研究》编委会 编

华东师范大学国际汉语文化学院

匈牙利罗兰大学

丹麦奥胡斯大学全球研究与中国研究学系

联合主办

国家语委研究型基地"华东师范大学全球中文发展研究中心"

资助

华东师范大学出版社

·上海·

图书在版编目（CIP）数据

全球中文发展研究. 第一辑 /《全球中文发展研究》
编委会编. —上海：华东师范大学出版社，2023
ISBN 978 - 7 - 5760 - 4241 - 2

Ⅰ. ①全… Ⅱ. ①全… Ⅲ. ①汉语—对外汉语教学—
研究 Ⅳ. ①H195.3

中国国家版本馆 CIP 数据核字（2023）第 199724 号

**全球中文发展研究　第一辑**

《全球中文发展研究》编委会　编
策划编辑　王　焰
责任编辑　孙　莺　朱华华
责任校对　樊　慧　时东明
装帧设计　卢晓红

出版发行　华东师范大学出版社
社　　址　上海市中山北路 3663 号　邮编 200062
网　　址　www. ecnupress. com. cn
电　　话　021 - 60821666　行政传真 021 - 62572105
客服电话　021 - 62865537　门市(邮购)电话 021 - 62869887
地　　址　上海市中山北路 3663 号华东师范大学校内先锋路口
网　　店　http://hdsdcbs. tmall. com

印 刷 者　上海锦佳印刷有限公司
开　　本　787 毫米×1092 毫米　1/16
印　　张　16
字　　数　234 千字
版　　次　2023 年 11 月第 1 版
印　　次　2023 年 11 月第 1 次
书　　号　ISBN 978 - 7 - 5760 - 4241 - 2
定　　价　68.00 元

出 版 人　王　焰

（如发现本版图书有印订质量问题,请寄回本社客服中心调换或电话 021 - 62865537 联系）

# 《全球中文发展研究》编委会

# 目 录

## 国别语言政策与中文发展研究

## 全球中文教育研究

发刊词

# 关注全球中文使用　推动全球中文发展
# （代发刊词）

潘文国[*]

**提要：**本文从三个方面对当前日益引起关注的新概念"全球中文发展"进行了比较系统的解读。第一,梳理了 40 年来外国人中文学习从"对外汉语教学"到"全球中文发展"的各种名称产生和演变的历史,分析了名称演变背后的时代和社会进步,以及学科自身的发展。"全球中文发展"概念是适应新时代学科发展要求的产物。第二,从"中文""全球""发展"三个关键词出发,阐述了"全球中文发展"这一概念包含的新意及其具体内容。第三,从历史上三个"中文之用"的例子出发,提出了全球中文发展研究可以开展的八个方面和涉及的学科,期待能有更多人加入这一研究。

**关键词：**国际中文教育;全球中文发展;中文之用

2022 年 11 月 18 日,国家语委和华东师范大学共建共管的"全球中文发展

---

[*]　潘文国,华东师范大学国际汉语文化学院教授,华东师范大学终身教授,博士生导师。中国英汉语比较研究会名誉会长。

研究中心"在华东师范大学挂牌成立,时隔一年,由中心直接指导的《全球中文发展研究》集刊第一期在各方关切的目光中正式面世。随着中心和集刊的问世,一个新的概念出现了,这就是"全球中文发展"。这是个什么样的概念? 它与以前的"对外汉语教学"和"国际汉语教学",以及当今的"国际中文教育"等概念有什么联系和区别? 它提出了什么新问题? 它关注的焦点是什么? 它对全球中文的发展和研究有什么期望? 在这篇文章里,笔者想就个人的理解,谈一点粗浅的认识和建议。

## 一、从"对外汉语教学"到"全球中文发展"

"全球中文发展"是"国际中文教育"发展到新时代的产物,它与从"对外汉语教学"发展到"国际中文教育"这一系列概念有着天然的联系,而又有着一些不同。厘清这些概念之际的发展和演变,对于理解"全球中文发展"这一新概念有重要的意义。这里我们先回顾一下以往那些名称产生、发展和演变的历史。

"对外汉语教学"这个名称历时最久,也最广为人知。这个名称一身而三任,它既是事业的名称,又是专业和学科的名称。作为事业,它指的是帮助外国人学习中文的教学活动,这种活动由来已久,甚至可追溯到一千多年以前的唐代。但正式取得"对外汉语教学"的名称是在 1983 年,在成立中国对外汉语教学学会的过程中提出来的。如果说学会只是个民间组织的话,那么到 1987 年成立国家对外汉语教学领导小组办公室(国家汉办)的时候,就等于拿到了"官方"的许可证,从此以后不胫而走,其简称的拼音"Hanban"(汉办)甚至进入了国际上的英文词典,成为一个英文新词。1989 年起"对外汉语教学"更被称为一项国家的和民族的"事业"。2006 年,随着孔子学院、孔子课堂等在海外大量建立,汉语教学开始大踏步走向海外,这名称似乎有些不适合,一度曾被改为"汉语国际推广",但习惯上人们还是称"对外汉语教学"。作为专业,它指的是进入高校本科专业名录的专业,在中国开始于 1985 年,正式名称是"对外汉语"专业。2011 年更名为

"汉语国际教育"专业。作为学科,它指的是纳入研究生教育专业目录的学科。中国的学科结构,在"学科门类"下有一级学科和二级学科,二级以下不称学科而称"研究方向",民间俗称"三级学科"。20世纪八九十年代,"对外汉语教学"一直作为一个"研究方向"存在,先后挂靠在"现代汉语"和"语言学及应用语言学"等二级学科下面,相当于一个"三级学科"。作为二级学科的最早尝试是在2005年,由华东师范大学研究生院自主设立,上报教育部和国家学位办备案,当时名称是"对外汉语教学"。2007年,国务院学位办正式批准设立"汉语国际教育"专业硕士学位,这是对外汉语教学进入二级学科的正式名称。2019年,事业、专业、学科的名称统一改为"国际中文教育"。2022年9月,国务院学位委员会和教育部联合发布了2022版《研究生教育学科专业目录》。在这个目录里,"国际中文教育"硕、博士专业学位正式列入教育学学科门类下,地位相当于一级学科,这是国际中文教育进入一级学科之始,是具有里程碑意义的大事。

从以上的简单梳理可以看出,这些名称的取得和变化伴随着学科和事业的发展历程,体现着人们对之认识的深化。从"对外汉语教学"到"国际中文教育",有以下三个显著的变化。

第一个变化是从"对外"到"国际"。"对外汉语教学"名称的来源是对英国的"Teaching English as a Foreign Language(TEFL)"(英语作为外语的教学)的模仿,实际上是先有英文"Teaching Chinese as a Foreign Language"及其缩写"TCFL",然后由其中文翻译"汉语作为外语的教学"缩减而来。但由于其中"对外"一词,隐了主要是针"对"来到中国的"外"国留学生的意思,放到中国以外的汉语教学就不太合适,例如外国教师在他们本国教本国学生学汉语,如果也叫"对外"的汉语教学,给人的感觉就有点怪怪的。因此这一词语逐渐为"国际"所替代。2006年和2007年,事业、专业和学科的名称就分别改为"汉语国际推广"和"汉语国际教育"。名称的这一变化适应了对外汉语教学事业的发展,背后反映的是教学对象由内到外、由中国而世界。

第二个变化是从"教学"到"教育"。1985年对外汉语专业正式进入本科目录时,对于其名称究竟应该叫"对外汉语教学"还是"对外汉语",曾有过激烈的争论。虽然对"对外汉语"的说法不无争议(最常提出的质疑是:有"对外汉语",难道还有"对内汉语"吗?),但最后专业名称里还是没有"教学"二字。这背后其实隐含了一个道理:"教学",作为所有学科都有的实践行为,是不适宜作为专业或学科名称的。因此在学科化的过程中,在"对外"发展到"国际"的过程中,"教学"也顺里顺当地改成了"教育","对外汉语教学"就成了"国际汉语教育",而且学科属性也从中文学科转到了教育学科。从"教学"到"教育"还有第二层意思。以前的海外中文教学其实有两块,与汉办相关的叫"对外汉语教学"、与侨办相关的叫"华文教育",分别叫"语"和"文",以及"教学"和"教育",这是有区别的。就后者而言,其区别在于:"教学"重在实践,主要指具体的教学过程;"教育"则兼重实践和理论。"教学"往往就事论事,例如语言教学就只管实际教学过程和效果,不管其他;"教育"则有形而上的考虑,重点在"育",是以教学为手段对人的精神上的全方位培育。把对外汉语教学称为"教学",实际上隐含着就事论事,只管语言教学的意思,避免在国际上授人以柄,指责我们要从事文化和价值观输出;而"海外华文教育"称"教育",则是我们希望海外的华人、华裔通过祖语的学习,更多地实现对母国和祖族在文化上的认同。名称从"教学"到"教育"意味着认识上的一次深化,即认识到并且表述出,语言教学不可能是单纯的,语言教学的过程必然伴随着文化的传播和灌输,不再有任何顾虑。

第三个变化是从"汉语"到"中文"。这个变化的内涵更加深刻,至少体现在三个方面。其一,在国家语言政策层面,作为一项国家的事业,用"中文"作为国家语言文字的名称比"汉语"要好,因为"汉"容易使人联想到"汉族",而汉族只是中华民族大家庭的成员之一;用"中"字更能体现出代表国家的名称。这个名称也比"华"好。国际上有人称"华文、华语","华"代表的是"华夏",是个大民族概念,但不是国家名称。其二,在中文国际传播层面,这一名称可以涵盖国外原先存在的两种中文教学,针对华人以外的"汉语"教学和特别针对华人华裔的"华文"教育。其三,在学术层面,改"汉语"为"中文"有两个方面的意义:一是在语言与文化的关系上,一是在语言文字本身。20世纪90年代,对外汉语教学界曾存在过"语言派"和"文化派"之争,语言派主张"对外汉语教学"就是单纯的语言教学,不需要关注文化问题;"文化派"则主张在语言教学的同时,还应重视中国文化的教学。这个争论到21世纪初取得了共识,认为语言教学不能排除文化,对外汉语教育也应以传播中国文化为己任。之所以会有这个争论，推究起来，与"对外汉语教学"名称中突出"语"字有关（20 世纪 50 年代教外国人学中文的名称是"中国语文专修班"，语、文并重；采用"对外汉语教学"名称时把"文"去掉了）。把"语"改为"文"，同时把"文"理解为"文化"，"中文"也就可理解为"中国语言文化"之省。"国际中文教育"在不否定"语言派"的情况下吸收了"文化派"的思想，不仅教学语言，同时讲中国文化，这就更符合当今"讲好中国故事，传播好中国文化"的总战略，理解和实施起来就更顺了。就语言文字本身而言，语言有口语，有书面语，单说"语"和"文"都可以概括书面语和口语。吕叔湘解放前出版的《中国人学英文》，解放后再版时改称《中国人学英语》。赵元任的名著《中国话的文法》（*A Grammar of Spoken Chinese*），这是他自译的书名，而吕叔湘翻译过来后，把书名译为《汉语口语语法》。奥托·叶斯柏森（Otto Jespersen，1860—1943）的名著"*Essentials of English Grammar*"，有人翻译成《英语语法精要》，有人翻译成《英文文法要义》。其实早在 1904 年，在严复的《英文汉诂》"卮言"里，他说到"国之将兴，必重国语而尊国文"[①]时，其"语"和"文"就分别指口语和文字（即书面语）。2008 年我出版《危机下的中文》一书，强调这一区别，特别指出，"汉语"根本不存在"危机"，存在"危机"的是"中文"。[②] 在这样的背景下，改"语"为"文"更体现了对书面语的重视，可说是对"中文"理解的深化，这在中文教学的发展上是有重要意义的。

　　经过几次更名，我们发现，从最初的"对外汉语教学"，到目前的"国际中文教育"，名称中的三个关键词全换了，而内容更深刻、更全面了。"国际中文教育"这个名称同样具有"事业、专业、学科"一身而三任的特点，将在相当一段时期内成为引领和振兴这一事业的一面大旗。而"全球中文发展"正是在这面大旗下提出的一个新概念，旨在拓宽"国际中文教育"的研究范围，更好地推动这一事业的深入。

---

① 　严复：《英文汉诂》，上海：商务印书馆，1904 年初版，1933 年重版，卮言，v。
② 　潘文国：《危机下的中文》，沈阳：辽宁人民出版社，2008 年，序言第 3—4 页。

## 二、"全球中文发展"释义

提出"全球中文发展"这个概念,并不是要取代"国际中文教育",而是要在"国际中文教育"的基础上,拓宽研究领域和范围,为"国际中文教育"做最好的铺垫。"全球中文发展"有三个关键词,"中文"承"中文"而来,但有更深入一步的理解;"全球"和"发展"则是承"国际"和"教育"而来,但都有所拓展。下面试加论述。

上面说到,在把"汉语教育"更名为"中文教育"的过程中,已经考虑到重视书面语的因素。但我们理解的"中文",其喻指的书面语性可能更强。原因有三。

第一个原因,从语言学习和教育的根本目的来看,"读写"应是终极目标,不论在中国在外国,小学生上学读书都是学习书面语,中国人叫"学习读书作文",英国人说"learn to read and write",从来没听说上学是学说话的。这当然是指学母语,学外语与学母语不一样,读写之外还要学会听说。但学一种语言,归根到底还是要学会"read and write"。能听说而不能读写,语言学习可说并未完成,甚至连开始完成都说不上。在中国人学外语的过程中我们对此是有过教训的。20 世纪七八十年代,外语界曾有人批评以前的外语教育,说培养出来的都是"哑巴英语"。虽然能读英文原著,能翻译专业书籍,但见到外国人,一句话也不会说或不敢说。因而拼命强调听说领先、强调口语教学。在当时的时代背景下这似乎也没有错,但多年以后回过头去看,发现过于强调口语的教学会走向另一个极端。一些以这种方式培养出来的学生确实能说会道,口若悬河。但真正需要他用英文写文章、做翻译时,却做不了,或是错误百出,词不达意,甚至难以卒读。对这种现象,后来外语教育界用了一个新词进行批评,叫作"文盲英语"。在一次学术会议上有人问我在这两种"英语"中赞成哪一种,我说从理想的角度看两者都不合适,最好的外语教育应该听说读写都会;但一定要在两者之间有所选择的话,我倒宁可要"哑巴英语",而不要"文盲英语"。从历史上看,我国近现代文理各学科的一些奠基性的学术著作和教材,大多是"哑巴英语"者翻译的,他们虽然口语差,发音不准,交谈困难,但为中国的科学文化事业做出了实实在在的贡献。而当代的一些"文盲英语"者恐怕只能为个人的出国生活提供方便。改革开放之初一些人通过各种途径到了西方国家,开店或做小商小贩谋生,去的时候可说既是"哑巴",又是"文盲"。但过了一两年,"哑巴"的问题在实际生活中很快解决了;而"文盲"的问题没有十几二十年的积累却很难解决。中国人到了国外为什么很难融入西方主流社会? 重要原因之一就是外语读写能力差,虽然口头交流基本没有问题,却是书面语的文盲或半文盲,因而真到了要打官司、签合同等必须使用书面语的时候,还是需要仰仗别人的帮助。外国人学中文也是如此。西方很多著名汉学家以前学的其实就是"哑巴中文"。他们能写厚厚的中国研究著作,能翻译艰深的中国古代经典,但开口却说不了几句中国话,有人甚至终生没有到过中国(例如著名的英国汉学家阿瑟·韦利,Arthur Waley)。而不想学汉字和中文书面语的汉语学习者,到最后只能成为文盲半文盲,在中文学习上很难再往前走,也无法在需要中文的跨国公司找到合适的工作。

第二个原因,许多人已经注意到了语言中口语与书面语有距离,而且相对于其他语言来说,中文的口语和书面语距离更大,但不会想到,这个距离竟大到像另一种语言的地步。这"另一种"语言的观点是现代语言学之父索绪尔(Ferdinand de Saussure,1857—1913)提出来的,他用的词是"第二语言"。他说:"对汉人来说,表意字和口说的词都是观念的符号;在他们看来,文字就是第二语言。"①"第二语言"这个词,他从来没有对任何其他语言使用过,世界上除中文外也没有任何别的语言可称为存在第二语言。"第二语言"这个说法隐含了索绪尔对世界语言的一种分类,一类是使用表音文字的语言,可称之为第一语言;一类是使用表意文字的语言,即第二语言。世界上其他语言都只有第一语言,而汉语是兼具第一语言和第二语言的语言。只是因为索绪尔强调该书讨论的只是拥有第一语言的语言而未及第二语言,从而后人也忽视了,这个不足,应该由中文研究者来补上。基于这样的认识,我们认为,对中文书面语的学习和研究,无论如何强调都不会过分。

---

① 索绪尔:《普通语言学教程》,高名凯译,北京:商务印书馆,1980年,第51页。

第三个原因,文字是文化的真正载体。我们常说语言是文化的载体,但这个说法是不精确的。精确的说法是,文字才是文化的真正载体。一个没有文字的族群可能有文明,但是没有文化,因为它没有记载和传承的工具。中国有 8 000年的文明史,但真正有记载的文化史只有 3 000 多年。一个文明的文字和文献被毁灭了,它的文化也就不复存在,例如玛雅文明。"语言"可以通过"教学"来习得,而"文化"只有通过"教育"来获得。之前我们为什么把对外汉语教学称"教学",而海外华文教育称"教育"? 区别就在这里。对华义的"教育"来说,汉字和书面语尤其重要。因为对祖文化的认同是通过汉字的载体来体现的。会说汉语或汉语某一种方言却不认识汉字的人,不大可能会对中国文化有认同。一个例子是印度尼西亚,经过苏哈托时代几十年的强制同化,当代年轻的华人中,尽管还有些人在家里会说几句汉语或闽语,但不认识汉字,连自己名字的汉字也不会写,对中国文化的认同就很淡了。而一水之隔的马来西亚,由于华文教育的传统没受太大冲击,情况就完全不同。

以上谈的是第一个关键词——"中文",第二个关键词是"全球","全球"承"国际"而来,但范围更宽更广。这里仅提两点。

宽广之一是摆脱"之间"的束缚。"国际"字面意思是"国与国之间",因此总给人一种国家之间交往的印象,在谈"国际汉语教学"或"国际中文教育"时,我们常会联想起外国留学生来华学习或中国外派汉语教师和志愿者到国外任教,以及由中国出面组织各种国际交流活动、国际研讨会等。由于"汉语"或"中文"的原因,这个"国际"往往隐含着以中国为一方,并且伴随有中方的参与。那么,海外的一些没有中国参与、也不以中国为一方的自发的中文教学或其他应用中文的场合,例如很多国家都有的"中文教师联谊会"之类组织,他们定期或不定期地展开活动,特别是在没有邀请中国参加的情况下,是否也能纳入"国际中文教育"旗下呢? 时间再往前推,例如 1814 年雷慕沙(Jean Pierre Abel Rémusat)在法国法兰西学院、1825 年马礼逊(Robert Morrison)在英国伦敦大学、1875 年理雅各(James Legge,1815—1897)在英国牛津大学、1875 年薛力赫(Gustav Schlegel)在荷兰莱顿大学、1884 年威妥玛(Thomas Wade)在英国剑桥大学等先后创立汉学系或汉学研究院以及语言学校等,从事中文教育与中国文化研究,这些好像也不宜称作"国际中文教育",但作为宽泛的"全球"性中文活动则没有问题。

宽广之二是可以纳入一些不认为是"之间"的研究。例如中国境内的中文和中文教学法研究。说到底,对外国的中文教育或教学本质上是本国语文教育的延伸,本国语文政策的制定和变化、本国语文与语文教学法的采用和演变,都会对对外语文教育产生影响。同时外国语文的教学法也会影响本国,并且潜移默化为本国的教学法,进而影响到对外的本国语教学。后一种现象可以以民国后的小学语文教学为例。多年前我曾提出过一个命题,"100 年来,我们以教外语的方式教母语"①,许多人不理解,其实是因为习惯成自然了。所谓"外语式的教学方式"是指教材编写以语法为底座,有意无意地进行语法分析。如 1923 年出版的一套《新学制国语教科书》,第一课便是"狗。大狗,小狗。大狗叫,小狗跳。"表面上看来是为了"儿童化",适应儿童的语言,实际上是隐含了语法教学。试看,第一句"狗"出现的是一个名词;第二句"大狗,小狗"是各加了一个修饰的形容词;第三句"大狗叫,小狗跳"是再各加上一个动词,而且主谓完整,成了一个句子。这课书当然没有出现名动形、主谓宾等语法术语,但课文本身却在实际上埋下了一颗语法的种子。这同中国传统的语文教学法(阅读从"三百千"开始,写作从对课开始)相距不可以道里计。但百年来我们已经习以为常,并且反过来施之于对外汉语教学(所谓"以语法为纲"的教材)。前一种现象则更多了,百年来中国的语文运动风起云涌,白话文运动、汉字简化、注音字母和汉语拼音方案的先后采用、教学语法体系的制定和修订,直至近些年字本位理论等的异军突起,特别是历史上第一部《国家通用语言文字法》的颁布与实施,都对本国语文教育、教材编写、教学法的变化产生重大影响,并延伸到对外国人的中文教育。这种中文研究和中文教育的内外互动,有的似乎只是国内的事,与"对外"或"国际"无关,但深层的研究会发现,这也是"全球"中文和中文教育研究的对象。

第三个,也是更体现这个新概念含义的关键词是"发展",它是在"教学"和"教育"基础上的拓展,但显然范围要大得多,包含的是中文从"学"到"用"的全过程,尤其是"用"。中心顾问李宇明教授和中心主任、华东师范大学校长钱旭红院

---

① 潘文国:《100 年来,我们用教外语的方式教母语》,《南方周末》第 1215 期(2007 年 5 月 24 日),第 27 版。

士在全球中文发展研究中心成立大会上强调，"中文不仅要学而且要用"，这是一个非常新颖而深刻的见解。说到底，"学"的目的是"用"，不"用"，学了等于白学；而不了解"用"，"教学"和"教育"得不到使用者的反馈，可说会缺少方向和原动力。在讲"教学""教育"的时候，人们的目光局限在教室里，最多是看到相关的教学研究环境，关注的是老师怎么教，学生怎么学，似乎"两耳不闻窗外事"；而谈到"发展"，人们的目光就必然放到教室之外的广阔天地。从这角度看，"发展"不妨看作是一种"后"国际中文教育，也就是要观察、研究接受了中文教育之后怎么样，有多少人在使用，在哪些领域、哪些场合使用，使用中有什么问题，使用中对中文教育有什么新要求，对中文母国有什么要求，对师资培训有什么要求，对中方合作人有什么要求，在有中国人的环境下怎么使用，在完全没有中国人和中国背景的环境下怎么使用，等等。对这些，其实我们是非常无知的。比方我曾听在联合国工作过的朋友说起，联合国的文件一般都要求有六大官方语言的文本，翻译过程中一般要求各母语者负责把文件翻译成本国语。这当然是天经地义的，而且对英、法、俄、西、阿等国母语译者来说也根本不成问题。然而对中文的翻译者来说，他们却常常被要求不但将其他语言的文件译成中文，还会要求协助把中文的文件译成其他官方语言。可见即使在联合国这样高端的国际性机构里，能用中文做翻译的外国人才也奇缺。但究竟缺到什么程度，这问题又怎么解决？是不是就应由中国人（包括海外华人）大包大揽所有涉及中文的事务？我们却缺乏进一步的调查。再比如，对海外中文教育我们做过很多调查，知道哪些国家在哪种层次上把中文纳入了其国民教育体系，开设了多少大中小学的中文学校、中文专业和中文班，有多少各类的中文课程，编写了哪些教材，有多少中文师资，其来源和组成如何，等等。这自然是不错的，但同样，我们很少看到对中文学生毕业后的去向调查：从小学、中学毕业的，继续在中文专业深造的有多少？大学毕业的，有多少在从事与中文相关的工作？相关度如何？有多少人在从事中文写作、翻译、口译、作中文主播、开设中文网站？仅仅依靠汉语口语在做的工作有多少，是哪些？可以利用"哑巴中文"做的工作有多少？是哪些？等等，这些实在是我们进一步推动国际中文教育的动力和依据，但我们所知确实甚少。

当今世界正面临百年未有之大变局，一超独霸的局面正在被打破，中国提出

"一带一路"倡议，提出"积极参与全球治理体系改革和建设"的建议，提出"建设人类命运共同体"的建议，受到了世界的欢迎。中国正在而且必将在世界舞台上发挥越来越大的作用。在这背景下，中文国际化将会是一个众望所归的前景，中文的使用、中文的普及、中文话语权的提升等，也就是全球中文的发展，也必将引起国际社会越来越多的关注。在今天提出这个新的概念，可说是恰逢其时。

### 三、从中文之用到中文发展研究

把目光从相对单纯的中文之"学"转向中文之"用"，我们前面突然展开了一片广阔的天地，感到有许多问题、许多现象等着我们去发现、去研究，一些似乎与中文教育不相关的领域也会引起我们的注意，一些原来有所注意的领域也发现有了观察的新视角。首先是中文之"用"包括哪些？它可能达到的最高境界是什么？我们不禁想到了历史上的几个例子。

第一个例子是唐代。唐代是中国历史上国力最强盛的时代，万国来朝，也是学习中文的第一个高潮。来华留学生、留学僧众多，与中国官员和诗人交往，甚至与在中国朝廷做官交往的也不乏其人。那么，外国人学了中文之后的使用能达到什么程度？我们可以以日本和尚释空海（又名遍照金刚、弘法大师，774—835）为例。空海在日本文化史上的贡献是全方位的，包括宗教、佛学、诗学、书法、文字学，等等，但几乎全是基于在中国学习所得，可说他是将中国文化全盘移植到了日本，开创了日本文化的新时代。特别是他在汉字草书基础上创造了平假名，使日本有了真正属于自己的文字，其意义更不可低估。他的中文之用甚至还反哺了中国和中国文化。他撰写的《篆隶万象名义》[1]使我们得见在中国已佚的顾野王《玉篇》的部分原貌。他的《文镜秘府论》和《文笔眼心抄》[2]既是他总结中国诗学，用作教日本人汉诗的教材，又在客观上保存了在中国久已失传的许多

---

[1]　释空海编：《篆隶万象名义》，北京：中华书局，1995 年。
[2]　遍照金刚撰，卢盛江校考：《文镜秘府论汇校汇考（附：文笔眼心抄）》，北京：中华书局，2006 年。

唐人诗格著作。这些资料的回传,使我们得以考见唐代诗律形成和发展的过程,对中国文化史的研究也意义重大。空海的成就可说是中文之"用"极其成功的最早例子。

第二个例子是明末清初。想到的人物是意大利传教士利玛窦(Matteo Ricci,1552—1610)。利玛窦与徐光启合作,翻译了大量西方宗教和科学书籍,筚路蓝缕,对西学东渐起了先锋作用,这已广为人知。但人们未必知道他为此在中文学习上付出的努力和取得的效果。作为耶稣会教士在华传教成功的第一人,利玛窦自己总结了他得以超越前人的两条经验,其一是"用中文著述",其二是"交谈方式较佈道方式更有效"。① 可见他在中文的学习上是听说读写并重,在中文的全面掌握上下了狠功夫。他的中文口语能力可见于他的交友之广,尤其是他所往来的多是中国士大夫乃至高层官吏,谈的不可能只是日常会话。他的写作能力呢?以前我们不甚清楚,因为西方出版的《利玛窦全集》不收其中文作品。2012 年,朱维铮经多年努力,编辑出版了一本《利玛窦中文著译集》,收录利玛窦中文著译 17 种,这是利氏中文著作的第一次结集。此书洋洋数十万字,令人叹为观止。其中我特别感兴趣的是《交友论》这篇名作。此书以明末流行的"清言"体写成,文笔优美简练,读来简直与其他晚明小品如陈继儒的《小窗幽记》等无异。② 《交友论》还被收入了《四库全书》,《四库全书总目提要》怀疑它可能经过了明末曾任翰林院检讨的名医王肯堂的"点窜"即润饰。③ 但我想,即使请人润饰,也得有个可润饰的基础。此文即使放到今天,也可达中文的上等水平。利玛窦本人对此也非常满意,逢人即送,是他打开与士大夫交往的敲门砖,以此开辟了西学东渐的新天地。这是真正有效的"中文之用"。利玛窦还著有《西字奇迹》,是世界上用拉丁字母拼写汉字的第一部著作,真正的"汉语拼音之祖",与稍后法国传教士金尼阁(Nicolas Trigault,1577—1628)的《西儒耳目资》共同开启了汉语拼音的历程,对当代推广普通话以及国际中文教育可谓功在千秋。值

① 朱维铮主编:《利玛窦中文著译集》,上海:复旦大学出版社,2012 年,第 20—21 页。
② 陈继儒也是他交往的朋友之一,为这本书作了题记《友论小叙》,同上书,第 119 页。
③ 永瑢、纪昀等撰:《四库全书总目提要》,周仁等整理,海口:海南出版社,1999 年,第 653 页。

得注意的是，《西字奇迹》中有一篇《述文赠幼博程子》，文中利玛窦强调书面语（著书）相对于口语（立言）的重要性，除了"万里之外……如对坐焉"，"万世之后……如同世而在"之外，他特别指出："言者速流，不容闻者详审而谛识之，不容言者再三修整而俾确定焉。若书也，作者预择者，笔而重笔，改易方圆，乃著之众也。故能著书，功大乎立言者也。"①这与20世纪许多语言学家的观点大相径庭，也发人深省。

第三个例子是晚清科技翻译，代表人物是英国传教士傅兰雅（John Fryer，1839—1928）。清末思想家、曾经协助理雅各英译《中国经典》（*The Chinese Classics*）、协助麦都思（Walter Henry Medhurst，1796—1857）汉译《圣经》的翻译家王韬曾说："以华文译西文则西儒易而华人难，以西文译华文则华人易而西儒难。"但傅兰雅却是个例外，好像两者都难不倒，因为他两种语言都极好。王韬介绍说，"傅兰雅先生英国之通儒，旅居中土20余年，于中国之语言文字无乎不通，于中国之词章学问无乎不贯"，因而"所译诸书词简意赅，义蕴毕宣，未尝不为倾倒者久之，而叹为当今未易才也"。②傅兰雅独译或合译西书129种，大都为科技书籍，是晚清传播西方科技最多的人，也是由外译中的巨匠。他的中文文辞之美确实令人赞叹。他既能写《江南制造总局翻译西书事略》③这样长篇的通俗文言文，还能创作连现代中国人都难以企及的骈文。他的《"格致汇编"编者白》一文，骈四俪六，引经据典，声韵铿锵，连平仄都注意到了④，令人不敢相信是外国人的作品。试举一节如下：

> 西竺流传释典，学类扬朱；东瀛唱和诗篇，才惭李白。请驰域外之观，兼习寰中诸务。古圣睹蓬飞鸟迹，爰作车书；后王陋穴处巢居，易为宫室；知制

---

① 朱维铮主编：《利玛窦中文著译集》，上海：复旦大学出版社，2012年，第268页。
② 王韬：《格致汇编序》，傅兰雅辑：《格致汇编》（第五年春季），上海：格致书屋，1890年。
③ 傅兰雅：《江南制造总局翻译西书事略》，原载傅兰雅主编：《格致汇编》（第三年夏季），上海：格致书屋，1880年。又收入罗新璋、陈应年编：《翻译论集》（修订本），北京：商务印书馆，2009年，第278—293页。
④ 如引文开头四句的平仄是"（平）仄平平仄仄，仄仄平平；平平仄仄平平，平平仄仄"，除第一字可平可仄应仄用了平声外，全部严格符合骈文格律。

器以尚象,宜变通而趋时。试徵泰西各国,足证中外同源。桑秧才树,便成华国文章;茶种曾栽,亦足芬人齿颊;即武备之用火攻,与文字之刻木板,皆效华邦旧制,而更花样新翻。①

傅兰雅的另一个巨大贡献是他特别重视科技名词的中译,而且创造性地提出了翻译的原则和方法,见他的《江南制造总局翻译西书事略》文中"论译书之法"一节。其中最令人击节叹赏的是化学元素名称的翻译。他与徐寿合作,翻译《化学鉴原》等书,受明朝皇室家谱的启发,采用利用表义偏旁作形符、音译西文首音作声符的形声造字方法,以可以望文而知义的单字形式一一译出,使中文的元素周期表成为世界各语言中最科学也是最容易记忆的一种。对中国科学技术的现代化,厥功至伟。不妨设想,如果放到今天,在汉语界竭力反对造新字、翻译界主张音译乃至"形译"(照搬)外来词的氛围下,元素周期表会译成什么样子?"傅兰雅"们的贡献,为外国人学了中文后的"之用",提供了又一个杰出的例子。

上面这些例子,以前对外汉语教学界很少关注,认为是翻译史、国际汉学、中外文化交流史、中国科技史等等的研究对象,而与自身无关。但我们一旦把"中文之用"考虑进去,就会感到这些并非与我们完全不相干。因为这些事例的背后,会对国际中文教育提出很多疑问甚至是"拷问",诸如:为什么唐朝来华学习的留学生,学了中文后大多会诗,有的甚至能与王维、李白这样的大诗人唱和,而今天对外汉语教学培养出来的学生常常连文章都写不通顺?(这一问题其实十几年前我的一个韩国博士生就提出过了,他说他的父亲一辈学了中文以后很多人能够写诗,而他虽然读到了博士,但除了一口流利的汉语外几乎不会用中文写作任何文学性的作品)为什么傅兰雅能够提出,或者至少是与徐寿共同提出"造译"的科技名词命名法,而我们现在在对引进外来词却越来越倾向于音译甚至不译而直接借用?为什么在近代以前,外国人学了中文都能从事翻译和写作,而现在很少有外国人学了中文能直接从事写作或者把外文译成中文?为什么海外中文

---

① 上海市格致中学校友会编著:《格致校史稿(第一卷)》,上海:上海社会科学院出版社,2005年,第103页。

的写作和翻译越来越依赖有华裔背景的人？我曾在网上输入"用中文写作的外国作家"，结果出来的第一个结果是："美国作家、编剧严歌苓。美国小说家、翻译家裘小龙。法国小说家、剧作家高行健。美国诗人北岛。美国作家杨二车娜姆。新加坡作家、编剧六六。"这个名单实在令人无语，因为都是华裔甚至干脆就是中国出去的。我们再看海外组织的华文创作比赛，数十位获奖者几乎一无例外全是华裔。国际中文教育辛辛苦苦培养的外国学生哪里去了？

思考的结果是告诉我们，全球中文发展研究很有必要，也大有可为。初步设想，全球中文发展研究可以从下面这些方面展开。

(1) 全球中文教育研究。这是全球中文发展研究的起点，也是最终希望促进的目标。但是，与以往的"国际汉语教学"相比，我们希望把研究范围拓得更宽，不仅有世界各地的中文教学的现状，还有历史上世界各地的中文学习。比如从汉魏起，在佛教传入中国的过程中，那些传教的僧人是如何学习并在不同程度上掌握中文的？如鸠摩罗什的佛经译文水平不亚于玄奘(陈寅恪认为甚至胜过玄奘，"虽兹恩犹不能及")，他是怎么做到的？① 历史上中、朝、日、越的汉字文化圈及东南亚的中国文化圈的形成，中文教育起了什么样的作用？在当前全球学习中文的人群中，华人、华裔和非华裔各占多少？他们学中文的方式有什么不同？

(2) 全球中文教材教法研究。特别值得关注的，是在 20 世纪 80 年代"对外汉语"教材推广以前，乃至上溯到隋唐时期，外国人学中文使用的是什么教材？采用的是什么教法？中国一千多年来以《千字文》(宋以后加上《百家姓》《三字经》)为启蒙教材。由于没有设想过为外国人单独编教材，因此唐代日本、高丽等留学生用的也是这一教材，他们是如何适应的？乃至近代，我见到过一种教材，是英文与中国文言文对照的会话教材，"哑巴中文"的形成，与这种教材有关吗？②

---

① 鸠摩罗什译经尤重音律，创造了一种便于吟诵的"译经体"，既与他出生于音乐之国龟兹有关，也与中文特色有关。

② 因为学了后见到中国人就开口说文言，什么"君何之"等，中国人根本听不懂。结果其会话的积极性大受打击。

（3）中国境内语文改革、语言政策的变化给国内语文教材带来的变化，如何影响到海外的中文教学？例如文体的由文而白（如怎么用文教口语），注音方法（包括注音字母和汉语拼音方案）由无到有及其后续演变（如在这些注音法产生前是怎么教外国人学会汉字读音的），汉语语法体系产生之前之后及其变化（如"暂拟系统"产生以前怎样教外国人汉语语法），等等。

（4）全球中文使用研究。这是我们更关注的，也就是，从关注"怎么学"，到关注"学了之后怎么用"。谁在用？用在哪里？用得怎么样？如何才能用得更好？用的过程中发现了什么问题？如何改进和改善？

（5）汉学家是如何养成的？相对于更全面的国际汉学研究，我们更关注的是汉学家是如何养成的问题，特别是他们如何学习中文并在实践中应用。从语言的角度看，汉学家有很多种。有"听说读写"全能的，有能"听说读"而不会"写"的，有不能"听说"只会"读写"的，有"听说写"都不行但"阅读"毫无困难甚至能读艰深的文言文的，等等，这些不同类型的他们，其中文学习经历是怎样的？汉学家有来过中国的与没有来过中国的，像阿瑟·韦利那样从未来过中国却成为汉学大家，其中文完全自学成才，他是怎么做到的？诺贝尔文学奖评委马悦然（Göran Malmqvist，1924—2019）学中文的入门教材居然是《左传》！他 1946 年开始学，1947 年就能把陶渊明的《桃花源记》和欧阳修的《秋声赋》从中文译成瑞典文。而他的口语却是 1948 年被他老师高本汉（Klas Bernhard Johannes Karlgren，1889—1978）派到中国调查四川方言时花两个月就粗略学会的。[①] 这些不同人才各自走过什么样的道路？对国际中文教育事业有什么启示？前面说到从"国际"到"全球"的区别之一是有没有中国参与的因素，那些没有中国参与的地方中文教育是如何进行的？发展情况如何？有什么样的需求？这更是我们很想知道的。

（6）语言对比研究。对比语言学特别重视发掘语言之异，在语言教学过程中特别实用。随着国际中文教育的全方位开展，英语等主要语言之外的更多语言将会进入我们的视野。说不同类型的语言，甚至同一类型下具体不同的语言

---

① 马悦然：《另一种乡愁》（增订版），北京：新星出版社，2015 年，第 272 页。

的人,他们学习中文会各自面临什么样的问题? 从历史和现实来看,他们采用过哪些中文学习方法? 哪些是更具个性的? 当前中国外语界和对外汉语界都强调国别研究,对国际中文教育来说,其实更有意义的是"语别"研究,即针对不同语言的中文学习策略研究,而对此最有发言权的是当地的中文学习者和教育者。近些年来我们鼓励编写教材的本土化,在此基础上是否更应关注教法、学法,和教法、学法研究的本土化? 顺便提一下,国际上语言教学法的传统一向重教法轻学法,而我认为学法远比教法重要,因为从根本上来说学习语言是一种个人行为,教法没有学法的配合完全无用。在全球中文发展的背景下个体性的学习方法更值得引起重视并研究。

(7) 外国人是如何用中文写作的。在上面举的几个"中文之用"的例子中,我们发现,直到 20 世纪之前,外国人学了中文之后很多能用中文写作,有的甚至可以"以假乱真",令人怀疑是不是有中国人替他们代笔的,如利玛窦的《交友论》和傅兰雅的《编者白》。但如果我们能够理解学英文的中国人中可以出现林语堂那样的用英文写作炉火纯青的作家,那外国人学中文又有什么不可能? 但事实是,能用中文写作的外国人似乎越来越成为过去,进入 20 世纪以后,这种人越来越少了。除了荷兰汉学家高罗佩(Robert Hans van Gulik,1910—1967)的《狄仁杰奇案》①之外,我们几乎很少看到真正非华裔的外国人写的有影响的中文作品,而高罗佩甚至能用当代中国人也已经不熟悉的章回体来进行小说创作,更让人感到不可思议。对这类作家的中文写作研究,特别是他中文学用过程的研究也是很有意义的。

(8) 翻译研究。对于翻译,我们感兴趣的是两个方面。一是外国人的外译中。中国历史上的外译中,大体采用合作翻译的方法,所谓番僧"手执梵本,口宣胡音",而中国僧人或者文人"执笔受言"并加以润饰。一直到利玛窦、徐光启翻译《几何原本》时仍是如此。进行直接翻译的,古代有鸠摩罗什等,19 世纪有马礼逊(Robert Morrison,1782—1834)的《圣经》翻译和傅兰雅的科技翻译。但进入 20 世纪以后,似乎很少见到外国人直接把外文译成中文的作品,不管是文学

---

① 〔荷兰〕高罗佩著,张凌整理:《狄仁杰奇案》,上海:上海译文出版社,2023 年。

还是科学技术。不知道是我们孤陋寡闻还是关注不够,因而希望有人作一番调查研究是很有必要的。二是翻译的比较研究,包括外译中和中译外。我曾指出过中西翻译研究传统的不同①,中国人重"文质",西方人重"忠实"。重"忠实"关注的是译文与原文的关系,从而导致"直译、意译"的种种争论;重"文质"关注的是译文质量的高低对错。直到如今还是如此。中国人从理论上接过了西方"忠实"(中国人比之于"信达雅"之"信")与"直译、意译"概念,并不惜为之争论了一百年;而在实践中却坚持文质之辨,表现在对译文比较研究的重视。不论是中译外,还是外译中,中国研究者最喜欢做的翻译批评是"比译"。中译外,以1948年吕叔湘的《中诗英译比录》②开头,此书1980年重版后引发了比译研究的热潮。唐诗之外,最热闹的是《红楼梦》英译的霍克思(David Hawks)译本与杨宪益夫妇译本的比较,甚至成了很多硕博士写学位论文的选题。外译中,最热闹的是莎士比亚戏剧(特别是《哈姆莱特》),与莎士比亚十四行诗的各种译本比较。比译在中国还产生了专著③和教材④。而在国外的翻译界却很少看到这样的现象,不论是外译中还是中译外。比译研究一般被看作翻译的问题,其实与语言研究关系极大。因为翻译是两种语言的碰撞,在翻译过程中再好的译者也会出现误译或译得不好的地方,这种情况背后往往体现对语言理解和表达的差异,再往深处就是语言本身特点的问题,与语言学习的关系极大。我自己在《中籍英译通论》⑤一书下册的六、七两章,比较了500多条先秦语录的数十家中外名家的译文,就发现了很多这样的问题。这对中文和英文的理解表达,对中文教育和英文教育,都有不少的启示。

上面我们初步想到的八个方面,已经涉及国际汉学、对比语言学、比较文化学、比较文学、翻译学、国别研究等传统认为是中文教育以外的领域,进一步思考

---

① 潘文国:《从"文章正轨"看中西译论的不同传统》,张柏然等主编:《中国译学:传承与创新》,上海:上海外语教育出版社,2008年,第13—23页。

② 吕叔湘:《中诗英译比录》,上海:上海外语教育出版社,1980年。

③ 例如喻云根的著作,参见喻云根:《英美名著翻译比较》,武汉:湖北教育出版社,1996年。

④ 例如崔永禄的著作,参见崔永禄:《文学翻译佳作对比分析》,天津:南开大学出版社,2001年。

⑤ 潘文国:《中籍英译通论》(上、下),上海:华东师范大学出版社,2021年。

可能还会发现更多。可见一旦关注到中文之"用"，我们会打开一个无比开阔的视野，这也将推动国际中文教育真正的可持续发展。期望有更多的人能关注全球中文使用问题，关注并参与研究全球中文的发展问题，为中文的国际化、全球化做出切实的努力！

# The Application of the Chinese Language and Its Global Development

## PAN Wenguo

### Abstract

The present paper explains the new concept of "global Chinese development" from three aspects. First，it analyses the evolution of terms concerning the teaching and learning of the Chinese language in the world from "Teaching Chinese as a Foreign language" to "International Chinese Education"，from their social，cultural，and disciplinary backgrounds，pointing out that the putting forward of the new term is a natural development to meet the new situation. Secondly，it makes a detailed explanation of the new term by dividing it into the three key words of "global"，"Chinese" and "development". Thirdly，by citing three examples from history of how foreigners applied the Chinese language they learned and made great contribution to world civilization，it suggests the study of global Chinese development in eight fields. And it expects that more people might be glad to engage in such a study.

### Keywords

international Chinese education；global Chinese development；application of Chinese learned

# 中文应用与传播研究

# 中文国际传播的动力问题<sup>*</sup>

# 中文国际传播的动力问题 [*]

李宇明 [**]

**提要：**语言传播的动力体系由推力和拉力构成，动力体系的状况决定着语言传播的速度和成效。本文主要分析中华人民共和国成立前后两个时期的中文国际传播动力，预测未来的中文传播动力。历史上，中文国际传播的推力一直较弱，直到改革开放之后才逐渐有了自觉的推力意识。早年的拉力主要来自中国的周边，由政治、经济、文化、军事等综合因素构成。西方汉学的拉力主要是中国传统文化的魅力。1949 年之后，意识形态及文化魅力是来华留学的主要拉力。中国经济快速发展之后的近 30 年，经贸成为主要拉力，科技成为辅助拉力。华人华侨的中文拉力自然来自于母语母文化，中国经济发展又为其增添了经贸之力。当前，海外中文学习者的低龄化和"中文＋X"的发展，表明经贸、科技、文化等更加成为主拉力。未来，中文

\* 本研究得到国家社会科学基金重点项目"中国学前儿童语料库建设及运作研究"（批准号：19AYY010）、国家社科基金"新时代中国特色语言学基本理论问题研究"（19VXK06）、国家社科基金重大项目"两个一百年"背景下的语言国情调查与语言规划研究(21&ZD289)的支持。王春辉、姚敏、张振达对本文的写作提供了帮助，特此致谢。

\*\* 李宇明，北京语言大学中国语言文字规范标准研究中心教授，郑州大学语言学科首席教授，北京科技大学外语学院兼职教授。

的国际传播动力体系将发生一些变化，总趋势是：在推力中以"弱推力"为主，拉力在动力体系中将起主导作用，经贸、科技、文化是拉力主源。把握乃至改善中文未来的国际传播力，需要科学操控传播推力，力度要稳重持久，尽量将推力与引力形成合力，巧妙地将推力转化为引力。语言传播之本是其价值，推动中文国际传播之本是在发挥中文的传统文明价值时，注意为中文不断注入现代文明，使其成为全人类最为重要的思想库和知识库。

**关键词：**语言传播；中文国际传播；国际中文教育；动力；推力；拉力

语言传播（language spread）是语言不断超越其原来使用的社团和地域而向外扩展的现象。[①] 语言传播有两种基本类型。其一，语言的跨社团传播，即语言

---

[①] 与"语言传播"相近的术语还有"语言散播"（language dispersal）、"语言扩散"（language diffusion）、"语言扩张"（language expansion）、"语言推广"（language promotion）等，本文使用"语言传播"这一术语。关于语言传播，国际上早在 20 世纪 70 年代就开始有所研究，并取得了不少成果。库珀（Cooper，1982）关于语言传播的定义、夸克（Quirk，1988）关于语言传播的三种模式等，至今都在产生着学术影响。布罗斯纳汉（Brosnahan，1973）、费什曼（Fishman，1977）、路易斯（Lewis，1982）、加西亚（García，2010）等关于影响语言传播因素的分析，皆很有见地。菲利普森（Phillipson）等关于英语传播中的"语言帝国主义"说，也引起学界的关注与讨论。

See Robert L. Cooper, "A Framework for the Study of Language Spread", *Language Spread: Studies in Diffusion and Social Change*, Bloomington：Indiana University Press，1982，pp. 5 - 36.

Randolph Quirk, "The Question of Standards in the International Use of English", Peter H. Lowenberg （ed.），*Language Spread and Language Policy: Issues, Implications and Case Studies*，Washington，DC：Georgetown University Press，1988，pp. 229 - 241.

Leonard Francis Brosnahan, "Some Historical Cases of Language Imposition", Richard W. Bailey & Jay L. Robinson （eds.），*Varieties of Present-Day English*，New York：Macmillan，1973，pp. 40 - 55.

Joshua A. Fishman, "The Spread of English as a New Perspective for the Study of Language Maintenance and Language Shift", Joshua A. Fishman，Robert L. （转下页）

传播到使用另外语言的社团、民族或国家,如英语、法语、西班牙语、葡萄牙语、德语在亚洲的传播。国际组织有自己的官方语言和工作语言,一种语言新成为国际组织的官方语言或工作语言,也可以算作语言的跨社团传播。其二,语言的跨地域传播,特指语言传播到本社团的不同地区,或被本社团带到一个新地区,前者如普通话在方言区的推广,后者如中文由华人带到东南亚,日语被侨民带到美洲等。①

　　语言传播涉及传播方和接受方。传播方对语言传播发出的推动力称为"推力";接受方吸引语言进入本社团或本地域,这种吸引性的动力称为"拉力"。②

---

(接上页)Cooper & Andrew W. Conrad(eds.), *The Spread of English: The Sociology of English as an Additional Language*, Rowley: Newbury House, 1977, pp.108 - 136.

E. Glyn Lewis, "Movements and Agencies of Language Spread: Wales and the Soviet Union Compared", Robert L. Cooper (ed.), *Language Spread: Studies in Diffusion and Change*, Bloomington: Indiana University Press, 1982, pp.214 - 259.

Robert Phillipson, "Realities and Myths of Linguistic Imperialism", *Journal of Multilingual and Multicultural Development*, 1997, Vol.18, No.3, pp.205, 238 - 247.

Robert Phillipson, "Linguistic Imperialism: A Conspiracy, or a Conspiracy of Silence?", *Language Policy*, 2007, Vol.6, No.3 - 4, pp.377 - 383.

Ofelia García., "Language Spread and Its Study in the Twenty-First Century", Robert B. Kaplan(ed.), *The Oxford Handbook of Applied Linguistics*, New York: Oxford University Press, 2010, pp.398 - 411.

① 李宇明(2007)在谈"语言传播规律"时,主要涉及的是跨社团传播,当时指出:"语言传播,指 A 民族(包括部族)的语言被 B 民族(包括部族)学习使用,从而使 A 民族(语言领属者)的语言传播到 B 民族(语言接纳者)。语言传播是亘古普存之现象,是民族间接触、交流乃至碰撞的方式之一种,也是民族间接触、交流乃至碰撞的先导与结果。语言在传播中发展或蜕变,社会在语言传播中争斗与进步。"现在看来,当时的考虑是有所局限的,语言的跨地域传播也应有所考虑。参见李宇明:《探索语言传播规律》,《云南师范大学学报》(对外汉语教学与研究版)2007 年第 5 卷第 4 期。

② 卢德平(2016)较为全面地讨论过"汉语国际传播"的推拉因素,颇具启发性。王辉(2019)把语言传播的推力皆归为政府之力,拉力整合为市场之力,并根据推拉力量的强弱归纳出语言传播的四种混合模式。高莉(2023)专门研究语言的国际传播力,把语言传播力分为自驱力和他驱力。"自驱力,即语言实现国际传播的自我驱动能力,主要指驱动语言在全球或某区域传播的内在潜能,包括传播受众的驱动力和传播内容的吸引力。他驱力指驱动语言国际传播的外部力量,包括传播主体的动力和传播渠道的助推力。自驱力和他驱力是语言国际传播能力的两个方面,双方共同作用形成的合力越大,语言国际传播效果越好。"这是关于语言国际传播力的又一观察角度。此外,人们关于语言学习动机的研究,也涉及语言传播力的拉力问题。参见卢德平:《汉语国际传播的推拉因素:一个框架性思考》,《新疆师范大学学报》(哲学社会科学版)2016 年第 1 期;王辉:《语言传播的理论探索》,《语言文字应用》2019 年第 2 期;高莉:《语言国际传播力研究》,博士学位论文,北京:北京外国语大学,2023 年。

语言传播,包括语言的传播速度、传播方式等,就是推拉相互作用的结果。观察由推力和拉力构成的语言传播动力体系,可以有多个维度,如力量的强弱,力量产生的具体根源(力源),多股力量的主辅作用等。

本文以中华人民共和国成立为时间节点,把中文的国际传播分为两个大的时期,分别考察这两大时期中文国际传播的推力和拉力,之后讨论中文未来的国际传播动力问题。需要说明的是,与"中文"相近的术语还有"汉语、华语、华文"等,与"国际中文教育"相近相关的术语还有"对外汉语教学、汉语国际教育"等,为方便起见,本文主要使用"中文""国际中文教育",因上下文之便也使用其他表述。

## 一、历史上中文国际传播的动力

历史上的中文国际传播,可从三个方面来考察:第一,中文在中国四周的传播;第二,中文在南洋的传播;第三,西方汉学。

### 1. 中文在中国四周的传播

秦汉之前,汉族就曾经与北方的阿尔泰语系的民族接触,汉语北传;汉族也曾与岭南的少数民族接触,汉语南传。秦汉以来,汉语不断向周边少数民族地区及周边国家传播,东至朝鲜半岛和日本,北达蒙古高原一带,西涉中亚地区,南到越南等地。今日看来,由于历史上的民族迁徙兴亡、国家意识的强弱嬗变、国界的更动迁移和国际关系的变化,汉语向四周的传播有些属于国内民族间的传播,有些属于国际传播。传播成效也各有差别,如国内的少数民族基本上都采用了本族语和汉语的双语制,满族、畲族、土家族等则转用了汉语;而国外的日语、朝鲜语、越南语中存有大量的汉语借词,日语还在使用一定量的汉字。①

---

① 少数民族的语言使用情况,参见黄行:《中国少数民族语言活力研究》,北京:中央民族大学出版社,2000 年;日语、朝鲜语、越南语的有关情况,参见陆锡兴:《汉字传播史》,北京:语文出版社,2002 年;李宇明:《世界汉语与汉语世界》,《中山大学学报》(社会科学版)2021 年第 3 期。

中文(汉语)古代在中国四周的传播,也许有政府的某种推力在起作用,但主要是来自中文、中国的吸引力,是拉力在起作用。由政治、经济、文化、军事等构成的综合吸引力,构成了对周边的民族、方国、国家的拉力。如日本当年不断遣派遣唐使来华,唐朝鉴真和尚(688—763年)东渡日本弘法,成为日本佛教南山律宗的开山祖师,促进了文化的传播与交流。

### 2. 中文在南洋的传播

走西口、闯关东、下南洋,是近代中国人外出打工的三大路向,而其实中国人下南洋谋生当发生在更早的时期。历史上,中国人与南洋诸地早有来往。明代郑和自1405年(永乐三年)至1433年(宣德八年)七下西洋,经西太平洋和印度洋,最远到达东非和红海,一路上就有船员及其家属留在当地。在琉球有"闽人三十六姓"的说法,据《明史·琉球传》载,公元1392年(明洪武二十五年),琉球的中山国国王察度曾向明朝请求,派遣一些人丁去中山,以便更好地学习中国文化,发展贸易。明太祖朱元璋颁旨,命福建地区派舟工移居琉球,这些前后到达琉球的舟工,定居在首都首里那霸港周边的久米村。若由此算起,到达南洋及琉球的华侨已有600余年的历史。数百年来,华人踏浪南下,或旅居,或定居,形成了汉语的社团,也将汉语传播到当地,并影响了当地民众。

除了琉球和南洋,华人早就因各种原因流布到世界各地。例如:清代同治年间,陕甘地区的回族发起反清暴动,最后辗转定居在中亚地区,形成东干族,东干语便是汉语陕甘方言的中亚变体。[①] 19世纪80年代,北美大陆修建太平洋铁路,一批华人劳工参与修建,之后留在北美生活,是北美地区的最早华人之一。南美国家苏里南盛产黄金,1853年就有华人来此淘金,之后华人逐渐增加,截至2021年,苏里南总人口61.7万中有华人5万多。1975年苏里南正式独立,首任总统由华人陈亚先担任。汉语(客家话)是其官方语言之一,建有中文学校,办有《洵南日报》《自由日报》《中华日报》等中文报刊和中文电视台,2014年,春节成为全国法定的永久性假日。

---

① 参见尹春梅、周庆生:《吉尔吉斯斯坦比什凯克市东干族语言使用情况调查研究》,《回族研究》2016年第3期。

华人把中文带出中国,带到他们谋生的新地方,属于中文的跨地域传播,是拉力和推力双重作用的结果。拉力来自母语母文化,清末以来的历代政府皆重视华文教育和华侨工作,形成了华语延续的推力。① 华人把中文带到世界各地,不仅自己的社团使用,也会程度不等地影响到身边的其他社团,故而也有跨社团传播的性质。这种跨社团传播,也主要是拉力在起作用,是华人社会对身边社团的吸引力。

### 3. 西方汉学

汉学(Sinology)是指中国以外的学者对有关中国的方方面面的研究。汉学最初主要研究中国的文字音韵、哲学、文学等,后来研究范围逐渐扩大,故而又称中国学(China Studies)。汉学可以粗分为东亚汉学、欧美汉学两大板块,欧美汉学可以再分为欧洲汉学、俄罗斯汉学、美国汉学。东亚汉学主要是日本、韩国和越南的汉学,可以归入前面"中文在中国四周的传播"中的讨论范围。俄罗斯汉学因俄罗斯地理和历史原因,兼顾东方和西方,视野阔大,有自己特色。美国汉学是后起之秀,以研究现代中国为主要内容,最符合"中国学"的称号。

欧洲汉学是有 400 余年历史的传统汉学,萌芽于十六七世纪来华传教士的著述。传教士为向中国传教,从南洋陆续登陆广东、浙江,学习中文,了解中国的制度与文化,并不断把中国的相关情况传向欧洲,引发了欧洲学人对中国文化的极大兴趣,开始建立汉学,出现所谓的"中国热"。早期研究中心在法国的法兰西学院,之后英国的剑桥大学和伦敦大学及英国皇家亚洲学会、荷兰的莱顿大学、瑞典的哥德堡大学、德国的腓特烈·威廉帝国大学等也相继开展汉学研究,设立汉学课程,建立研究机构,出版汉学杂志,改变了法国垄断汉学的局面。在汉学的发展过程中,来华传教士一直在发挥作用,并记录了当时的汉语及一些方言、一些中国的民族语言,为了发展中文的铅字印刷和研究中文打字机,还深入研究了汉字的结构、常用字、常用词等,为中国的铅字印刷和中文打字机的应用做出

---

① 参见姚敏:《中国华文教育政策历史研究——语言规划理论透视》,上海:复旦大学出版社,2017 年。

过贡献。①

汉学的产生与发展,属于中文向世界的跨社团传播。在这个传播过程中,推力非常弱小,几近于无,清政府还曾在广东禁止国人教授传教士中文,禁止给传教士做翻译等。汉学发展的拉力主要是中国文化的,当然传教士的动机还有宗教方面的。

综上言之,历史上中文传播的动力,推力是较为微弱的,除了对侨民教育的支持外,主要是拉力在起作用。拉力的类型主要有四:第一,面对周边的中国综合国力;第二,面对移民的母语母文化之力;第三,面对古代欧洲等地的中国独特的文化魅力;第四,向中国传教的宗教之力。

## 二、70 余年来中文国际传播的动力

1950 年 9 月,"清华大学东欧交换生中国语文专修班"正式启动,掀开了中华人民共和国成立后来华留学汉语教育的序幕,也掀开了新时代国际中文教育的序幕。70 余年风雨兼程,包括来华留学汉语教育在内的国际中文教育取得了很好的成绩,有了巨大发展。

### 1. 改革开放前的来华留学生教育

据程家福、胡德维②和崔庆玲③的研究,1950 至 1965 年间,我国共接收来自 68 个国家的留学生 7 239 名;其中 6 571 名来自当时的 12 个社会主义国家,占 90.8%;533 人来自 38 个亚非拉国家,占 7.3%;来自北美和日本等地的只有 135

---

① 关于汉学的情况,参见张西平:《汉学(中国学)研究导论》,《海外中国学评论》2006 年 1 月。关于传教士对铅字印刷和中文打字机的探索,参见苏精:《铸以代刻——十九世纪中文印刷变局》,北京:中华书局,2018 年;墨磊宁:《中文打字机:一个世纪的汉字突围史》,张朋亮译,桂林:广西师范大学出版社,2023 年。
② 程家福、胡德维:《简论来华留学教育 60 年发展的历史经验》,《理工高教研究》2009 年第 6 期。
③ 崔庆玲:《来华留学教育的历史发展及原因分析》,《高等教育研究》2006 年第 2 期。

人,仅占 1.9%。当时中国的教育还没有改革开放,每年接受留学生的规模都很小,只有 1965 年接受了越南 3 000 多名留学生,算是"大批量"。1966—1972 年间,留学工作甚至中断,1973 年才重新开始招生,但直到 1977 年留学生人数还一直徘徊在 300~500 人之间。

改革开放前,来华留学生教育的规模小,发展速度慢。中国招收留学生的积极性是为了尽国际主义义务,促进同社会主义国家和亚非拉国家间的文化交流,增进同这些国家人民之间的友谊。而来华留学生的留学目的也多是政治目的。此期中文传播的推力和拉力都很弱小,动力来自意识形态。

### 2. 1978—2003 年的国际中文传播

1978 年,中国实施"对内改革、对外开放"政策,开始试办对外汉语短期培训班等,招收来华学习的短期自费留学生,逐渐恢复来华留学教育。1989 年,国家出台《关于招收自费来华留学生的有关规定》,放开了高校自主招收留学生的限制。1990 年全国有资格接受来华留学生的高校即刻扩展到 100 余所。1991 年来华留学生总数首次破万,且吸引了不少日韩、欧美国家的学生。1996 年全国有资格接受来华留学生的高校增加至 289 所,来华留学生上升到 41 000 余名,进入世界接受留学生最多的"八强之列",社会上开始出现"留华热"的说法。2001 年来华留学与出国留学人数首次持平。2002 年来华留学生总数超过 85 000 名。2003 年因"非典"有所下降,但此后不久又有大的回升。

此期,来华留学有了较大发展,但是中国政府对待留学生的态度还基本上是为了"中外教育交流",一些高校在实践中则开始产生了"教育经济意识"①,接受自费留学生可以筹措一些外汇作为办学经费,这是中文传播的新动力。留学生的来源结构不再以亚非拉为主,第一世界、第二世界国家的学生也纷纷来华。但是从所学的专业来看,他们留学的目的还主要是学习中国特有的文化,包括中文、中医、中国历史、中国哲学、中国艺术、中国体育等,仍是被东方大国的传统文化所吸引,与过去西方汉学家的兴趣有相似之处,或者说是一脉相承。不过,也

---

① 参见张民选、黄复生、闫温乐:《大学的收益:留学生教育中的经济学意义》,《教育研究》2008 年第 4 期。

有一部分留学生学习与经贸相关的专业,中国经济发展开始发挥拉力作用。

### 3. 2004—2022 年的国际中文传播

2004 年,来华留学生达到 110 000 余人,首次突破十万人大关,创十年来新高。也是 2004 年,中国在海外成立第一所孔子学院,2005 年首届"世界汉语大会"召开,在以往"对外汉语教学"的基础上又发展出"汉语国际教育"的提法,大力推动中文教育走出国门,努力形成来华留学汉语教育与海外汉语教育双腿走路、两翼齐飞的景象。① 当然在此之前,海外也有各种办学背景的中文教育,但是只有到了此时,推动海外中文教育的发展才更加自觉,更加用力。

就来华留学来看,留学人数剧增,办学层次稳步提升,所学专业迅速扩大。攻读研究生(硕士、博士)等高层次学历的人数增加迅猛,1986—1988 年攻读硕博者年均仅有 61 人,2000 年增加到 3 251 人,2009 年达到 24 866 人。2009 年,教育部发布《关于对中国政府奖学金本科来华留学生开展预科教育的通知》,汉语预科教育经过 4 年试点,又悄然中兴。预科教育作为一个特殊门类异军突起,为培养和选拔大批学历生做出了贡献。2010 年,教育部发布《留学中国计划》,确定了建设与经济发展相适应的、来华留学教育大国的发展目标。2018 年,我国成为亚洲最大的留学目的地国,各类来华留学人数达 492 185 名,接近 50 万;本科生、硕士生、博士生占总数的 52.44%,超过半数。2018 年,教育部颁布《来华留学生高等教育质量规范》,规定来华留学生的专业学习与毕业要求与中国学生一致,开始提出中外学生趋同培养的要求。2020 年,来华留学本科学历生总数为 105 234 人,就读专业涵盖了哲学、经济学、法学、教育学、文学、历史学、理学、工学、农学、医学、管理学、艺术学等十二大学科门类的 392 个专业(含中外合作办学专业 44 个)。就读人数最多的十大本科专业是:临床医学、国际经济与贸易、汉语、计算机科学与技术、工商管理、土木工程、汉语国际教育、汉语言文

---

① 参见赵金铭:《从对外汉语教学到汉语国际推广(代序)》,《对外汉语教学专题研究书系》,北京:商务印书馆,2006 年;崔希亮:《改革开放 30 年来华留学生教育事业的发展》,《北京教育(高教)》2008 年第 9 期;李宇明、翟艳:《来华留学汉语教育 70 年:回顾与展望》,《语言教学与研究》2021 年第 4 期。

学、中医学、软件工程。就读人数达 66 624 人,占来华留学本科学历生总数的 62.98%。

中文在海外的传播更为迅速,具体情况已经有大量的文献进行过研究,此处仅报告一下数据。据王春辉的说法,截至 2022 年底,180 多个国家和地区开展了中文教学,153 个国家和地区开设了 460 个孔子学院和 88 个孔子课堂,82 个国家①将中文纳入国民教育体系,开设中文课程的各类学校及培训机构 8 万多所。正在学习中文的人超过 3 000 万,累计学习和使用中文人数近 2 亿。

这一时期,中文国际传播的动力发生了重要变化。首先是中国的推动力显然在不断加大,政府不断颁发支持来华留学和海外办学的文件,连续召开世界汉语大会,与许多国家签订发展中文教育的合约文件等。推力类型也由早年的"国际主义义务""促进中外教育交流"变化为"知华友华",向世界讲好中国故事,向世界传播好中国声音。其次就拉力来看也在明显增强,虽然事业发展进程中会有各种起伏。拉力类型也逐渐转向经贸,并辅之以科技。马箭飞、梁宇、吴应辉、马佳楠指出,2000 年之后,全球共出版专门用途中文教材 564 种,涉及商务、旅游、科技、医学、媒体、公务、交通、工业、体育、法律、国防、政治、军事、外交、航空、工程、金融等十几个专业和职业方向,其中前四位的是商务(42.89%)、旅游(14.30%)、科技(14.23%)、医学(11.02%)。② 这与前述来华留学生的专业分布具有相同、相似的表现。

中华人民共和国成立 70 余年来,特别是改革开放之后,国际中文教育事业有了巨大进步,中文国际传播的发展动力也发生了巨大变化。早期的推力和拉力都较为弱小,改革开放之后都在增强;推力类型基本上是政治性的,早年的意识形态色彩更重,现在逐渐演变为"知华友华",希望通过国际中文教育来"讲好

---

① 尹冬民、唐培兰(2022)认为:"截至 2021 年底,已有 76 个国家通过不同方式将中文纳入国民教育体系。"王春辉(2023)的数据,是"81 个国家将中文纳入国民教育体系"。本文根据新的进展修正为 82 个。参见尹冬民、唐培兰:《中文纳入各国国民教育体系发展状况研究》,《语言文字应用》2022 年第 4 期;王春辉:《中文国际教育与传播的九大问题与思考》,《昆明学院学报》2023 年第 1 期。

② 马箭飞、梁宇、吴应辉、马佳楠:《国际中文教育教学资源建设 70 年:成就与展望》,《天津师范大学学报》(社会科学版)2021 年第 6 期。

中国故事、传播好中国声音";拉力类型早年也是政治性的,之后转变为中国的东方魅力,再发展出经贸之力和科技之力。中文国际传播的动力体系变化,与中国的改革开放和中国经济、科技力量的快速增长密切相关。

## 三、中文国际传播的未来动力

2019 年 12 月,国际中文教育大会在长沙召开。会议提出了"国际中文教育"的名称,设置了国际中文教育政策等议题,开设了"中文 + 职业技能"的专题论坛。这次会议已经开始推动国际中文教育朝着"融合"的方向发展,包括国内、国外中文教育的融合,华人华侨的华文教育与非华的中文教育的融合,线下教育与线上教育的融合,中文教育与其他传播途径的融合等。2020 年,新冠疫情在世界范围内传播,人口流动受到限制,国际经济发展速度减缓,加之后来俄乌冲突的爆发与不断升级,国际关系也在发生着各种微妙变化。2022 年年底,ChatGPT 等大语言模型的涌现,成为影响语言教学的重要技术因素。这些因素交织在一起,都会对中文的国际传播产生重大而深远的影响。

### 1. 中文的国际教育

国际中文教育仍然是中文国际传播的基本领域、基础工程。国际中文教育呈现出两大趋势:第一,学习者低龄化。李宇明通过询问多个国家的知情人、查阅文献等方式得出结论,国际上中文学习者低龄化的平均水平可能已达 50%,一些国家达到或超过 60%,且仍呈快速发展趋势①。这种低龄化的一个主要标志就是 82 个国家把中文纳入基础教育。适应这种低龄化的新形势,就需要了解外语在基础教育中的作用。中小学生学习外语是为了开辟新的国际视野,获助人生的全面发展,因此语言中所蕴含的文化因素和所负载的科技知识、世界知识,就是重要引力。中文应当成为世界年轻人发展的"脚手架",让世界年轻人与

---

① 李宇明:《海外汉语学习者低龄化的思考》,《世界汉语教学》2018 年第 3 期。

中文与中国一起成长。

第二,"中文+X"的发展。"中文+X"是由专门用途中文教育发展而来①,其中的 X 可以细分为四类:$X_1$ = 专业,$X_2$ = 技能,$X_3$ = 职业,$X_4$ = 职业教育。$X_1$ 是学术性的,科技是其发展引力。如前所述,2020 年留学生在中国就读的专业就有十二大学科门类的 392 个专业,可以预见,来华留学生的专业选择将从中国的优势学科向一般学科发展,并呈现泛专业化倾向,即中国的专业都值得学,中国的学位都值得读。$X_2$、$X_3$、$X_4$ 多与经贸相关。过去认为语言教育是文化事业,改革开放以来国际中文教育的发展是中国经济发展直接推动的,但是"中文+$X_2$/$X_3$/$X_4$"的发展,使中文教育进入经济生活领域,成为推动经贸发展的力量。"中文+$X_2$"可以促进学习者就业,帮助家庭致富;"中文+$X_3$/$X_4$"更有利于学习者所在地区或国家的经贸发展,同时也可以帮助中国企业和中国的企业标准走出去。同时也应看到,"中文+$X_1$"也可以形成对"中文+$X_2$/$X_3$/$X_4$"发展的支持。总之,不管是从推力还是从拉力的方面看,"中文+X"发展的动力都是经贸与科技。

## 2. 中文的国际应用

国际中文教育是为了中文的国际应用,中文传播效率的主要标志也是中文的国际应用。中文国际应用的领域主要有三:第一,世界各国(地区)的外语生活;第二,国际组织、跨国公司的语言生活;第三,国际会议、国际活动、国际学术刊物、国际大都市等的语言运用。国际社会的语言运用常有名分和实职之分,如官方语言多是名分,工作语言多为实职,名实当然都很重要。中文在国际应用的

---

① 　关于专门用途汉语的情况,参见王若江:《特殊目的汉语教学实践引发的思考》,《语言教学与研究》2003 年第 1 期;张黎:《专门用途汉语教学研究》,北京:北京语言大学出版社,2016 年;李泉:《论专门用途汉语教学》,《语言文字应用》2011 年第 3 期;孙莹、李泉:《专门用途汉语教学研究综论(1980—1999)》,《国际汉语教学研究》2022 年第 4 期。
　关于"中文+X"的情况,参见孟源、商若凡:《"中文+职业技能"教育:发展脉络、现实挑战与路径选择》,《中国职业技术教育》2022 年第 29 期;杜修平、李梦迪、尹晓静:《"中文+职业教育"融合参考框架的构建》,《天津师范大学学报》(社会科学版)2023 年第 4 期。

诸多领域已经发挥作用,比如联合国及其 10 个下属专门机构将中文作为官方语言,许多国际大都市的语言场景中都有中文,一些国际会议、国际活动也有使用中文的。此外还要看到,海外 6 000 多万华人,他们在家庭或华人聚集区也在使用中文,海外的 2 万多所华校,也在努力传承华语。但总的来说,中文的国际应用还很不够,亟待引起重视。

中文能够在国际上应用,需要教学做基础,也需有适合国际应用的中文标准,需有适合国际各人群、各领域、各场域的计算机中文应用软件,须有面向国际各人群、各领域、各场域中文应用的辅导队伍。当然,中文国际应用的最根本因素是中文对世界有用,特别是在人文、经贸、科技等领域。这三大领域亦是中文国际应用的引力之源。

### 3. 中文的人类价值

当把中文国际应用、中文国际传播问题聚焦在中文对世界的作用上,就需要从根本上认识中文的人类价值。中文的价值可以分为传统文明价值和现代文明价值。中文之于世界的传统文明价值,早有论述早有定论,当今世界流行的语言几乎没有可与之相提并论者;且这种价值对世界的吸引力、对世界的贡献,在古代的汉学(中国学)兴起、中国改革开放后来华留学生的专业选择上,已有实践佐证。而从现代国际流行语言的趋势看,现代文明的价值更应重视,因此关键是要认识到并增加中文之于世界的现代文明价值,为中文源源不断地注入现代之力。

李宇明在讨论汉语国际教育时认为,必须重视对中文学习者重点介绍当代中国而不只是古代中国。[1] 而今在探讨中文的人类价值时,更要重视当代中国赋予中文的价值。中国在文化、科技、经贸等领域的发展,应及时进入中文,比如探索世界所获新知应及时用中文表达,特别是中国的科研成果应当用中文首先

---

[1]　李宇明:《当代中国:汉语国际教育必须重视的事体》,北京语言大学对外汉语研究中心编:《国际汉语教学理念与模式创新——第七届对外汉语国际学术研讨会论文集》,北京:外语教学与研究出版社,2011 年。

发表。① 同时，也要重视将世界的新知及时翻译为中文。当前，在这两个方面的认识和实践都很不到位，学术成果发表重外文而轻中文，翻译领域更重视中华文化的外译，在外译中又有更重传统文化外译的倾向。这不利于中文成为现代文明的思想库、知识库，不利于在中文中集聚现代文明。

## 四、结　语

语言不仅是人类最重要的交际工具，还因其交际、思维、记录、传播等职能而成为人类的知识库、思想库。语言的产生都与某一特定的文化社团相关联，但是语言一旦产生，它就不仅仅是某一社团、某一族属、某一国家的私有物品，而是全人类的。世界上的各种语言都应看作人类的公共产品、公共文化资本。人类通过外语学习，不仅能够掌握一种新的交际工具而提高语言能力，带来沟通便利，而且也通过外语分享它的思想库和知识库，互鉴文明。这是"外语权利"，也是"外语红利"。同时，各语言社团也有向世界传播其语言的责任和义务，以推进语言这种人类公共产品的共用，推进语言这种公共文化资本的共用。

语言传播本质上是利己利世之举，因此，语言传播的现象自古以来绵绵不绝，构成了人类语言生活的重要内容。由于人类的活动半径由地区发展到全球，并有互联网的加持，语言传播的半径扩大，古代主要在某一区域，而今则是全球性的。

语言传播的动力有传播方的推力，也有接受方的拉力。历史上看，拉丁语、葡萄牙语、西班牙语、阿拉伯语、法语、德语、英语、俄语、日语等的世界传播，都有一段凭借"强推力"传播的历史，殖民、军事、宗教等力量强制把自己的语言压给

---

① 关于中文首发制度倡议和中文的知识供给问题，参见李宇明：《用中文表达世界知识》，《中国社会科学报》2018 年 9 月 14 日，第 4 版；李宇明：《科研生产力与中文首发制度》，《语言战略研究》2020 年第 2 期，"突发公共事件语言应急问题"多人谈栏目；李宇明：《中文的国际知识供给问题》，王振华、王品主编：《语言学的适用研究》，北京：北京大学出版社，2022 年，第 13—19 页。

对方。第二次世界大战之后,特别是冷战结束之后,强制推行语言的时代总体上说已经过去,取而代之的是通过经贸、科技、教育等形成的"软推力"。而就接受方而言,过去的拉力主要产生在接受方的精英层,而在"软推力"时代,拉力对语言传播的作用更大,这种拉力主要是文化、经贸、科技之力,也包括由此形成的综合之力,而且拉力不仅产生在精英层,而是来自多层次多领域,甚至来自社会大众。

中文(汉语)在历史上早就迈出了向外传播的步伐,但是直到20世纪后半叶的改革开放时期,中文的推力一直较弱,除了侨民教育之外,在多个时期其推力甚或为无。而只是到了改革开放的中后期,才有了较大推力,以孔子学院建立为标志,中文传播才有了自觉意识,推力也不断加强。

中文传播的拉力历史上主要来自中国的周边,这种拉力是由政治、经济、文化、军事等构成的综合拉力。后来汉学兴起,其拉力主要来自东方文化的魅力。东方文化魅力产生的拉力今天仍然存在,但是自从中国经济快速发展,特别是2010年中国成为世界第二大经济体之后,经贸便成为主要拉力。科技是中国经贸发展的支撑力量,因此这一时期科技也是拉力中的重要力量。海外华人华侨的中文拉力自然来自于母语母文化,但是这种拉力在一个时期曾经因各种原因有逐渐减弱的趋势,是近来中国的经济发展逆转了这种减弱的趋势,经贸拉力还在逐渐加强。

世界正处在大变局中,语言传播的动力体系也会发生各种变数。总的变化趋势是:推力中以"弱推力"为主,"强推力"往往会起反作用;拉力在语言传播的动力体系中将起主导作用,经贸、科技、文化是拉力主源。随着中国综合国力的发展和国际地位的不断提升,相信中文国际传播的速度还会加快,成效还会更好。为使中文在全球顺利传播,必须了解当今及未来的语言国际传播动力体系,把握未来中文的国际传播之力,改善未来中文的国际传播之力。要点是:

(1)自觉形成、科学操控中文国际传播的推力。推力力度要稳重持久,推力源主要是经贸、科技、文化。

(2)善诱引力。注意将推力与引力形成合力,甚至巧妙地将推力转化为引力。引力源亦主要是经贸、科技、文化。

（3）推动中文国际传播之本，是将中文发展为人类最有价值的语言之一，不仅要注意发挥其传统文明的人类价值，更要注意为中文不断注入现代文明，使其成为人类最为重要的思想库和知识库。

# On the Driving Forces of Chinese International Spread

LI Yuming

## Abstract

The driving force system of language spread consists of pushing and pulling forces, whose state determines the speed and effects of language spread. This paper mainly analyzes the driving forces of Chinese international spread before and after the founding of People's Republic of China, and predicts the driving forces of Chinese international spread in the future. In the history, the pushing forces of Chinese international spread had always been weak, and it was not until the Reform and Opening up that there was an awareness of conscious pushing forces. The pulling forces in the history mainly came from China's surrounding areas, which consisted of comprehensive factors such as politics, economy, culture, and military affairs. The pulling forces of Western Sinology are mainly the charm of traditional Chinese culture. After 1949, ideology and cultural charm became the main pulling force of studying in China. In the recent 30 years with the rapid development of China's economy, economy and trade have become the main pulling forces, with science and technology as an auxiliary one. The pulling force of Chinese language spread among overseas Chinese groups naturally comes from their mother tongue and mother culture, which is strengthened by adding the force of economy and trade brought by China's economic development. At present, the younger generation of overseas Chinese learners and the development of "Chinese + X" indicate that economy, trade, technology, and culture have become the main pulling forces. In the future, some changes will take place in the driving force system of Chinese international spread, the trend of which is: in the pushing forces, "weak pushing forces" will be the main type, and pulling forces will play a dominant role in the driving force system with economy and trade, technology, and culture as main sources. To grasp and further improve the international spread forces of Chinese in the future, it is necessary to scientifically manipulate the pushing forces which should be steady and durable, to make combined forces of pushing and pulling with great efforts and tactically turn pushing forces into pulling forces. The essence of language is the spread of values, and the essence of promoting international spread of Chinese is to give full play to the value of traditional civilization contained in the Chinese language and continuously inject modern civilization into it, making it the most important think bank and knowledge base for all mankind.

**Keywords**

language spread; Chinese international spread; international Chinese language education; driving force; pushing force; pulling force

# 国际语言传播机构的本地化策略研究<sup>*</sup>

方小兵<sup>**</sup>

**提要：**本地化策略是当前国际语言传播机构的共同选择，体现的是"以学习者为中心"的教育理念。综合世界主要语言文化推广机构的本地化发展策略，主要包括：打造本地合作伙伴关系、通过认证计划开设分支机构或会员机构、开展地方化语言文化交流活动、创建本地语言文化品牌形象。孔子学院应该力求采用本土化工作方式方法，嵌入对方机制合作共事，与当地人员、机构合作，利用当地资源做事。当下的着力点有：基于本地合作伙伴关系，建立地方语言中心和分支机构；重视中文师资的在地化，保障国际中文教育的可持续发展；善于用中文表达当地生活，提升教材内容的本地化水平；争取将中文纳入当地中小学外语教育体系，达到可持续的在地化。

**关键词：**国际语言传播机构；本地化；本地合作伙伴；语言文化品牌

---

\* 本文为国际中文教育研究重点项目"世界主要语言文化推广机构线上教学的实践与启示"（22YH55B）、国家语委 2022 年度重大项目"新文科背景下的语言学学科建设研究"（ZDA145 - 7）之成果。
\*\* 方小兵，语言学博士，南京大学中国语言战略研究中心教授，国家语委中国语言战略研究中心副主任。

国际语言传播机构又称世界语言文化推广机构,是具有语言国际传播功能的文化类机构,是许多国家国际传播政策的重要组成部分①。最早的国际语言传播机构应该是1883年成立的法语联盟。换言之,世界语言文化推广机构已有140年的历史。目前,世界上已有50多个国家设立了国际语言传播机构,其中规模较大的有英国文化教育协会(British Council)、法语联盟(Alliance Française)、德国歌德学院(Goethe-Institute)、西班牙塞万提斯学院(Instituto Cervantes)、韩国世宗学堂(Sejonghakdang)、日本国际交流基金会(The Japan Foundation)、俄罗斯世界基金会(Russia World Fund)、意大利但丁协会(Dante Association)和中国的孔子学院(Confucius Institute)。

本地化策略是指组织机构为了实现在全球范围内的竞争优势而采取的适应性步骤,以使其在本地市场获得竞争优势。② 对于语言与文化机构来说,本地化策略可以改善其服务质量,提高客户满意度,吸引潜在客户,在当地构建品牌声誉。本地化策略是当前世界主要语言文化推广机构的共同选择,体现的是"以学习者为中心"的教育理念。③ 国际中文教育今后的发展也离不开本地化策略,以便让中文教育更好地融入当地语言环境中,让学习者有具备本土特色的中文语言生活,使本地化师资有更强的稳定性和发展前景。

然而本地化战略成本高,既需要对当地消费者的习惯进行大量的市场调研,又需要开发适合本地市场的产品,这些都需要组织机构投入大量的时间和金钱。同时,本地化战略执行难度大,要求机构在不同国家和地区有不同的团队,这样会增加管理难度,造成资源浪费。④ 我们认为,考察世界主要语言文化推广机构

---

① 唐培兰、李宇明:《国际语言传播机构发展历史与趋势》,《世界汉语教学》2022年第1期。

② 谭书旺:《中国旅游服务品牌的国际化策略研究》,《商业经济》2021年第2期。

③ Ji-Hye Kim, et al. "Exploring the Relationship Between Teacher Collaboration and Learner-Centered Instruction", *Kedi Journal of Educational Policy*, 2017, Vol. 14, No. 1, pp. 3–24.

④ 周忠良、任东升:《〈习近平谈治国理政〉对外宣介的本地化策略研究》,《对外传播》2022年第7期。
王琰:《多模态视角下英译中游戏本地化策略研究》,硕士学位论文,北京:北京外国语大学,2022年。

本地化发展的实践，正好可为我国国际中文教育提升管理能力，选择可持续发展模式和路径，提供重要借鉴。

鉴于此，本文调研了英国文化教育协会、法语联盟、德国歌德学院、西班牙塞万提斯学院、韩国世宗学堂、日本国际交流基金会等机构的本地化教育实践，并对其办学实践、协作方式、本地师资队伍建设等策略进行了归纳，分析了各类模式对国际中文教育的可借鉴之处。

## 一、国外语言文化推广机构的本地化教育实践

目前，孔子学院的本地化策略还存在以下一些问题。第一，全球布局有待优化。不同地区和不同学院间的办学水平差异较大，与人口和人员往来的匹配度低。第二，本土化程度不高，文化推广策略单一。教师、教材、教法"三教"本土化层次低①，中文教学纳入国民教育体系的案例少；融入社区获取各方支持的经验匮乏。第三，文化推广方面多采用"以我为主"的强势推广策略，教学过程中本土化教师缺乏，招致西方一些媒体和受众的负面评价，传播效果不理想。第四，中文教学和文化传播与当地实际需求脱节。

目前，世界汉语教学对资源的需求空前旺盛，而资源的供给跟不上。各地孔子学院应该在教育部中外语言交流合作中心的总体指导下，力求采用本土化工作的方式方法，按当地的方式做事情，嵌入对方机制合作共事，与当地人员、机构合作，利用当地资源做事。

世界语言强国都有自己的语言文化推广机构，这些机构是代表国家在全世界进行语言和文化传播的平台。为了更加清晰地展现国家语言文化推广机构本地化实践，本文将各机构的本地化发展策略归纳为以下四类：打造本地合作伙伴关系，通过认证计划开设分支机构或会员机构，开展地方化语言文化交流活动，创建本地语言文化品牌形象。

---

① 方小兵、方愈：《国际中文教育在地化策略和跨越式发展路径研究》，《国际中文教育研究》2023 年第 1 期。

**1. 与当地人员、机构合作,打造本地合作伙伴关系**

合作伙伴关系是语言文化推广机构在相互信任的基础上,与当地机构达成的高层次互惠互利合作关系。

例如,长期以来,英国文化教育协会与世界各国的公办教育机构和私立培训机构合作,开设不同层次的英文课程,以促进英语学习,并且通过举办活动、赞助项目和提供教育资源等方式,联合多个国际组织在世界各地推广英语。英国文化教育协会还长期雇用当地工作人员代表该机构开展活动,这使他们能够更深入了解当地文化,并确保他们的活动符合当地法律法规。[①]

又如,德国歌德学院通过一些跨国公司牵线搭桥,与当地的教育机构、行政机关、企业、媒体、文化机构等建立合作伙伴关系,搭建促进德语研究、学习与实践合作的平台,为德语推广提供更多的发展机遇。歌德学院的地方性伙伴关系使其能够更好地了解当地社区的需求,并创造反映这些需求的学习机会。歌德学院还建立了一个由语言和文化部门的当地专家组成的地方咨询委员会,从而制定有针对性的德语学习和文化交流方案。

日本国际文化交流基金会注重采取各种本地化策略来接触其目标受众,包括与当地组织建立伙伴关系,与当地社会各界有关部门、社会组织和企业建立良好合作关系,派出学生参与社会实践活动,增强学生的日语实践运用能力。基金会加强与当地教育机构的合作,提供资金,鼓励将日语教学纳入各种学校教育体系,包括中小学、高等教育、职业培训等,还常常与合作伙伴联合开展活动,比如参与当地文化节、交流会、展览会等。

**2. 通过认证计划开设分支机构或会员机构,嵌入对方机制合作共事**

许多语言文化推广机构都在不同国家和地区建立学习中心,通过聘请当地师资,为语言学习者提供在舒适环境中练习语言技能的场所。语言分校提供的多种资源让学习者可以相互交流和分享,提高了当地学员的学习体验。

例如,英国文化教育协会在世界各地设立了分支机构,并通过认证计划来保

---

① 莫嘉琳:《孔子学院与世界主要语言文化推广机构的比较研究》,《云南师范大学学报》(对外汉语教学与研究版)2009 年第 5 期。

障其本地化质量。协会对所有参与本地化的成员进行审核和检查，开展经费、人力资源和物资支持的文化教育活动，培养当地语言文化人才，同时提供定制服务，以满足客户的特殊需求，并提供及时的支持和解决方案。协会还提供了丰富的资源，包括技术支持、论坛、文档、新闻等，以帮助本地化团队更加高效地完成工作。

法语联盟在世界各地建立了超过 100 家会员机构，联盟会员机构覆盖了全球多个国家和地区，由法语教师、志愿者和学习者组成，为其他成员提供支持和帮助。会员机构常常以法语为媒介语举办当地文化节，参与当地的历史、体育和社会活动，组织丰富的文化交流活动，如艺术表演、文学讲座、电影放映、音乐会、戏剧演出，让学生获得更多有益的文化交流体验。法语联盟在各国举办法语赛事，促进法语学习者之间的相互交流，提升学习水平。为法语使用者提供培训机会，培养他们的语言技能，提高他们的法语水平。①

歌德学院的分支机构建立了一个本地化的校友计划，以满足当地学生的学习需求，并通过招聘和培训当地教师，增强了本地教师的教学能力。分支机构与本土教师一道定制本地化内容，提供本地化语言课程。提供根据当地文化、习俗和需求量身定制的语言课程，为学生创造更有效的学习体验。② 分支机构通过语言俱乐部和辅导课程增加学习德语的人数，还通过举办工作坊、节日和研讨会等文化活动为当地人提供更多了解德国语言文化的机会。

韩国世宗学堂建立专业管理团队，负责安排有关本地化策略的实施工作。学堂充分利用当地优势，建立以学习、研究和交流为主要内容的在地化韩文教学中心，吸引更多的韩文学习者参与。学习中心可以更好地利用当地资源，更好地满足当地学习者的实际需求，让学生更加真实地感受韩国文化；中心提供韩语原声电影，让学生通过观看原声韩语电影，学习韩语文化，提高韩语表达能力。③

---

① 刘洪东、周泓利：《法国法语联盟最新改革和发展动向研究》，《中国语言战略》2023 年第 1 期。
② 郭瀚：《德国歌德学院年度报告（2019）》，国家语言文字工作委员会主编：《世界语言生活状况报告（2021）》，北京：商务印书馆，2021 年。
③ 金多荣：《中国孔子学院和韩国世宗学堂的语言文化传播策略对比研究》，硕士学位论文，哈尔滨：哈尔滨师范大学，2017 年。

世宗学堂还利用"韩流"向本地学生介绍韩国文化产品,让学生更真切地接触韩语文化,培养学生学习韩语的兴趣。[1]

日本国际文化交流基金会注意提供包容本地化的语言表达。在日语的国际教学中,避免使用普通的、标准的日语表达方式,而是要选用本地的语言表达方式,以更好地理解本地文化,增强学习日语的乐趣。基金会提供资金、技术支持和专业培训,通过开展一些用日语介绍本地文化、历史、地理、社会经济的活动,便于学生在理解本地文化的过程中更好地掌握日语知识。[2]

### 3. 主办或参与地方化语言文化交流活动,利用当地资源做事

本地化发展战略要求充分了解本地的文化背景和习俗,根据当地文化特征,建立本地文化资源库,推出符合当地口味的语言文化活动,开展实践性的文化项目,如举办朗诵比赛、文化讲座、主题展览、演唱会和传统艺术表演等。

英国文化教育协会启动了一个系统,用于收集有关本地文化的各种信息,并创建本地化网站,帮助当地机构更好地挖掘文化资源潜力,推动文化活动创新。协会还结合本地语言文化的特点,适当调整语言文化的推广方式。如果本地文化有丰富的书面形式,则通过报纸、杂志等媒体推广。[3] 如果本地文化以口头传播为主,则增加讲座、访谈等形式的活动。通过差异化的语言文化交流项目,增强机构在当地的影响力。

法语联盟也在全球范围内开展各种文化交流和专业实践活动,为会员提供参与法语学习的机会,特别是为非法语国家和地区的法语教师提供文化多样性培训,丰富本地法语教师的双语文化知识。法语联盟通过特定语言营销战略来接触各个国家的目标受众,如举办地方文化研讨会、文化交流联谊会。法语联盟还与世界各地的中小学组织合作,开展多样性的青少年文化活动,如举办诗词朗

---

① 晏溪:《孔子学院与英韩两国语言文化推广机构比较研究》,硕士学位论文,重庆:重庆交通大学,2022 年。

② 张颖:《韩国孔子学院与日本国际交流基金会在韩文化活动比较研究》,硕士学位论文,山东:山东大学,2021 年。

③ 张天宇:《英国文化教育协会年度报告(2017—2018)》,国家语言文字工作委员会主编:《世界语言生活状况报告(2020)》,北京:商务印书馆,2020 年。

诵比赛、设立传统文化展览,鼓励学员参与本地节庆活动等。

西班牙塞万提斯学院在把西班牙文化介绍到当地的过程中,致力于开展各种地方化活动,比如在当地主办文化讲座,举办西班牙文化展览。① 塞万提斯学院在设计营销活动时注重文化敏感性,包括了解当地的习俗、价值观和信仰,确保学习材料和活动内容符合当地的风俗习惯,满足当地居民的需求和利益。

### 4. 避用"以我为主"强势推广策略,创建友好的本地文化品牌

语言文化推广机构需要通过本地化策略创建本地品牌声誉,这需要建立完善的推广机制,开展有效的宣传活动,提高机构在当地的知名度和影响力。

英国文化教育协会长期以来注重通过本地化战略,提升其国际形象,提高当地民众对英国文化的认可度。协会建立了本地化的宣传渠道,发挥本地人的作用,让本地人参与到语言文化推广过程中。同时,通过当地社交媒体、线下广告、品牌日活动等渠道,加强本地化推广,使更多当地人知道英国文化教育协会的存在。协会注重加强对本地文化的理解,尝试以英语来阐释当地文化,并努力建立一个全面的文化框架,以更好地推广传播。

法语联盟通过明确的定位和清晰的品牌形象,树立起法语联盟在当地市场上的品牌知名度,通过网络投放、活动营销、广告宣传等形式,引导当地潜在学员关注法语联盟的优质教育服务。② 通过推动国际会议、展览、交流和媒体活动,把法国文化传播到全世界。联盟还用法语制作当地语言文化类节目,免费赠送给当地电视台循环播放,并制作当地文化主题的短视频广告,在各种社交网络平台宣传。

日本国际文化交流基金会擅长通过品牌宣传、定向营销活动和利用本地化内容量身定制的广告活动,提高本地学习者对日本文化和日语的认知,并借助文化媒体,特别是出版物、电影和网站,促进与日语传播相关的活动。基金会还通

---

① 张慧、张玉双:《西班牙语国际推广机构的语言声誉规划探析——以塞万提斯学院为例》,《西安外国语大学学报》2022 年第 1 期。
② 崔忆婷:《法语联盟与孔子学院在拉美地区文化传播比较研究》,硕士学位论文,北京:北京外国语大学,2021 年。

过开展国际文化交流活动,如文化访问、艺术表演和文化教育活动,促进文化交流。

## 二、国际中文教育在地化发展前景

从语言政策的角度看,国际中文教育的本地化旨在寻求地方特色鲜明、行之有效的语言教育方法。只有建立高质量的本地化中文教学环境,才能确保中文教育可持续发展。对照世界主要语言传播机构,目前国际中文教育在如何更加本地化方面还存在一些不足。主要表现有以下三点。

第一,缺乏针对性。由于对各地受众的生活方式、消费习惯、文化偏好等缺乏完整的认知研究,无法确定有效的本地化策略,导致课程内容不能满足实际需求。第二,资源投入不足,特别是缺乏对本土教师团队的能力建设不够,语言教师对中国文化的认知不够深入。第三,项目管理、渠道管理经验不足。缺乏总体规划和综合方法来管理项目,也缺乏管理队伍建设。①

参考世界主要语言文化推广机构的经验和优势,我们的建议如下。

### 1. 基于本地合作伙伴关系,建立地方语言中心和分支机构

国际中文教育应该更加注重寻求合适的本地合作伙伴,简化本地化落地流程,与当地学校、政府部门、企业和文化机构建立友好关系,构建稳定的本地客户群。采用先行调研,多方探讨的方式,定期收集当地政府组织、教育专家、教学单位等的诉求与反馈,及时了解客户需求,加强彼此交流沟通,不断调适,逐步完善,以期加强中文的亲和力、吸引力。②

要建立与当地社会的良好关系,积极参与当地经济发展、文化传播、社会服

① 李响:《美国孔子学院与四国在华语言传播机构文化活动比较研究》,硕士学位论文,北京:中央民族大学,2020年。
② 刘晶晶、吴应辉:《孔子学院与其他国际语言传播机构办学状况比较研究(2015—2017年)》,《民族教育研究》2020年第6期。

务等活动,共同推进当地社会发展。在制定在地化策略时,应当加强与当地合作伙伴的沟通,深入了解当地文化、人文地理,以达到更好的教育效果。关注当地外语教育体制、社会要求和当地学习者特点等问题,在教材编写、教学过程等方面有机融入当地要素。

与当地政府建立长期的战略合作关系,尝试建立规模不等的地方语言中心和分支机构。通过支持当地的教育项目,为学生提供实习机会,加强学校的在地化发展。

### 2. 重视中文师资的在地化,保障国际中文教育的可持续发展

目前,国际中文教育师资的中坚力量是国内选派的高校中文教师。未来,要通过形成师资培育本地化的教育模式,源源不断地提供本地化的优质师资,还要参与谋划本地化培训课程,开展精准持续的教研活动,特别要培训本地教师掌握信息化技术,并与其一起制定教学方案,打造本地化优质师资队伍,保证国际中文教育立得住,行得稳,走得远。[1]

师资在地化是个漫长而艰难的过程,需要一代懂中文又能够教中文的年轻人成长起来。由于他们经历过国际语言的学习过程又熟悉当地文化,在教学中能够紧抓学习痛点并选取更适合当地的教学案例,从而起到良好的"传帮带"作用,逐渐成为当地国际中文教育在地化的主导性力量。这样的模式在英文的在地化教学模式中已被多次证明可行。[2] 有了足够量的当地中文师资,才能够有适合当地学习的中文教材,才能使中文为当地国发展做出独特贡献。国际中文教育师资在地化既可以满足当地公民的中文学习需求,又可以提供中文教学的就业岗位,还可以促进所在国与中国的经贸合作和文化交流。

本地化师资培训应该通过缔结姐妹学校的形式来进行。教师教育携手合作,教育内容才能切合当地国实际,也便于学员上岗就业。师资在地化可使中文教育在当地扎下根来,为当地的中文教研活动和其他中文活动提供支持;还可以

---

① 刘晓黎、李慧、桂凌:《世界其他语言文化推广机构发展模式对孔子学院可持续发展的启示》,《长江学术》2012 年第 3 期。

② 李宇明、施春宏:《汉语国际教育"当地化"的若干思考》,《中国语文》2017 年第 2 期。

逐渐在当地发展中文家庭教育,可以在一定范围内营造当地的中文语言生活环境。

### 3. 善于用中文表达当地生活,提升教材内容的本地化水平

现有教科书本质上是基于对外汉语教学的理念和经验来开发的,表达的主要是和中国文化相关的内容,编纂者的相关科研成果及其主要教学经验基本上来自国内多年来的对外汉语课堂教学实践,没有能够体现海外教学机构及教学人员的研究成果和教学经验。①

教材的在地化旨在让学生置身于地方文化景观和日常生活经历之中,因此,教材中除了与中国历史文化相关的话题之外,还应该适当编入一些学生熟悉的当地话题,让当地话题进入教材和教学的多个环节。② 同时,教材的分析讲解最好使用当地语言。由于教材内容基于学生熟悉的生活阅历,因此在学习中文的过程中,学生同时了解了本国的语言、历史与文化,特别是了解如何使用中文来表达这些内容。这不仅有助于学习中文,更有助于形成学生的"中文生活"。学中文是为了用中文,用中文了解中国、表达自己、从事工作。

### 4. 争取将中文纳入当地中小学外语教育体系,达到可持续的在地化

国际中文教育的发展可以分为两个阶段,第一阶段是以国家力量推动的中文全球传播,孔子学院是典型代表;第二阶段是国际中文教育的在地化。这两个阶段相互依存,相互促进。国际中文教育的目标是将汉语成为国际通用语,而在地化路径是实现这一目标的不二选择。③ 海外的华文教育,包括家庭和社区华文教育,是真正在地化的国际中文教育。

努力让中文教育进入当地的中小学或启蒙阶段的外语教育体系,这是在地

---

① 吴应辉:《关于国际汉语教学"本土化"与"普适性"教材的理论探讨》,《语言文字应用》2013年第3期。
② 海阔、李如龙:《关于中文国际教育国别化教材几个问题的探析》,《民族教育研究》2012年第6期。
③ 程晔:《中国语言文化推广机构的跨文化传播策略研究》,《同济大学学报》(社会科学版)2015年第2期。

化的最好体现。尽管孔子学院能够从所在大学得到中文课程的教学支持,但是在授予学分时,必须依赖当地大学的课程体系,这必然导致许多课程实际上处于当地正规外语教育体制的外围。相反,中文教育如果能够纳入当地的外语教育体制,许多教育环节就可以贯通。

## 三、结　　语

贴近当地国家实情的本地化策略对于语言文化推广机构来说至关重要,因为它可以帮助机构更好地把握本地语言文化学习者的需求,从而更好地改进其服务。此外,本地化策略还可以帮助语言文化推广机构更有效地宣传和推广其产品和服务,以达到更大的市场范围和更高的客户满意度。

今后,国际中文教育本地化策略还需要一套完善的评价体系,以切实根据当地经济发展水平、人口分布和教育资源等因素,确定合适的办学规模;开发适应当地青少年发展需求的课程,开展符合当地传统风俗的文化交流活动;同时,评估国际中文教育的区域发展情况,提高国际中文教育的本地化管理水平。

# Localization Strategies of International Language Communication Organizations

## FANG Xiaobing

**Abstract**

Localization strategy is the common choice of current international language communication institutions, which embodies the educational concept of " learner-centeredness". The localization development strategy of major language and culture promotion organizations in the world mainly includes: building local partnerships, opening branches through certification programs, conducting localized exchange activities, and creating local brand images. Confucius Institutes should strive to adopt localized work methods, collaborate with local institutions and utilize local resources. The current focus is to establish local language branches, emphasize the localization of Chinese language teachers, improve the localization level of textbook contents, and strive to incorporate Chinese into the local foreign language education systems in primary and secondary schools, achieving sustainable localization.

**Keywords**

international language communication organizations; localization; local partners; language and culture brands

# 海外中文应用对中文国际传播工作的启示

## ——以阿联酋中文应用为例 *

贾　昊　丁安琪**

**提要:** 国际社会不同领域的中文应用,既是中文国际传播的显著标识,又是国际中文教育事业发展的实践证明。阿联酋作为全球化贸易市场的地位属性和中阿"一带一路"全面战略合作伙伴关系,为中文交流和应用提供了广阔平台,是中文应用研究具有显著代表性的国别化样本。本文描述了阿联酋不同领域中文应用情况,将其放置在民族语言活力框架下分析中文应用的亮点与不足,结合阿联酋国际化与本土化特色,针对在新时代里如何提高中文应用水平、拓展中文应用范围等问题,提出对中文国际传播工作的相关思考与建议。

**关键词:** 中文应用;阿联酋;民族语言活力;中文国际传播

* 本研究受教育部中外语言交流合作中心 2022 年国际中文教育一般课题项目资助(项目编号:22YH19C)。

** 贾昊,华东师范大学国际汉语教师研修基地讲师,华东师范大学国际汉语文化学院博士研究生,主要研究方向为语言教育政策、国际中文教育;丁安琪,华东师范大学国际汉语文化学院教授,全球中文发展研究中心研究员,博士,主要研究方向为国际中文教育、国际中文教师教育。

语言不仅是文明的象征与载体，也是不同文化交流的工具。在全球化深入发展、国际合作不断深化的当今，中文在传播"人类命运共同体"理念以及助力中国参与更多领域的国际合作中扮演着重要角色。国际社会不同领域的中文应用，既是中文国际传播的显著标识，又是国际中文教育事业发展的实践证明。

地处中亚非交接地理位置的阿联酋，1971 年建国后逐渐致力于从石油经济为主向知识创新型经济转型，推进全球经贸合作，通过不断对外开放的政策措施打造自身成为巨大的全球化贸易市场。[①] 同时，凭借国际化视野和强大的人才吸引力[②]，阿联酋为操持各种语言的各国人才交流提供了广阔的平台，是语言应用相关研究具有显著代表性的国别化样本。

在中国与阿拉伯国家的交流合作中，阿联酋是最早响应中国"一带一路"倡议国家之一。2019 年 7 月，在时任王储（现任总统）穆罕默德·本·扎耶德访华期间，两国发布建立全面战略伙伴关系声明。习近平主席用"中阿关系目标远大，内涵丰富，互利互惠，是百年大计，成为不同地域、不同文化、不同类型国家进行战略合作的典范"来表述中阿关系的重要性。[③] 目前，阿联酋成为与中国合作程度最深、领域最广、成果最实的中东国家之一。[④] 在两国友好合作背景下研究阿联酋中文应用情况，对于中东以及更大区域的中文国际传播工作具有借鉴意义。

本文通过调查中文在阿联酋不同领域的应用，分析目前阿联酋中文语言活力和使用特点，为中文国际传播提供针对性优化方案，探索国际中文教育事业推广的区域化可行路径。

---

① 阿联酋通讯社：《经济部长：阿联酋将扮演重要角色，创造投资机会》，编辑方海山，2023 年 4 月 25 日，参见 https://wam.ae/zh-CN/details/1395303150875。

② Legatum Institute，"The Legatum Prosperity Index"，2023. Retrieved from https://www.prosperity.com/rankings。

③ 人民日报海外版：《同阿联酋阿布扎比王储穆罕默德举行会谈 习近平：中阿关系是百年大计》，2019 年 7 月 3 日，参见 http://paper.people.com.cn/rmrbhwb/html/2019-07/23/content_1937367.htm。

④ 中国外交部：《王毅国务委员兼外长接受阿联酋通讯社书面采访》，2019 年 7 月 23 日，参见 https://www.mfa.gov.cn/web/gjhdq_676201/gj_676203/yz_676205/1206_676234/1209_676244/201907/t20190723_7968513.shtml。

## 一、阿联酋不同领域中文应用现状

阿联酋国语为阿拉伯语，通用语英语。中文和乌尔都语、印地语等都在一定范围使用。通过调查，中文在阿联酋不仅获得了从官方到民间越来越多的关注与支持，在不同领域和行业中也得到体现与应用。

### 1. 从官方到民间的中文态度与中文应用

2 000 多年前，中国和阿拉伯国家通过古丝绸之路建立了联系。1984 年，阿联酋和中国建交，成为第一个与中国建立战略伙伴关系的海湾国家。2015 年，中阿合作共建"一带一路"。近年来，中阿关系日益密切，双方正在共建"一带一路"的框架下深化各领域务实合作。2018 年 7 月习近平总书记访问阿联酋，表达了对中国与阿联酋携手合作、打造中阿共建"一带一路"命运共同体、更好造福两国人民的期望。

习近平主席到访阿联酋第二天，时任王储穆罕默德特意安排自己的侄女用阿中双语主持中阿合作文本交换仪式。随后，穆罕默德王储宣布，将阿联酋开设中文课程的学校从原计划的 100 所增加到 200 所。2019 年 7 月，在中阿两国最高领导人推动下，阿联酋教育部和中国教育部中外语言交流合作中心（原孔子学院总部）签署了《关于将汉语纳入阿拉伯联合酋长国中小学教育体系的谅解备忘录》，标志着中文被纳入阿联酋国民教育体系，具体通过"百校项目"开展工作。中阿双方共同开发了针对阿联酋的中文教材《跨越丝路》，语合中心外派中文专家组进入阿联酋教育部（Ministry of Education），开发中文课程大纲、课程计划等配合支持当地中文教学工作。中文作为英语、阿拉伯语外的第三语言，以 B 类必修课程的形式进入了百余所阿联酋公立中小学。

私立教育方面，在中阿各级教育部门支持下，迪拜中国学校于 2020 年 9 月正式开学，这是中国第一所海外基础教育阶段的全日制国际学校，涵盖小学、初中、高中 12 个年级，为当地中国公民、广大华人民众提供与国内一致的基础教育服务,涵盖包括语文在内的全部学科和相关标准,增加了阿拉伯语等地方课程和部分国际课程。①

在 2020 年中国驻阿联酋使馆举办的国庆招待会上,阿联酋政府代表、青年事务国务部长希玛·马兹鲁伊(Shamma Al Mazrui)用中文发表了视频致辞。②

除了语言政策和规划外,阿联酋官方近年推出各种项目和规划表达对中国的关注与支持:2018 年,在阿联酋副总统兼总理、迪拜酋长穆罕默德的倡议和中国在当地的使馆、领馆支持下,"拥抱中国"(Hala China)计划启动,中阿在文化、投资、旅游多领域开展了密切合作。③ 2020 年疫情期间,两国仍合作组织了首届中阿经贸数字博览会和中阿旅游合作论坛等活动。④ 同时,两国政府的商业领域合作同样硕果累累:2004 年迪拜龙城的建立使其成为中国大陆以外最大的中国产品交易中心,拥有 4 000 个商铺和每日平均至少万余人的客流量。2015 年龙城二期开张,更多国际商贸行业得以了解和接触"中国制造",也为中文在当地广泛应用提供了一个重要平台;旅游业上,两国的双边政策使中国人到阿联酋旅游变得更加便利,中国在 2009 年将阿联酋列入"出境游目的地国"名单,2018 年的两国达成互免签证协议,这使每年进入阿联酋的中国游客数量不断增加。2022 年底首届中阿峰会、中海峰会的召开,让中阿关系发展迎来新的里程碑。

民间层面,阿联酋一直是"一带一路"倡议的重要支点和物流枢纽。中国

① 2023 年 3 月,迪拜中国学校首次参加当地主管部门迪拜知识与人力发展局(KHDA)学校等级评估,在同批次参评学校中脱颖而出,成为唯一获评"GOOD"等级的学校。参见迪拜中国学校官网:《迪拜中国学校 2023 学年招聘公告》,2023 年 4 月 12 日,参见 http://www.csd.ae/front/news/detail/1086。

② 希玛·马兹鲁伊在中文致辞中表示:中阿在文化、政府和经济领域的合作构筑了国家及全球沟通的桥梁。两国发展理念相近,政策目标相同,合作纽带越来越紧,已成为发展建设中优势互补的真诚朋友、沟通协调国际和地区事务的重要伙伴。参见中国驻阿联酋使馆网站:《驻阿联酋使馆举行庆祝中华人民共和国成立 71 周年在线招待会》,2020 年 9 月 30 日,参见 http://ae.china-embassy.gov.cn/dsxx/dshd/202009/t20200930_1305820.htm。

③ 迪拜人网站:《Hala China 将在迪拜举办一系列活动庆祝中国春节》,2019 年 1 月 28 日,参见 http://www.dubairen.com/53056.html。

④ 李旭航:《在首届中阿经贸数字博览会中阿旅游合作论坛上的讲话》,中国驻迪拜总领事馆,2020 年 7 月 17 日,参见 http://dubai.china-consulate.gov.cn/zlsxx/zlsjh/202007/t20200726_5803560.htm。

60%在西亚和北非地区的贸易货物以阿联酋为中转站。随着更先进和更发达铁路系统的建成,阿联酋将成为一个更重要的物流中心,连接起"一带一路"共建国家的贸易乃至更广泛的活动。①

一直以来阿联酋都有不少华商,独特的地理位置以及两国上层友好政策吸引,近些年大量中国商人和商品涌入,当地人已经认识到与中国人交往的重要性,并且把学好中文作为与中国商人高效交往的重要前提。即使经历疫情,迪拜龙城至今依旧呈现火热景象,大多数商铺中均有中文、英文和阿拉伯语的显著标识,龙城及附近国际城是华人聚居地,作为社区方言的中文在商铺医院等各个场所使用畅通无阻。

### 2. 不同领域的中文应用情况

虽然依靠石油一跃成为发达国家,阿联酋开国元首的高瞻远瞩让国家不断向知识和创新驱动型经济迈进,更多地依赖人力资本和技术,经济多样化计划使金融服务、房地产、航空、酒店、旅游、港口和物流等非石油行业的兴起,并使阿联酋正迅速成为信息技术、区块链驱动的贸易、金融服务和全球供应链管理等知识驱动型企业的中心。②

经济多样化计划和国际贸易平台吸引了世界各地的资本与人才,中国是其中重要合作方。阿联酋驻华大使阿里·扎希里(H. E. Ali Obaid Al Dhaheri)2022 年表示:中国在新能源、基础设施、生命科学、人工智能等领域有着世界领先的技术,这也是阿联酋重视同中国发展友好关系的一个重要因素。③

---

① 新京智库:《阿联酋驻华大使:期待"一带一路"倡议探索出和平、发展解决方案》,中阿合作论坛网站,2022 年 9 月 30 日,参见 http://www.chinaarabcf.org/chn/zagx/rwjl/202209/t20220930_10775078.htm。

② 迪拜中华网:《阿联酋 50 年发展史:从卖石油的沙漠国家到经济多样化现代强国》,2021 年 6 月 13 日,参见 https://www.dubaichina.com/thread-437542-1-1.html?_dsign=68e8cfb5。

③ 阿联酋驻华大使阿里·扎希里在接受中国新闻社采访时提到:"政治上平等互信,经贸上互利共赢,历史文化上交相辉映,都是我们两国的共赢点和交往时的平衡点。"参见中国新闻网:《(东西问)阿里·扎希里:阿联酋为何说要做中国最好的伙伴?》,2022 年 2 月 19 日,参见 https://www.chinanews.com.cn/gj/2022/02-19/9680792.shtml。

在两国全面战略合作伙伴的友好关系背景下,中文在各领域的交流合作日益频繁,中文在不同领域得到了应用。

科技领域,中阿围绕"一带一路"开展多项合作,近些年阿联酋产业结构调整后,中阿已经在"1＋2"(能源＋基础设施建设和贸易投资便利化)阶段走到了"以核能、航天卫星和新能源三大高新领域为突破口"的合作环节,双边合作深度广度远超身边许多"一带一路"国家。[①] 2019 年共同建立中阿产能合作示范园,示范园主要发展高端制造业,推动中国企业国际化发展,助力当地经济多元化转型。[②] 该示范园吸引多家中外企业入驻,有配套厂房和生活区,园区招聘了会中文的阿联酋员工,发布中英文宣传片。另外,阿联酋对于以航空科技为代表的高新技术非常重视,是阿拉伯世界"航天梦"领跑者,出台了"2030 国家太空战略",为该国的航天工业规划了总框架。2022 年 9 月,中国国家航天局和阿联酋航天局正式签署"联合探月"协议,两国将围绕探月展开一系列合作,中国科技公司落户中阿产能合作示范园[③]。

新闻领域,阿联酋国有新闻机构阿联酋通讯社(Emirates News Agency, WAM)官网有专门的中文语言页面,且东亚语言中只有中文一种,中文页面不是简单的原文翻译,而是根据阅读受众将和中文、中阿有关的通讯消息重新整合排版。阿联酋本地媒体还时常会邀约知名经济专家撰写专题分析文章,对中国经济形势、政策走向等进行多方面解读。随着中阿双边经贸交流的持续深入,中国元素已经成为推动阿联酋经济发展的重要组成部分,来自中国的手机、家电、汽车品牌广告频频见诸各大报纸、新媒体平台版面。

教育领域,基础教育阶段,中文被纳入国民教育体系后,阿联酋"百校项目"稳步发展,截至 2023 年 5 月,已有 158 所公立学校开设中文课程,5.4 万名中小

---

① 全菲:《"一带一路"倡议与中国—阿联酋关系的新变化》,《中东研究》2022 年第 1 期,第 151—167 页。
② 中阿产能合作示范园: http://www.jocic.cn/index.php?s＝demo/index。示范园介绍内容详见"园区概况"和"园区优势"板块。
③ 起源太空:《起源太空中东区域总部落户阿联酋》,2022 年 12 月 10 日,参见 https://www.origin.space/cn/media_report/26.html。

学生学习中文。① 高等教育阶段,分别于 2011 年和 2012 年揭牌的迪拜大学孔子学院和扎耶德大学孔子学院不仅扎根学校,更为当地提供了丰富的中文培训项目,提供中国文化讲座。因迪拜华人众多,中文课程出现在百余所私立学校和民间培训机构,学员群体除了华人,还有计划报考 HSK 或者参加"中文＋职业"课程(如商务汉语课)的本地人。例如迪拜警察学院部分警察在经过中文课程学习后,可以用中文交流以完成工作,中文交流视频被制作成官方宣传片。② 文教活动方面,阿联酋教育部中文课程组联合阿联酋学校教育机构(Emirates Schools Establishment)定期组织类型多样的中文活动,例如 2022 年 5 月学生硬笔书法比赛、2022 年 11 月学生中文书画比赛,加上每年定期举行的大中小学生"汉语桥"比赛均获得了当地热烈反响,学生将中文和自己的兴趣结合,应用在比赛和生活中,提高了中文的使用率,也扩大了中文在当地的影响力。③

文艺领域,近些年中阿文化艺术交流频繁,如 2020 年 7 月的中国—阿联酋文化周、2020 年 11 月的中国数字文化展示周(阿联酋站)、2022 年 2 月迪拜世博会中国馆的文化巡展活动等,这些活动中,中文既成为了交流工具,又是对话讨论的主题之一。④ 场馆方面,阿布扎比卢浮宫博物馆 APP 有了中文讲解。由旅居阿联酋的华侨华人自行组织的阿联酋华侨华人春晚始于 2015 年,当地主流媒

---

① 阿联酋通讯社:《中国大使:阿联酋 158 所公立学校有 54 000 名学生学习中文》,2022 年 11 月 14 日,参见 https://wam.ae/zh-CN/details/1395303101165。

② 今日头条:《阿联酋汉语热——迪拜警察用中文帮助中国人解决问题》,包括迪拜警察局制作的中文宣传片,2021 年 8 月 9 日,参见 https://www.toutiao.com/article/6994441315106865672/?source = seo_tt_juhe。

③ 资料来源语合中心微信公众号:《精彩纷呈! 各驻外使领馆"国际中文日"活动综述》,2022 年 4 月 26 日,参见 https://mp.weixin.qq.com/s/XaC8jRwGcmOvOxaEMSLBmQ;中国驻阿联酋使馆网站:《驻阿联酋大使张益明出席首届阿联酋中文教学"百校项目"学生绘画比赛暨教师技能大赛颁奖典礼》,2022 年 11 月 11 日,参见 http://ae.china-embassy.gov.cn/xwdt/202211/t20221111_10972718.htm;人民网:《2023 年"汉语桥"世界大中小学生中文比赛阿联酋赛区预选赛暨颁奖典礼在迪拜举行》,2023 年 6 月 10 日,参见 http://world.people.com.cn/n1/2023/0611/c1002-40010935.html。

④ 中国驻阿联酋使馆网站:《驻阿联酋大使倪坚参加"丝绸之路文化之旅——中国数字文化展示周(阿联酋站)"在线开幕式》,2020 年 11 月 26 日,参见 http://ae.china-embassy.gov.cn/dsxx/dshd/202011/t20201126_1305857.htm。

体参与报道,至今已顺利开展了9届。①

宗教领域,在华人聚集区(迪拜和阿布扎比某些区域),不同宗教场所均有中文指示语和标识呈现,包括中文版本的宗教书籍。宗教节日活动也会以吸引和宣传为目的使用中文。

旅游领域,2018年《环球》杂志调查,阿联酋2019年共接待中国游客175万人次,在西亚北非国家和地区中排名第一。② 旅游领域的中文应用在中文景观角度得到广泛呈现:世界上最大的购物中心"Dubai Mall"有中文购物手册,于2023年专门打造了一个购物体验区"China Town",熊猫玩偶、灯笼、中国拱门等中华元素装饰其中,琳琅满目的灯牌闪烁着"卡拉OK""明媚""福""游戏厅"等字,海底捞、小米、兰州拉面等商铺入驻,卫生间有中阿英三语标识。大量外国人受吸引前来拍照、购物、就餐,支付时,众多商场开通了中国银联和支付宝功能,不少奢侈品、护肤品、纪念品商店也安排了会说中文的导购。"Dubai Mall"对面的音乐喷泉时常奏响《梁祝》和《吻别》歌曲,哈利法塔灯光秀有中文字"伊玛尔"(Emaar)公司,中国新年时会显示"新年快乐"等中文祝福。

商贸领域,互联网的普及带来了全球商业革命,2014年起,中国不少跨境电商来到阿联酋等中东国家,引入了在线购物与移动互联网模式,为中东商业市场打开新的局面。2022年年底,阿联酋非石油贸易季度业绩报告显示,阿联酋贸易伙伴中,中国排在第一位。③ 2022年12月在迪拜世贸中心举办的中国(阿联酋)贸易博览会是2020年以来在迪拜线下举办的最大规模中国商品博览会。④ 商业密切往来让语言的工具作用得以凸显,中文也应用在商业交往诸多场所。

---

① 中国移动国际:《中国移动国际助力阿联酋第九届华侨华人春晚线上直播》,阿联酋中国商会,2023年1月24日,参见 http://cbc-uae.net/n107/n547/c1470/content.html。
② 苏小坡:《阿联酋:是时候在这里创造新的美好回忆了》,《环球》杂志,2023年3月30日,参见 http://www.news.cn/globe/2023-03/30/c_1310704072.htm。
③ 阿联酋通讯社:《穆罕默德-本拉-希德:阿联酋是全球贸易和经济的例外》,编辑方海山,2022年12月7日,参见 https://www.wam.ae/zh-CN/details/1395303109657。
④ 中国贸促会驻海湾地区代表处:《中国贸促会驻海湾地区代表处负责人出席2022年第十三届中国阿联酋贸易博览会开幕式》,阿联酋中国商会网站,2022年12月22日,参见 http://cbc-uae.net/n107/n547/c1469/content.html。

例如迪拜国际自由区管理局(FZA)有中文 logo"让我们迈向成功"及基本介绍，目前已经有 300 家中国企业在迪拜 IFZA 成功落地；迪拜硅谷(Silicon Oasis)数字园区有餐厅为吸引中餐爱好者制作的中文海报。

## 二、民族语言活力框架下的阿联酋中文应用

一种民族语言的应用程度，是该民族语言活力(Ethnolinguistic Vitality)的重要体现。民族语言活力是 20 世纪 60 年代末学者提出的理论，指一种民族语言群体在种族群体交往中表现为一个积极且与众不同的群体的属性[①]，凸显了一个群体作为独特语言集体的性质，并在一定程度上决定着人们的语言态度、语言行为和群体认同程度。高活力语言群体很可能在多语言环境中保持其语言和独特的文化特征。如果某种语言缺少种族群体的认同和应用，那么这种低活力语言群体最有可能经历语言同化或"不再作为一个独特的语言集体存在"。[②]

霍华德·贾尔斯(Howard Giles)等人所建立的民族语言活力框架包含三个结构变量：一是地位变量，即语言的经济、社会、历史地位；二是人口变量，即特定地区内民族语言群体成员的数量和分布模式，还包括出生率、该群体的异族通婚率以及移民；三是制度变量，指语言在各种系统中获得支持的程度。这些系统包括大众媒体、教育、政府服务、工业、宗教、文化和政治。这三项因素结合可以评估一个群体在每个领域的优势和劣势，或多或少预示着此民族语言的活力。

现将阿联酋中文应用实然情况导入民族语言活力框架下，描述阿联酋中文应用特点，分析中文的语言活力，从而进一步了解中文在阿联酋的应用情况。

---

① Howard Giles, Richard Y. Bourhis & Donald Taylor, "Towards a Theory of Language in Ethnic Group Relations," in Howard Giles (ed.), *Language, Ethnicity and Intergroup Relations*, London: Academic Press, 1977, pp.307 - 348.

② Kutlay Yagmur, "Does Ethnolinguistic Vitality Theory Account for the Actual Vitality of Ethnic Groups? A Critical Evaluation", *Journal of Multilingual and Multicultural Development*, 2011, pp.111 - 120.

### 1. 地位变量方面

随着中国对外开放步伐持续迈进,综合国力不断增强,全球"中国热""中文热"日益升温,客观上提高了中文在阿联酋的影响力和吸引力。同时,2019年阿联酋将中文纳入国民教育体系并在公立学校开设中文课,从官方层面肯定并提高了中文地位。作为"一带一路"重要合作伙伴,阿联酋是中国在阿拉伯国家中最大出口市场和第二大贸易伙伴①,也是阿拉伯世界中最大的中国企业孵化器。目前在阿注册的中国企业数量已达6 591家,另有超过327家商业代理。②

中国综合实力的增强,阿联酋官方对中国和中文的重视、中国游客的庞大基数,中阿多领域的密切合作等因素均有利于提高中文的社会地位,为中文在阿联酋应用带来了更多机会。

### 2. 人口变量方面

阿联酋是中东地区中国移民增长最快的国家。③ 1990年,整个阿联酋大概只有2 000名中国人,从2000年至2010年,阿联酋华侨华人的人数从7 000人增长到了10万至15万人。截至2014年,阿联酋华侨华人总数已接近30万人,并且其中90%以上是汉族华侨华人(中新网,2017)。"Global media insight"(2023)网站数据显示④,2023年阿联酋总人口1 017万,其中阿联酋本地人占117万(占比11.48%),外籍人口900万,其中中国人口22万(占比2.11%)。

人口组成上,根据澎湃新闻2023年调查,与十余年前华人基本仅限于从事

---

① 中国外交部网站:《中国同阿联酋的关系》,2023年7月,参见 https://www.fmprc.gov.cn/web/gjhdq_676201/gj_676203/yz_676205/1206_676234/sbgx_676238/。

② 数据来自阿联酋驻华使馆官网"经济合作"板块,文中提到:"阿联酋在中国国家主席习近平于2013年提出的'一带一路'国际合作倡议中发挥着关键作用,这得益于阿联酋极具竞争力的商业环境、完备的基础设施及优越的地理位置,而这些也有助于深化两国之间的共同合作。"参见阿联酋驻华使馆网站:https://www.mofa.gov.ae/zh-CN/Missions/Beijing/UAE-Relationships/Economic-Cooperation。

③ 孙翔:《蓝皮书:阿联酋是中东地区中国移民增长最快的国家》,中国新闻网,2017年1月6日,参见 http://www.chinanews.com.cn/m/hr/2017/01-06/8116463.shtml。

④ Global Media Insight, "UNITED ARAB EMIRATES POPULATION STATISTICS 2023", 2023-06-28. Retrieved from https://www.globalmediainsight.com/blog/uae-population-statistics/。

中低端行业不同的是,现在任何领域都能出现华人身影,华人的身份也更加多元化,除了传统商人,他们还是媒体人、互联网创业者、科研人员、企业员工。[①] 目前阿联酋的中国侨民群体由4个主要群体组成:中国国有企业(如中石化)和大型私营企业(如华为)的员工及其家属;自营职业者及其雇员和家属;服务业的会说中文的工作人员;跨国公司和阿联酋教育和研究机构雇用的高技能专业人员。阿联酋日益多元化的经济促进了各行各业的发展,提供了更多不同领域的工作机会,华人遍布更多行业的现状也让中文的使用和应用领域得以拓展。

### 3. 制度变量方面

在中阿友好往来背景下,综合中文地位以及可观的人口基数,中文在阿联酋各系统中得到了一定程度的支持:显性方面如中文政策的颁布(如谅解备忘录)、中文规划的执行(如"百校项目")、中文景观的呈现(如国际购物中心、产能合作园、博物馆的中文标识)、中文活动的开展(如2023"汉语桥"吸引全国450名学生参与);隐性方面如中文态度的提升(如警察、服务员用中文服务)、中文声望的提高(阿联酋王储侄女用中文进行交流、中国数字文化展)、中文认同的促进(为华人建立迪拜中国学校),等等。

在民族语言活力框架下分析阿联酋中文应用情况,研究中文在语言地位、人口、制度变量下的应用案例,可以看出中文在今天的阿联酋是一门具有活力且得到广泛应用的语言。

### 三、阿联酋中文应用的特点分析

根据各领域中文应用描述,结合民族语言活力框架,针对阿联酋本身的区域特色,分析中文目前存在的亮点和不足。

---

① 智象出海:《迪拜华人掘金史:从弯腰捡钱,到"科技与狠活儿"》,澎湃新闻网,2023年6月4日,参见 https://www.thepaper.cn/newsDetail_forward_23327238。

### 1. 中文应用突出亮点

应用范围上,中文在以商贸、旅游、餐饮、传媒行业为代表的多领域得到了不同程度应用,原因包括中国自身广阔的消费市场,中国经济实力不断增强,阿联酋国际化贸易平台和一定基数的华人群体,中阿官方及民间合作领域不断扩大等。在以语言景观的方式呈现中,中文更多体现为沟通交流的工具。

应用方式上,既有官方"自上而下"的政策规划,也有民间经济往来的实践。阿联酋教育行业的中文应用极具亮点,第一,得益于中阿政策支持,"百校项目"让7个酋长国公立中小学学生均有机会学习中文、了解中华文化。在基础教育阶段对中文的投入和覆盖面上,阿联酋在中东国际中文教育领域也有突出代表性;第二,迪拜中国学校的建立是中国国际办学和国际教育的首发实践,为当地基础教育结束后提供了回国参加高考或申请入读海外大学两种选择,既满足了广大华人家庭国际教育和中文教育两手抓的需求,又为中东人口基数最大的阿联酋华人子女可持续性学习提供可行的方案;第三,和其他主要依靠中国出资"输血"方式开展中文教学的国家不同,阿方自主聘用200余名中国教师赴阿任教,同时本地(以迪拜为代表)中文教育市场机制更为健全,许多非官方中文培训学校/机构在市场需求下如火如荼经营着。

应用内涵上,语言的影响力是一个国家软实力的重要体现,阿联酋社会对于中文的兴趣和需求,与中国实力、中国形象密不可分。近些年在中外方的采访调研①中,官方和民众均多次表达了"中国能为中东治理提供借鉴经验""中阿关系正处于空前发展""对中阿未来充满信心"等正面评价。正面舆论有利于提高中文在当地的声望,增强中文学习的动机。同时,2021年阿联酋国际中文教育研讨会和2022年中海语言文化论坛的顺利举办,让中文不只停留在作为语言交流工具的应用上,开始呈现对中国文化历史、国际服务能力和价值观等更深层次的讨论。

---

① 资料来源包括

环球时报舆情中心:《近八成阿拉伯受访者:中国带来机遇》,2022年12月9日,参见 https://news.cctv.com/2022/12/09/ARTINLKEAuqB5Q68ebV7Ct4b22 1209.shtml;中国驻阿联酋使馆:《中国驻阿联酋大使张益明就党的二十大胜利召开接受阿联酋国家通讯社专访》,2022年10月31日,参见 http://ae.china-embassy.gov.cn/xwdt/202210/t20221031_10794428.htm。

### 2. 中文应用不足之处

应用范围上,虽然中文在阿联酋应用领域较为广泛,但是像龙城、国际城这样中文交流聚集区主要存在于华人圈,主要为阿联酋华人群体服务。根据上文"Global media insight"网站 2023 年阿联酋人口数据,外籍人士中,印度、巴基斯坦等 8 个国家人口数量超过中国,不同族群交流时,英语仍是通用语。另外,"百校项目"仅启动 5 年,能够用中文进行交流的本地人很少,分布在各行业中的非中国籍中文人才十分有限,据笔者调研了解,在基建工程、商业贸易等国际业务往来中,英语仍为主要交流工具。

应用主体上,聚焦培养中文人才的教育领域,中文学科发展可为国际中文传播工作提供源源不断的智力支持和人才保障,阿联酋缺少本土中文人才原因主要包括:基础教育阶段中文作为 B 类学科和学生毕业不挂钩;高等教育阶段没有中文专业(截至 2023 年 1 月,阿联酋只有阿联酋大学、纽约大学阿布扎比分校、阿布扎比大学、沙迦大学、巴黎索邦大学阿布扎比校区 5 所大学开设中文选修课或辅修专业科目);高等教育和基础教育阶段缺乏中文学科有效衔接;阿联酋本地人留学倾向于选择欧美高校,每年赴华留学生为数寥寥……以上可见,目前阿联酋缺少培养中高级中文人才的教育环境。

应用功能上看,若中文应用总和较低社会地位的功能联系在一起,并不利于其可持续发展,是否具备原创性、现代性得到深入应用,是否能够服务全球化经济发展,也是中文走向世界、成为国际语言的重要衡量标准。从公认的全球通用语——英语角度①,胡范铸认为英语之所以成为"全球通用语",离不开它在知识生产和全球治理层面占据的绝对优势。② 张天伟认为,英语拓展能力的影响力主要表现为英语在世界范围内产生的正面和积极效果,例如其在创新、推广新知识以及学术能力上占据的支配地位。③ 英格利特·皮勒(Ingrid Piller)认为,国

---

① 尚国文、赵守辉:《语言景观的分析维度与理论构建》,《外国语》2014 年第 6 期,第 81—89 页。
② 胡范铸:《何为"英语","英语"何为:语言政策与全球化时代的社会愿景》,《外国语》2023 年第 3 期,第 120—122 页。
③ 张天伟:《我国国家通用语国际拓展能力现状与发展路径研究》,《语言文字应用》2020 年第 1 期,第 2—10 页。

际社会许多标牌上的英语是象征性的,使用英语标牌可以激活面向国际,面向未来、潮流、现代、成功等价值观。① 英语的应用促进阿联酋走上国际化道路,阿联酋的国际化发展又进一步推动英语的传播。相比之下,根据目前中文应用领域的呈现,中文更多扮演沟通交流工具的角色。虽然上文提到两次中文研讨会,但目前类似案例太少,中文的原创知识生产能力和服务经济社会发展能力有限,在应用程度和功能上还有很大发展空间。

## 四、阿联酋中文应用对中文国际传播工作的思考与建议

阿联酋不同领域的中文应用所呈现的亮点和不足,既有其区域性特色,也有目前国际中文应用的共性。国际中文教育是中文国际传播最重要的途径②,而中文的应用既是其主要目的,也是最有效的证明。中文的海外传播,不仅要放在教学上,更要放在中文作为外语生活的营造上,让中文学习者在应用中巩固和发展他们的中文水平,获得他们的人生利益。③ 新时代里,作为开展中文国际传播工作的主体国,面对阿联酋区域化的特点,以提高中文应用水平、拓展中文应用范围为目标,本文提出传播主体视角下对中文国际传播工作的思考与建议。

### 1. 因地制宜提升中文应用价值

语言首先是交流沟通的工具,结合阿联酋特色和中阿发展现状,为了巩固中文在各领域发挥的作用,提高中文应用覆盖面和影响力,一方面需要发挥政府宏观引导,做好国家语言能力建设顶层设计,另一方面应坚持当地市场导向。通过

---

① Ingrid Piller,"Identity Constructions in Multilingual Advertising",*Language in Society*,2001,Vol. 30,No. 2,pp. 153 - 186.
② 吴应辉:《国际中文教育新动态、新领域与新方法》,《河南大学学报》(社会科学版) 2022 年第 2 期,第 103—110 页;于东兴、张日培:《全球传播格局重塑中的中文国际传播》,《浙江大学学报》(人文社会科学版)2023 年第 10 期,第 20—28 页。
③ 李宇明、王春辉:《全球视域中的汉语功能》,《云南师范大学学报》(哲学社会科学版) 2018 年第 5 期,第 17—26 页。

政府宏观政策规划和民间机构群体共同推动形成合力,提升中文应用价值。

顶层设计方面,应当以前瞻性眼光设计好假想任务或未来需求①,为中文在阿联酋应用传播创造良好社会环境和舆论环境(如 2022 年中阿峰会、中海峰会的顺利召开)。在中文应用纳入国民教育体系"后时代",面对中文在阿联酋只是第三语言、B 类科目的现状,中文教学应该在审时度势中稳步前进而非急于求成。例如借助阿联酋近两年启动的融合课程试点"东风",宣传中阿语言文化相通之处,让中文通过与学科结合等方式深度融入阿联酋教育系统中并得到可持续发展。同时,尽快实现当地的中文评估体系健全度和标准化。

民间市场方面,充分发挥当地中文教育市场优势,整合教育资源,拓展合作模式(如与优质中文培训学校/机构建立中文学习测试中心);在人人都是自媒体时代,调动各领域主体的积极性与创造性,鼓励其从民间视角、个人视角,用生活化、故事化的表达生动展现中国语言文化。② 除了主流媒体,在更多移动化、社交化、可视化的平台(例如阿联酋民众当今热衷的"TikTok")和更加多元的线下市场应用中文;以语言为基础支持中阿产业对接,提供经贸、科技、旅游等多领域的信息咨询和专业合作等服务,降低政策影响和政策性风险,丰富和拓展中文应用空间。

### 2. 寻找本土化中文人才培养路径

人才是语言知识和专业技能的载体,是语言技术的创造者和使用者,语言的实用功能性建立在语种知识结构完整和人才队伍完备的基础之上。位于国际商贸枢纽的阿联酋,寻找培养中文人才本土化路径,发挥不同层次、领域和行业中文人才资源的积极作用,是提高中文应用范围和效能的重要力量。

中国籍中文人才方面,一方面要提升中文人才(尤其是教育等关键领域人

---

① Richard D. Brecht & William P. Rivers,"Language Policy in the U.S.: Questions Addressing a Sea Change in Language in the U.S.",*NFLC Policy Issues*,1999,Vol.2,No.1,pp.1 - 4. 戴曼纯:《国家语言能力的缘起、界定与本质属性》,《外语界》2019 年第 6 期,第 36—44 页。

② 范慧琴、朱萍:《积极发展国际中文教育事业》,《人民日报》2022 年 12 月 27 日,第 9 版。

才)专业素养和跨文化交际能力,另一方面要发挥留学生的优势和群体能力,鼓励从不同视角和渠道应用中文、传播中华文化;非中国籍中文人才方面,阿联酋有其特殊性,中文教师均为中国国籍,中文人才培养不能简单使用传统"本土教师"培养方式。针对本地人才培养,可借鉴吴勇毅提出的中文"走出去"战略两种方法①:和国内外高校对接,和有需求的国企民企对接。第一种方法以专业教育为主,建立中文专业,健全阿联酋中文教育体系,系统培养"中文＋专业"的中高端中文语言人才;第二种方法以培训为主,使职业人员能用中文进行技术交流和学习,为现在关键岗位的人才进行"语言充电"。研究符合阿联酋本土化特色的中文人才培养方案,从而为中文在阿联酋的传播与应用提供智力支持和人才保障。

### 3. 重视海外华人在语言传承与应用中的重要性

语言是民族和国家身份认同的重要媒介,中国经济成长和走向世界舞台中央的时下,母语保持具有重要的文化意义和发展价值。阿联酋的华人不仅是中华文化传承的重要载体,也是多途径推广与应用中文的重要民间力量。中国和海外华人社会也要共同努力,争取华人所在地的理解与支持,要重视运用"大华语"理念,创造一个华语文在海外使用与传承的较好环境。②

在阿联酋的华人侨民帮助促进了"人文"交流,这是"一带一路"框架下许多项目的重要推动力。中文国际传播和教育事业不能忽视华人在其中的价值与力量。一方面,中阿官方能够通过制度化的方式保障华人中文学习和应用的权利,增强其语言认同和身份认同(例如迪拜中国学校的建立,迪拜中文网的使用),另一方面,充分依靠阿联酋华人华侨的身份优势和地理优势,通过多方合作和科学引导(例如鼓励华人参与国际中文日和汉语桥俱乐部活动),为中阿语言交流和文化互鉴提供本土化的帮助与建议。

---

① 吴勇毅:《从两组数据看当前汉语国际教育存在的问题》,《语言战略研究》2018 年第 6 期,第 58—59 页。
② 李宇明:《用中文表达世界知识》,《中国社会科学报》2018 年 9 月 14 日,第 4 版。

### 4. 提升中文知识生产和全球服务能力

要在国际语言传播中占据有利地位,必须促进中文服务能力的提升。[1] 中文在知识生产和全球服务层面的应用,是提升中华文明影响力传播力的显著表现,也是落实"深化文明交流互鉴,推动中华文化更好走向世界"[2]的重要路径。在《国务院办公厅关于全面加强新时代语言文字工作的意见》(2020)中也明确表示要"大力提升中文在学术领域的影响力,提倡科研成果中文首发。推动提高中文在国际组织、国际会议的使用地位和使用比例"。[3]

在后金融危机时代面临的经济疲软、传统市场低迷现状下,以阿联酋为代表的中东市场提供了众多的机遇和热点,是一个对于中文的传播应用极具吸引力和发展潜力的平台,中文如何能够与较高社会地位的功能建立联系,提高知识生产和科学创新能力显得至关重要。同时,发展国际中文教育,提高国际中文应用的深度和广度,就要充分发挥中文在处理国际事务、参与"人类命运共同体"建设中的作用。例如在科技领域,推动中国原创科技应用于中阿共同合作的航天空间项目,最终实现核心技术的成果转化;在交流领域,鼓励在国际学术期刊、中阿学术会议体现中文创造,继续开展不同层次的中阿语言文化相关的交流研讨会,提倡科研成果中文首发;在信息技术领域,开发完善符合阿联酋特色和需求的线上交流、学习平台;在教育领域,助力中文水平等级与评估标准进入阿联酋教育评估体系,尽快推动与国际语言评价标准相衔接的国际中文教育标准体系的建立[4]等。

### 5. 探索国际化与民族化融合环境中的中文表达

语言既是思维工具,也是情感沟通的重要桥梁。加强中文国际传播能力建

---

[1] 李宝贵、李辉:《中文国际传播能力的内涵、要素及提升策略》,《语言文字应用》2021年第2期,第2—15页。

[2] 中国政府网:《中国共产党第二十次全国代表大会上的报告》,2022年10月25日,参见 https://www.gov.cn/xinwen/2022-10/25/content_5721685.htm。

[3] 中国国务院办公厅:《国务院办公厅关于全面加强新时代语言文字工作的意见》,中国政府网,2020年9月14日,参见 https://www.gov.cn/zhengce/content/2021-11/30/content_5654985.htm。

[4] 沈骑、赵丹:《全球治理视域下的国家语言能力规划》,《云南师范大学学报》(哲学社会科学版)2020年第3期,第47—53页。

设,加快提升中国话语影响力,就要会讲、讲好中国故事,用合适的表达方式传递中国智慧,增强中文国际认同。同时结合推广地的教育经验、行为方式和逻辑思维,对中文海外传播方式方法加以补充完善。[①]

面对国际化与民族化融合的阿联酋,我们需要探索符合当地社会民族习俗并符合国际合作理念的中文表达方式,打造中阿利益共同体。一方面,今天的世界正处于"互联网＋"时代,阿联酋的多元人口组成和国际化发展现状,促使中文传播要注重利用互联网和现代语言技术,研究时代流行话语,借鉴他国优秀传播经验,重视当地多元人才群体的内容生产热情和文化传播潜力,在大众熟悉的平台用可理解、可接受的方式表达中国语言和价值观;另一方面,阿联酋作为伊斯兰教国家,宗教习俗和文化禁忌体现在各个领域。中文在寻找国际化表达的道路上,不能忽视民族性、宗教性因素。

## 五、结　论

语言的根本功能在于彼此"沟通",在于推进全人类的知识生产、行动合作、和谐发展。[②]中文成为国际语言并在海外广泛应用,既是中文国际传播力提升的显著体现,更有利于促进世界多元文化发展与和谐世界构建。[③]中国在积极参与全球治理体系的改革与建设中,在为全球治理不断贡献中国智慧和中国力量过程中,必须充分重视语言的传播,发挥语言的作用,结合国际化、本土化、民族化的特点,研究中文应用区域性样本,提高中文国际传播理论与实践能力。

---

① 段鹏:《历时、共时及经验:国际中文教育及传播应用研究》,《西北师大学报》(社会科学版)2022年第4期,第76—84页。
② 胡范铸:《何为"英语","英语"何为:语言政策与全球化时代的社会愿景》,《外国语》2023年第3期,第120—122页。
③ 李泉:《论汉语国际化规划》,《辽宁大学学报》(哲学社会科学版)2021年第1期,第121—129页。

# Overseas Chinese Language Applications and Their Implication for the International Communication of the Chinese Language: A Case Study of United Arab Emirates (UAE)

JIA Hao & DING Anqi

## Abstract

The applications of Chinese in various fields in the international community serve as a prominent indicator of international communication of Chinese and provide practical evidence for the development of International Chinese Language Education. The United Arab Emirates (UAE), as a key player in the global trade market, as well as a comprehensive strategic partner of China in the Belt and Road Initiative, offers a broad platform for Chinese language exchange and application. UAE's unique position serves as a representative case study for Chinese language application research. This research consists of different application scenarios of Chinese language in various fields in the UAE, assessing the strengths and weaknesses of Chinese language application by utilizing the framework of ethnolinguistic vitality. Taking internationalization and localization characteristics of the UAE into consideration, this research addresses the issues of how to improve and expand the scope of Chinese language application. Additionally, this paper also presents reflections and suggestions for the international communication of Chinese language.

## Keywords

applications of Chinese; United Arab Emirates; ethnolinguistic vitality; international communication of Chinese language

# 迈开汉语拼音走向世界的新步伐

## ——在《汉语拼音方案》颁布 65 周年纪念会上的主旨发言

冯志伟[*]

**提要：** 本文描述了国际标准 ISO 7098：2015 的修订过程，从罗马字母的发展历史，字符转换的语言学原理，罗马字母拼写的国际协调三个方面，来说明这个国际标准的贡献。

**关键词：** 国际标准；汉语拼音；字母转写；字符译音；正词法

1958 年 2 月 11 日，全国人民代表大会一致通过了《汉语拼音方案》作为拼写汉语普通话的国家标准。汉语拼音成为了中国初等教育的内容，每一个学生都应学习和掌握《汉语拼音方案》。通过汉语拼音来给汉字注音，提高了汉字学习效率，帮助学生进一步学习文化和科学技术。汉语拼音在电报拼音化、视觉通信、文献编目、排序检索、人力资源管理中也得到了很好的应用，在中国受到普遍的欢迎。从此，汉语拼音成为了我国语言生活中的国家规范。

21 年之后，随着国际交往的发展，汉语拼音不仅在国内的语言生活中发挥了巨大的作用，也对国际范围内的语言生活产生了深远的影响，需要从国家规范

---

\* 冯志伟，教育部语言文字应用研究所研究员、新疆大学中国语言文学学院天山学者、黑龙江大学兼职研究员。主要研究方向为计算语言学、理论语言学、术语学。

提升为国际标准。在这种情况下,1979 年,中国文字改革委员会派遣周有光出席了在华沙举行的 ISO/TC 46(国际标准化组织——信息与文献技术委员会)第 18 届会议,提出把《汉语拼音方案》作为国际标准的建议。

1981 年在南京召开的 ISO/TC 46 第 19 届会议上,审议《ISO 7098 文献工作——中文罗马字母拼写法》草案的最后文本。然后按照规定用通信方式进行书面投票。澳大利亚、加拿大、法国、日本、韩国、德意志联邦共和国、苏联等国家投了赞成票,英国弃权,由于技术上的原因,美国投了反对票。在大多数国家的支持下,获得通过。1982 年 8 月,ISO/TC 46 发出文件,正式公布了《ISO 7098 文献工作——中文罗马字母拼写法》,从此,《汉语拼音方案》从中国的国家规范成为了国际标准。

1991 年,在巴黎召开的 ISO/TC 46 第 24 届会议上,对"ISO 7098"进行了技术上的修订,成为《ISO 7098 信息与文献——中文罗马字母拼写法(1991)》,简称"ISO 7098(1991)"。20 世纪 90 年代初制定 ISO 7098(1991)的时候,正是世界进入信息时代的关键时刻。为了适应信息时代的要求,中国开始研制计算机汉字输入输出。使用汉语拼音,就可以通过拼音—汉字转换的方法输入输出汉字。由于汉语拼音是中国初等教育必不可少的内容,每一个受过教育的中国人都会使用拼音,这样,拼音输入法就成为了汉字输入输出的一种便捷的手段。在移动通信中,也可以使用汉语拼音在手机上输入汉字,推动手机在中国的普及。汉语拼音在汉语国际教育中也起着很好的作用,成为了外国学生学习汉语和汉字的有用工具。ISO 7098(1991)没有考虑信息时代对于汉语拼音提出的这些新问题,难以满足信息时代的要求。

为了满足信息时代国内外对汉语拼音实际应用的迫切需要,有必要对 ISO 7098(1991)进行大幅度的修订。为此,中华人民共和国教育部于 2011 年 3 月成立了 ISO 7098 修订工作组,由冯志伟担任组长,启动了 ISO 7098(1991)的修订工作。

自 2011 年起,工作组按照 ISO 的工作程序与要求,历经 5 年完成了这项任务。关于 ISO 国际标准的修订,大致可以分为 WD(Working Draft,工作草案阶段)、CD(Committee Draft,委员会草案阶段)、DIS(Draft of International

Standard，国际标准草案阶段），FDIS（Final Draft of International Standard，国际标准最终草案阶段）等 4 个阶段。每一个阶段都要经过严格的审查和投票。

2011 年 5 月 6 日，ISO/TC 46（国际标准化组织——信息与文献技术委员会）第 38 届会议在澳大利亚悉尼召开。受教育部的派遣，我国代表冯志伟在会议上提出了修改 ISO 7098（1991）以便反映当前中文罗马化的新发展和实际应用需要的建议。冯志伟在 ISO/TC 46 第 38 届会议的发言中提出：我们需要进一步细致地描述拼音的规则，需要增加人名和地名的拼音连写规则，需要进一步描写中文拼音的大写字母规则，需要更新 ISO 7098（1991）中的词典清单，代之以更加具有权威性和更加完善的新的词典清单。冯志伟在发言中还指出：ISO 7098（1991）的修改有很大的空间，我们必须进一步更新 ISO 7098（1991），使之不仅能反映中文罗马化在中国的发展情况，还能反映中文罗马化在全世界范围的发展情况。

会后，我国国家标准化委员会（SAC）正式向 ISO 国际标准化组织提出了修订 ISO 7098 的新工作项目（New Working Item Proposal，简称 NWIP）的提案，这个提案的国际编号是：N 2358。

2012 年 5 月 6 日至 11 日，ISO/TC 46 第 39 届会议在德国柏林举行，冯志伟出席了这次会议。会议接受了我国的 N 2358 号提案，并将这个提案直接作为 ISO 7098 的工作草案（Working Draft，简称 WD），成立了 ISO 7098 国际修订工作组，冯志伟被任命为国际修订工作组组长。这样，ISO 7098 的修订便正式列入了国际标准化组织的工作日程，我国成为了制定这个国际标准的主导国家。

2013 年 6 月 3 日至 7 日在巴黎召开 ISO/TC 46 第 40 届全体会议。冯志伟出席了这次会议，并在会议上正式向 ISO/TC 46 秘书处提交了 ISO 7098 的委员会草案。

2014 年 5 月 5 日至 9 日，我国代表冯志伟到美国华盛顿参加了 ISO/TC 46 第 41 届全会。冯志伟在 5 月 7 日上午举行的第 3 工作组（WG3）会议上，就 ISO 7098 的修订问题重申中国的立场。会后，冯志伟向 ISO/TC 46 秘书处提交了 ISO 7098 的国际标准草案。ISO/TC 46 秘书处告诉冯志伟，ISO 7098 可以跨过国际标准最终草案这个阶段，希望他在会后对于 DIS 做进一步修改就可以投票表决了。

2015 年 6 月 1—5 日的 ISO/TC 46 第 42 届全会在北京召开，冯志伟出席了这次会议。根据大会的安排，他在 6 月 2 日下午的大会专题报告会上，用英语做了"ISO 7098 国际标准及其在人机交互中的应用"的报告。他用生动的实例说明了在数字化环境下，汉语拼音在人机交互中发挥了巨大的作用。冯志伟的报告受到了各国代表的热烈欢迎。

在 6 月 3 日上午的 WG3 会议上，冯志伟又说明了各国对于 ISO 7098 的 DIS 稿提出的意见以及我国对于这些意见的处理情况，向与会人员出示了 DIS 的修改稿。

会后，冯志伟把经过修改的 DIS 稿正式提交 ISO TC 46 秘书处。根据 ISO/TC 46 第 41 届全会的决议，ISO TC 46 秘书处于 2015 年 7 月 27 日把 DIS 的修改稿发给 ISO/TC 46 的各成员国进行委员会内部投票（Committee Internal Balloting，简称 CIB），CIB 投票于 2015 年 9 月 18 日结束。ISO/TC 46 秘书处 N2526 号文件公布了投票结果：ISO/TC 46 委员会中参加投票的 19 个国家（保加利亚、加拿大、中国、克罗地亚、丹麦、爱沙尼亚、法国、德国、伊朗、意大利、日本、韩国、拉脱维亚、挪威、俄罗斯、泰国、乌克兰、英国、美国）都投了赞成票，获得全票通过。值得注意的是，在 1982 年对 ISO 7098 投反对票的美国和投弃权票的英国，现在都改变了立场，投了赞成票。这说明 ISO 7098 在世界上得到了越来越多的国家的支持。

至此，ISO 7098 的修订工作进入了出版阶段。2015 年 11 月 12 日，冯志伟向 ISO/TC 46 秘书处提交了 ISO 7098：2015 的最终英文版本。2015 年 12 月 15 日，ISO 总部在日内瓦正式出版了 ISO 7098：2015 的英文版，作为新的汉语拼音国际标准向全世界公布。

汉语拼音方案是我国的语言文字规范，《ISO 7098：2015 中文罗马字母拼写法》的出版在国际上究竟有什么样的意义呢？

这里，我们从罗马字母的发展历史、字符转换的文字学原理、分词连写的国际协调三个方面，来说明 ISO 7098：2015 这个国际标准的国际意义。

## 一、从罗马字母传播的历史来看 ISO 7098：2015 的国际意义

罗马字母（Roman alphabet）又称拉丁字母（Latin alphabet），这种字母起源于古老的腓尼基字母（Phoenician alphabet）。腓尼基（Phoenicia）是地中海东岸的文明古国，约公元前 13 世纪，腓尼基人创造了腓尼基字母，这是人类历史上的第一批字母文字。腓尼基字母后来传入欧洲，发展成为希腊字母（Greek alphabet），在公元前 7 世纪至公元前 6 世纪时，希腊字母通过埃特鲁斯坎文字（Etruscan script）媒介发展成为罗马人使用的罗马字母。随着罗马的对外征服战争和宗教的传播，罗马字母作为罗马文明的成果之一推广到西欧。罗马字母最初只有 21 个字母，其中包括 16 个辅音字母：B，C，D，F，H，K，L，M，N，P，Q，R，S，T，X，Z，4 个元音字母：A，E，I，O，还加上一个音值不定的 U（既表示元音，也表示辅音），后来再增加了 G，J，Y，V，W 等 5 个字母，发展成 26 个字母。公元 4 世纪到 7 世纪，出现了小安赛尔字体（Uncial script），这是小写字母的过渡体，公元 8 世纪法国卡罗琳王朝时期，为了适应流畅快速的书写需要，产生了卡罗琳小写字体（Caroline script），它比过去的文字写得快，又便于阅读，在当时的欧洲广为流传使用。流传下来的罗马大写字体和卡罗琳小写字体经过意大利等国家的修改设计，完美地融合在一起，形成了当今的罗马字母的大写和小写体系。在中世纪之前，希腊人和罗马人已经知道什么是一个单词，尽管文本中在相邻的单词之间没有空白，他们仍然可以识别出单词。公元 7 世纪，爱尔兰的僧侣开始使用空白来分隔罗马字母文本中的单词，并且把这种方法介绍到法国。到了公元 8 世纪和 9 世纪，这种使用空白分隔单词的方法在整个欧洲流行开来。从罗马时代开始，欧洲的文字就掀起了罗马化（Romanization）的浪潮。

罗马字母逐渐变成整个罗曼语族的文字，意大利语、法语、西班牙语、葡萄牙语都采用了罗马字母。罗马尼亚语也属于罗曼语族，但由于罗马尼亚主要信奉东正教，直到 19 世纪之前，还一直在使用西里尔字母（Cyrillic alphabet），但是在罗马化浪潮的冲击下，也改用了罗马字母。罗马字母还代替了原来的鲁纳字母

(Rune alphabet),成为了日耳曼语族的文字,英语在 5 至 6 世纪是使用鲁纳字母的,后来改用罗马字母,德语、荷兰语、卢森堡语、丹麦语、挪威语、瑞典语、冰岛语都采用了罗马字母。

罗马字母向欧洲东部传播,与西里尔字母争夺地盘,语言上属于斯拉夫语族的波兰语、捷克语、斯洛伐克语、克罗地亚语都采用了罗马字母。波兰语用上了好几个特别的标音符及双字符字母来表示其独特的语音。捷克语、克罗地亚语还使用 háček(意思是"小钩")来增加可用的字母,扩充了罗马字母的字符集。此外,阿尔巴尼亚语、立陶宛语、拉脱维亚语、爱尔兰语、芬兰语、匈牙利语、爱沙尼亚语都采用了罗马字母。地中海岛国马耳他居民讲的马耳他语属于阿拉伯语系,可是文字也使用罗马字母。随着新大陆的发现,罗马字母传播到了美洲,整个美洲都采用了罗马字母。南美洲和中美洲的文字全盘罗马化,他们不但采用宗主国的罗马化文字作为官方文字,而且连本土的语言(例如,巴拉圭的瓜拉尼语、秘鲁的凯楚亚语)也使用罗马字母,人们把在文字上罗马化的南美洲和中美洲叫做拉丁美洲。北美洲的加拿大讲英语和法语,美国讲英语,都采用了罗马字母。

第二次世界大战之后,罗马化浪潮席卷大洋洲,使大洋洲的文字全部罗马化。除澳大利亚和新西兰之外,大洋洲许多新独立的国家都掀起了罗马化的浪潮,甚至居住在澳大利亚的毛利人也采用罗马字母来拼写自己的语言。整个大洋洲的文字也罗马化了。夏威夷成了美国的一个州,采用英语作为官方语言,夏威夷语逐渐衰落,仅用于地名和旅游用语之中,这些残留的夏威夷语全部采用罗马字母来拼写。新独立的斐济、所罗门群岛、瓦努阿图、马绍尔群岛、基里巴斯、密克罗尼西亚联邦、贝劳、西萨摩亚、汤加、瑙鲁都采用英语作为官方语言,本民族的语言也采用罗马字母。

非洲撒哈拉大沙漠以北的阿拉伯国家采用阿拉伯字母。撒哈拉大沙漠南面,除了埃塞俄比亚采用传统的吉兹字母之外,都采用罗马字母。这样,撒哈拉大沙漠南面的非洲的文字也罗马化了。索马里信奉伊斯兰教,独立后创造新文字时,在阿拉伯字母和罗马字母之间进行了困难的抉择,最后毅然放弃阿拉伯字母而采用罗马字母。坦桑尼亚和肯尼亚的官方语言斯瓦希里语,早期曾经使用过阿拉伯字母,现在也改为使用罗马字母。通行于尼日利亚和尼日尔的豪萨语,16 世纪时采用阿拉伯字母,20 世纪初改为罗马字母。南非共和国除了使用英语外,还使用阿非利坎斯语作为官方语言,也采用了罗马字母。此外,卢旺达、布隆迪、莱索托、斯威士兰、马达加斯加等国的本土语言,不仅成了法定的语言,而且也采用了罗马字母。

亚洲西部使用阿拉伯字母,南部的印度和斯里兰卡使用印度天城体字母(Devanagari alphabet),东部使用汉字。罗马化的浪潮也席卷了亚洲。第一次世界大战后,作为伊斯兰教国家的土耳其,原来一直使用阿拉伯字母,在 1927 年宣布放弃阿拉伯字母,采用罗马字母,从而在东方国家和西方文化之间首先建筑了一座罗马字母的桥梁,促进了东西方之间的文化交流。与此同时,在中亚地区的塔塔尔语、巴什基尔语、阿塞拜疆语、哈萨克语、吉尔吉斯语都采用了罗马字母。第二次世界大战之后,印度尼西亚、马来西亚、菲律宾打破了原来使用印度字母和阿拉伯字母的传统,采用罗马化的民族文字。印度尼西亚在 5 至 6 世纪接受印度文化,采用梵文字母,13 世纪信奉伊斯兰教,改用阿拉伯字母,17 世纪以后沦为荷兰殖民地,以荷兰语为官方语言,采用了罗马字母,并在民间采用罗马字母书写各种本土语言,后来与马来西亚、新加坡、文莱共同以标准的马来语作为官方语言,采用罗马字母。马来西亚有很多人信奉伊斯兰教,习惯使用阿拉伯字母,在罗马化浪潮的冲击下,改用罗马字母。菲律宾有多种语言,其中有的语言在 18 世纪以前采用起源于印度的变形字母,后来有的地方改用阿拉伯字母,在采用以他加禄语为基础的菲律宾语为国语之后,在文字上采用罗马字母,实现了罗马化。菲律宾是双语国家,除了他加禄语之外,还使用英语为官方语言,全盘推行罗马化。越南原来使用汉字和字喃,后来改用罗马字母,实现了罗马化。1991 年苏联解体之后,新成立的阿塞拜疆、土库曼斯坦、乌兹别克斯坦等国家重新使用罗马字母取代原来的西里尔字母,实现了罗马化。

可以看出,罗马化的浪潮席卷了全世界。

然而,在当今的世界上,除了大多数国家采用罗马字母之外,还有一些国家没有采用罗马字母,而采用独具特色的非罗马字母或者非字母的文字。

在欧洲,希腊还在使用希腊字母,俄罗斯、乌克兰、白俄罗斯、保加利亚还在使用西里尔字母,亚美尼亚还在使用亚美尼亚字母,格鲁吉亚还在使用格鲁吉亚字母。塞尔维亚实行双文制,除了使用罗马字母之外,还使用西里尔字母。

在非洲北部,埃及、阿尔及利亚、摩洛哥、突尼斯、利比亚都使用阿拉伯字母,在非洲东部,埃塞俄比亚仍然使用传统的吉兹字母。

在亚洲西部,叙利亚、黎巴嫩、伊朗、伊拉克、约旦、也门、沙特阿拉伯、阿曼、卡塔尔、巴林、科威特、巴勒斯坦都使用阿拉伯字母,以色列使用希伯来字母。在亚洲南部,印度和斯里兰卡使用天城体字母,印度部分地区使用泰米尔字母,巴基斯坦使用阿拉伯字母。在亚洲东部,中国使用汉字,日本使用假名字母和汉字,朝鲜使用谚文字母,韩国使用谚文和汉字,泰国使用泰文字母,缅甸使用缅甸字母,老挝使用老挝字母,非斯拉夫语的蒙古国使用西里尔字母,我国内蒙古自治区使用蒙文字母,我国西藏自治区使用藏文字母,我国新疆维吾尔自治区使用阿拉伯字母。

这些没有使用罗马字母的文字大致可以分为两类:一类是字母文字,如西里尔字母、阿拉伯字母、亚美尼亚字母、格鲁吉亚字母、天城体字母、假名字母、谚文字母、泰文字母、藏文字母、蒙文字母等,都是拼音文字,另一类是汉字,不是拼音文字。

现在,全世界已经有120个国家采用罗马字母为正式的文字。使用罗马字母的拉丁语还是现代医药科学和生物学的重要工具语,医学界以正规的拉丁语处方进行国际交流。世界上有影响的科学、艺术、文学著作大部分是用罗马字母出版的,世界上的图书馆的藏书大部分也是用罗马字母印刷的。

在国际信息和文献工作中,需要进行信息和文献的交流,由于罗马字母的信息和文献在全世界的信息和文献中占主导地位,有必要把非罗马字母的信息和文献转换为罗马字母的信息和文献,这样才有助于图书目录的编写、图书文献的检索和分类、档案材料的管理以及计算机的自动处理。

早在20世纪60年代,联合国地名专家组就主张,为便于国际交往,应使地球上每个地名的专名部分只有一种拼写形式,避免在国际交往中地名因语言文字的复杂而造成混乱。1967年第2届联合国地名标准化会议做出决议,要求世界各国、各地区在国际交往中都使用罗马字母拼写地名,做到每个地名的专名部分只有一种罗马字母的拼写形式。这就是"单一罗马化"（single Romanization）原则。

地名的单一罗马化，对于使用罗马字母的国家来说，本国的地名标准化就是国际标准化，而对使用非罗马字母文字的国家（如中国、日本、俄罗斯、泰国、韩国、希腊等）来说，就必须制定一个本国地名罗马化方案，经联合国地名标准化会议通过后，作为地名罗马字母拼写的国际标准。

1977 年 9 月，在雅典召开的联合国第 3 届地名标准化会议上，我国代表提出"采用汉语拼音作为中国地名罗马字母拼法的国际标准"的提案，获得会议通过。

第 3 届联合国地名标准化会议决定中指出，"注意到《汉语拼音方案》在语言学上是完善的，用于中国地名的罗马字母拼法是最合适的"，"建议采用汉语拼音方案作为中国地名罗马字母拼法的国际标准"。从此，用《汉语拼音方案》拼写我国地名成为中国地名单一罗马字母拼写的国际标准，在以罗马字母为文字（例如英文、德文、法文等）的各国出版物上，都应当根据《汉语拼音方案》来拼写中文地名中的专名部分。

1982 年 8 月，ISO/TC 46 正式公布了国际标准 ISO 7098。从此，汉语拼音从中国的国家规范成为了国际标准。

由此可以看出，国际标准 ISO 7098：2015 的研制并不是孤立于世界之外的文化活动和学术研究，它是在国际罗马化浪潮的大背景下进行的，是国际标准化组织（ISO）罗马化工作的一个重要组成部分，具有重要的国际意义。

## 二、从文字体系转换的语言学原理来看 ISO 7098：2015 的国际意义

为了明确中文罗马字母拼写法的性质，凸显中文罗马字母拼写法的特点，国际标准 ISO 7098：2015 对于非罗马字母文字到罗马字母转换的语言学原理做了科学的说明。

ISO 7098：2015 指出，"罗马化就是将非罗马字母书写的文字系统转换为

罗马字母书写的文字系统";①并进一步指出,"按照某种文字体系(被转换系统)书写的一种语言中的词语,有时需要用另一种不同的文字体系(转换系统)来表示。这里的不同体系通常是指不同语言中所使用的体系。这种转换常常用于历史文本、地理文本以及图表文件,特别是用于图书编目中,凡属有必要把使用不同字母所书写的文字转换成同一种字母的文字,以便在书目编制、目录管理、索引、地名表等工作中有一个统一的字母表,便需要进行文字体系的转换。这对于使用不同文字体系的两个国家之间文字信息的不含糊传递,或以不同方式书写的信息的交换,都是必不可少的。因此,这也使得用手工方式以及用机械、电子方式书写的文字传递成为可能"。

ISO 7098:2015 把文字体系的转换(conversion)明确地区分为两种:一种是字母转写(transliteration),一种是字符译音(transcription),这就为文字体系的转换奠定了语言学理论基础。

ISO 7098:2015 指出,所谓"字母转写",就是"将整个字母字符系统或字母数字字符系统中的字符(characters)用转换字母字符系统或转换字母数字字符系统中的字符来表示。原则上,这种转换应该是字符对字符的:被转换系统的字母表(alphabet)中的每个字符都用转换字母表中的一个且仅仅一个字符来表示,从而保证从转换字母表到被转换字母表的转换可以完全地、无歧义地进行逆转。当转换系统中的字符数目少于被转换系统的字符数目时,需要使用双字母或附加符号。在这种情况下,必须尽可能避免随意的选择以及使用纯约定性的符号,应当设法保持一定的语音上的逻辑性,以使这样的系统具有广泛的可接受性。这样所得到的文字图形不一定总是能根据由转换字母表拼写出的该语言(或所有语言)的语音习惯正确无误地读出来。另一方面,这样的文字图形必须能使懂得被转换语言的人准确无误地想象出其原来的文字图形,从而正确地读出它"。②

字母转写是可逆的。逆字母转写(retransliteration)是指把转换字母表中的

---

① 国际标准:ISO 7098: 2015,Information and Documentation:Romanization of Chinese,Geneva,2015。

② 同上。

字符转换成被转换字母表中的字符的过程。逆字母转写正好是字母转写的逆过程。在逆字母转写时，字母转写系统中的规则被逆向地应用，以便把经过字母转写过的单词恢复成其原来的形式。字母转写是在字母文字之间进行的。例如，俄语中的"环境"这个术语，西里尔字母的书写形式是"окружающая среда"，根据ISO 国际标准西里尔字母转写的规则，可以转写成拉丁字母的书写形式"okruzhayushchaya sreda"，也可以逆向复原到"окружающая среда"。这样的逆字母转写简单易行。

ISO 7098：2015 还指出，所谓"字符译音"，是指"用字母的语音系统或转换语言的符号来表示某种语言中的字符，而不论该语言原本的书写方式如何"。[①] 严格地说，字符译音是不可逆的。例如，如果不考虑声调，把汉字"京"字符译音成拼音"jing"，当把"jing"逆转过来恢复成汉字"京"的时候，在《通用规范汉字表》的 8 105 个汉字中，就有"京，茎，泾，经，猄，荆，菁，旌，惊，晶，腈，鹛，睛，粳，兢，精，鲸，麠，鶄，井，阱，汫，刭，肼，颈，景，儆，憬，璥，璟，警，劲，径，净，迳，胫，倞，痉，竞，竟，净，婧，靓，敬，靖，静，境，獍，镜"等汉字作为候选者，逆转时拼音"jing"要在这众多的候选汉字中选择出"京"字，在技术上会出现很大的困难。

因此，在字符译音时，应当遵循转换语言中的正词法规则，从而减少字符译音的歧义。

进行罗马化时，可根据被转换系统的特点，或者使用字母转写，或者使用字符译音，或者把两者结合起来使用。

从文字体系转换的语言学原理来看，中文罗马字母的拼写把汉字转换成罗马字母的拼音，而汉字是非字母文字，这种转换是采用字母的语音系统来表示汉字字符，应当属于字符译音的范畴。

如果不计声调，基本的汉语拼音音节只有 405 个，这 405 个汉语拼音音节可以表示全部汉字的读音。汉字数目有 6 万多个，而现行的《通用规范汉字表》也包含了 8 105 个通用汉字。如果以 8 105 个规范汉字作为通用的汉字，那么，在一般使用中，一个汉语拼音音节平均要表示 20 个以上的汉字（8 105/405 ＝

---

① 国际标准：ISO 7098： 2015，Information and Documentation：Romanization of Chinese，Geneva，2015。

20.01),不可避免会出现歧义。因此,从汉字到拼音的字符译音是不可逆的,而不同字母之间的字母转写是可逆的。这是一项规模巨大的字符译音工程。

这样一来,ISO 7098:2015便明确地规定了中文罗马字母拼写法在全世界各种文字体系转换中的科学位置,并说明了这种字符译音的特点。

文字体系的转换大致可以分为两类,一类是像中文这样的非字母文字,需要采用字符译音的方法把汉字转换成罗马字母,另一类像西里尔字符、阿拉伯字符、希伯来字符、日文假名字符、格鲁吉亚字符、亚美尼亚字符、泰文字符、天城体字符、谚文字符这样的字母文字,需要采用字母转写的方法把非罗马字母的拼音字符转换成罗马字母(拉丁字符)。①

除了ISO 7098:2015这样的国际标准之外,ISO还制定了其他非罗马字母文字转换的国际标准,主要有:

ISO 9‑1995:Information and Documentation:Transliteration of Cyrillic characters into Latin characters-Slavic and non-Slavic languages(信息与文献工作:斯拉夫和非斯拉夫语言的西里尔字符到拉丁字符的字母转写)。

ISO 233‑1984:Documentation:Transliteration of Arabic characters into Latin characters(文献工作:阿拉伯字符到拉丁字符的字母转写)。

ISO 233‑2‑1993:Information and Documentation:Transliteration of Arabic characters into Latin characters‑Part 2:Arabic language‑Simplified transliteration(信息与文献工作:阿拉伯字符到拉丁字符的字母转写-第二部分:阿拉伯语-简化的字母转写)。

ISO 233‑2‑1999:Information and Documentation:Transliteration of Arabic characters into Latin characters‑Part 3:Persian language‑Simplified transliteration(信息与文献工作:阿拉伯字符到拉丁字符的字母转写-第三部分:波斯语-简化的字母转写)。

ISO 259‑1984:Information and Documentation:Transliteration of Hebrew characters into Latin characters(信息与文献工作:希伯来字符到拉丁

---

① 国际标准:ISO 7098:2015,Information and Documentation:Romanization of Chinese,Geneva,2015。

字符的字母转写）。

ISO 259－2－1994：Information and Documentation：Transliteration of Hebrew characters into Latin characters－Part 2：Simplified transliteration(信息与文献工作：希伯来字符到拉丁字符的字母转写-第二部分：简化的字母转写）。

ISO 3602－1989：Documentation：Romanization of Japanese（kana script）（文献工作：日文假名字符的罗马字母拼写法）。

ISO 9984－1996：Information and Documentation：Transliteration of Georgian characters into Latin characters(信息与文献工作：格鲁吉亚字符到拉丁字符的字母转写）。

ISO 9985－1996：Information and Documentation：Transliteration of Armenian characters into Latin characters(信息与文献工作：亚美尼亚字符到拉丁字符的字母转写）。

ISO 11940－1998：Information and Documentation：Transliteration of Thai(信息与文献工作：泰文的字母转写）。

ISO 15919－2001：Information and Documentation：Transliteration of Devanagari and related Indic characters into Latin characters(信息与文献工作：天城体字符和相关印度字符到拉丁字符的字母转写）。

ISO TR 11941－1996：Information and Documentation：Transliteration of Korean scripts into Latin characters(信息与文献工作：谚文字符到拉丁字符的字母转写）。

采用字母转写的方法进行转换的这些国际标准涉及西里尔字符、阿拉伯字符、假名字符等多种字母文字。

与这些字母转换的国际标准相比,国际标准 ISO 7098：2015 涉及的中文罗马字母拼写法是比较独特的,这个国际标准采用的转换方法是字符译音,而不是字母转写。目前,在全世界范围内,采用字符译音的方法进行转换的国际标准只有 ISO 7098：2015。它是国际范围内从非字母文字向罗马字符转换的唯一标准,是罗马化国际浪潮中一朵最为耀眼的浪花,具有鲜明的特色。

### 三、从分词连写的国际协调来看 ISO 7098：2015 的国际意义

在我国,文本中的汉字是连续书写的,单词与单词之间没有空格分割开。但是,在汉语拼音文本中,有必要区分单词之间的界线,用空格把单词分隔开来,实行分词连写。2012 年发布的国家标准 GB/T16159《汉语拼音正词法基本规则》提出了在汉语拼音中分合音节构成单词的规则,包括：常用词(名词,动词,形容词,代词等)的拼写规则、成语的拼写规则、人名和地名的拼写规则、声调的表示规则、移行时的连字符规则,等等。

汉语拼音正词法中提出的分词连写规则有助于减少拼音音节的歧义,在汉语拼音国际化中,是否也要把汉语拼音正词法纳入到 ISO 7098：2015 中去呢?对于这个问题,我国代表进行了深入的调查。

美国国会图书馆、法国巴黎语言和文化大学图书馆、德国特里尔大学图书馆、加拿大学术图书馆在使用 ISO 7098(1991)进行中文图书编目时,在汉语拼音的分词连写方面都曾经出现过举棋不定、难于操作的问题。他们主要对人名、地名实行分词连写,对于普通的词语,则采用按汉字分别注音的方式,不实行分词连写。

美国国会图书馆在 1999 年 8 月发布了关于在该馆图书目录的汉语拼音编目中,不再分词连写而是按照音节分写的文告。文告中说:"经过深思熟虑之后,我们决定,汉语拼音除了人名和地理位置名称连写之外,都按照音节分写。"①

加拿大标准化委员会(SCC)崔红(Hong Cui)在 2012 年 8 月 27 日给我国代表的来信中转达了加拿大专家路易斯·科尔(Louis Chor)的意见:"加拿大学术图书馆始终采用美国国会图书馆的做法,对于人名、地名等专有名词,遵循美国国会图书馆的做法,是一个汉字、一个汉字地进行罗马化的。现在的这个 ISO 标

---

① 冯志伟:《国际标准 ISO7098 中文罗马字母拼写法的修订：从 WD 到 DIS》,《北华大学学报》(社会科学版)2016 年第 2 期。

准似乎要使用按词连写的方法,超出了图书馆领域的做法。"①

德国特里尔大学图书馆公用事务处主任克劳斯·戈特海恩(Klaus Gottheine)博士在给我国代表的来信中也指出:"令人遗憾的是,从更大范围来看,由于技术和语言使用方面的原因,世界上的图书馆,包括德国的图书馆在内,已经放弃了汉语拼音的分词连写,而是采用按照汉语音节隔开来分写的拼写方法。"

基于以上情况,我们认为,在这种情况下,要在国际范围内全面实行汉语拼音的分词连写还有相当的困难。如果我们在 ISO 7098(1991)的修订稿中提出全面实行汉语拼音的分词连写,估计难以得到其他国家的支持,特别是难以得到有影响力的美国国会图书馆、法国国家图书馆、德国大学图书馆、加拿大学术图书馆等重要文献工作部门的支持。

目前在中国语言学界,对于什么是一个词,还没有清楚的、一致公认的定义。这样有时就很难判定汉语单词的界限(分割线),在把单个的音节连接起来构成多音节的单词时自然也就会陷入进退维谷、划水难分的困境。

然而,在汉语表示人名、地名、语言名、民族名、宗教名等 5 种命名实体(Named Entities)的多音节词中,单词的界限还是相对清楚的。这些多音节词的界限根据中国有关的规范和标准比较容易确定。因此,在中文罗马字母拼写时,把不同的几个单音节连接起来构成表示命名实体的多音节词就不是很困难了。出于策略上的考虑,我们在 ISO 7098:2015 的修订稿中,提出了增加有关人名、地名、语言名、民族名、宗教名等 5 种命名实体的分词连写的规则,以减少字符译音的歧义。这样的策略得到了大多数成员国的支持。

但是,德国反对人名和地名的按词连写,他们在对于 ISO 7098 的委员会草案的意见中明确指出:"我们反对人名和地名的按词连写规则。这是我们的一个基本观点,并且导致我们从总体上反对这个 CD 稿。经过了多年来在德国图书馆的实践之后,德国图书馆界在 2010 年决定,在与汉字有关的汉语拼音工作中,字符译音时不再进行按词连写。从此之后,我们在汉字转写为拼音时,音节与音

---

① 冯志伟:《国际标准 ISO7098 中文罗马字母拼写法的修订:从 WD 到 DIS》,《北华大学学报》(社会科学版)2016 年第 2 期。

节之间要使用空白分开。这样的处理方式被认为是最好的,并且在德国图书馆界得到了广泛的接受。此外,在德国的文献编目环境下,这样的处理方式也成为了中文自动字符译音信息处理工作的最完美的基础。"①

鉴于这样的理由,德国对于 ISO 7098 的工作草案(WD)、委员会草案(CD)和国际标准草案(DIS)都投了反对票。

我国代表与德国方面交换了意见,了解到德国方面希望在国际标准中承认德国现行的中文字符译音的全自动方法,我们充分理解德国的这一希望,并把这种方法写到国际标准中。通过国际协调,德国最终改变了态度,在 CIB 投票中投了赞成票。ISO 7098:2015 获得了全票通过。

ISO 7098:2015 是汉语拼音国际化的重要成果,使得我国在汉语拼音国际化的大道上又向前迈进了一大步,具有重要的国际意义。

# Chinese *Pinyin*: Taking a New Step forward to the World
## — Keynote Speech at the Conference Celebrating the 65th Anniversary of the Issuance of *Chinese Pinyin Scheme*

FENG Zhiwei

**Abstract**

The paper recollects the revision process of International Standard ISO 7098: 2015. It explains the contributions of this International Standard from three aspects: the evolution history of the Roman alphabet, linguistic principles of script conversion, and international cooperation for Romanticized Chinese word spelling.

**Keywords**

international standard; Chinese *Pinyin*; transcription; transliteration; orthography

---

① 冯志伟:《国际标准 ISO7098 中文罗马字母拼写法的修订:从 WD 到 DIS》,《北华大学学报》(社会科学版)2016 年第 2 期。

# 跨国收养中国儿童语言相关问题考察[*]

王春辉　丁雅哲[**]

**提要**：跨国收养是伴随着二战结束以及全球一体化进程的发展而兴起的一种国际现象，中国被跨国收养的儿童不在少数。基于9名被美国家庭收养的中国儿童的调研可以发现：在婴幼儿时期被收养的儿童，基本上可以顺利地二次习得第一语言（英语），在学龄期英文能力与本土儿童达到一致；这些儿童在中文学习方面水平显著高于其他本土的二语学习者，在语音方面的表现尤为突出；相较其他本土的二语学习者，他们对学习中文以及中国的态度更为积极；家长对孩子早期的语言学习起到了关键作用；在一定程度上促进了部分当地化国际中文教育的兴起和发展；他们的语言环境单一，中文语境匮乏；大部分都能够积极地融入新的家庭。跨国收养儿童语言相关问题的共时和历时研究，都亟须进一步拓展和深化。

**关键词**：跨国收养儿童；语言发展；国际中文教育；祖语传承

---

\* 本文为教育部中外语言交流合作中心2020年度国际中文教育研究课题重大项目"国际中文教育与传播体系创新研究"（20YH02A）成果。

\*\* 王春辉，首都师范大学教授，语言治理研究融智协同创新中心研究员，主要研究方向为国际中文教育、语言政策与治理、句法语义；丁雅哲，人民教育出版社附属实验小学教师，主要研究方向为国际中文教育。

# 引　言

跨国收养是伴随着二战结束以及全球一体化进程的发展而兴起的一种国际现象。① 中国的跨国收养始于 20 世纪 70 年代末 80 年代初,到今天已经有数以万计的中国儿童跨越国度,生活在世界的各个角落。跨国收养在中国的发展可以分为起步、增长、下降三个阶段。② 美国是全世界最大的跨国收养国,也是收养中国儿童人数最多的国家,最新数据显示从 1985 年首批收养开始至 2022 年底共有超过 10 万中国儿童被美国家庭收养。③

20 世纪末以来,跨国收养儿童引起了越来越多研究者的关注。究其原因,至少包括以下几点。(1) 跨国收养儿童的规模不断增大,这为此领域的研究提供了最直观的研究基础。(2) 跨国收养儿童的语言学习经历是研究儿童早期二语习得的宝贵试验田。与一般的单语或双语儿童不同(比如国内的双语儿童或者移民儿童的双语情形),国际被收养儿童是从一种单语到另一种单语,或者称为"二次第一语言习得"(second first-language acquisition),这是一种特殊类型的语言习得,是一个第一语言消退(language loss)、二次第一语言发展的过程。这个过程给研究者提供了难得的研究视点。(3) 因为跨国收养儿童第一语言环境的中断,加上被收养前可能经历的糟糕条件(比如物质医疗、社会交往的剥夺、缺乏相应的智力和情感的教育及刺激等),以及浸入被收养国语言的相对滞后,所以大家普遍都认为跨国收养儿童都会存在不同程度的语言困难(接受的或者

---

① 李晓丹:《中外跨国收养法律制度比较研究》,硕士学位论文,山西:山西大学,2010年。尹建新:《儿童国际收养伦理关怀研究》,博士学位论文,湖南:湖南师范大学,2012 年。

② 荔嘉钰:《二战后美国收养中日韩三国儿童研究》,硕士毕业论文,福建:华侨大学,2020 年。

③ 此数据整合了美国国务院领事事务局(https://travel. state. gov/content/travel/en/Intercountry-Adoption/adopt_ref/adoption-statistics-esri. html) 和 Johnston(2022) 的数据。其中,中国大陆/内地有 97 404 人,中国台湾地区有 2 867 人,中国香港地区有 273 人。

表达的）。①

笔者之一在美国孔子课堂实习期间，接触了一些被美国家庭收养的原中国籍儿童，了解到此类儿童在美国乃至世界数量不少，阅读相关文献后发现国内外有关跨国收养的研究主要集中在法律、医疗以及心理学层面，从语言学角度分析跨国收养儿童语言发展的研究相对较少，目前查到的中文文献仅有刘爱萍（2012）②和王春辉（2017）③两文。语言作为思维、交际的工具，对儿童成长具有至关重要的作用，而语言作为文化的载体及组成部分，也深刻影响着这些孩子的身份认同和文化认同。本文聚焦原中国籍跨国收养儿童的语言发展，在对美国明尼苏达州一些收养儿童观察调研的基础上，通过梳理国内外有关跨国收养儿童语言发展的研究，总结跨国收养中国儿童的语言问题，并提出相应建议。

## 一、基本界定与研究方法

### 1. 基本界定

收养，就是依照法定的条件和程序，领养他人的子女为自己的子女，从而建立拟制亲子关系的法律行为。在收养关系中，被他人收养的人称为养子女或被收养人；领养他人子女为自己子女的人称为养父母或收养人；将子女或儿童送给他人收养的公民或社会组织称为送养人。④

跨国收养（Intercountry Adoption/Transnational Adoption），又称"国际收养"或"涉外收养"，是指收养者、送养者、被送养者具有不同国籍的收养。收养者

---

① 王春辉：《国际被收养中国儿童的相关语言问题》，王春辉：《语言与社会的界面 宏观与微观》，北京：中国社会科学出版社，2017年，第289—294页。

② 刘爱萍：《美国家庭收养的中国儿童华语教育现状调查》，硕士学位论文，广东：暨南大学，2012年。

③ 王春辉：《国际被收养中国儿童的相关语言问题》，王春辉：《语言与社会的界面 宏观与微观》，北京：中国社会科学出版社，2017年，第289—294页。

④ 《中国大百科全书》（第三版）：https://www.zgbk.com/ecph/words? SiteID = 1&ID = 110266&Type = bkzyb&SubID = 48998。

所属的国家叫作收养国,送养者所属的国家从儿童立场看叫作原住国或者出生国,从收养者立场看叫作来源国或者送养国。[①] 国家的法律条文普遍采用"涉外收养",其内涵有广义和狭义之分,广义的"涉外收养"是指凡具有涉外因素的收养关系,即在收养关系的各个要素中,有一种或数种要素超出一国或一定地区的范围,与其他国家或地区有一定的收养关系;狭义的"涉外收养"是指收养人与被收养人属于不同国家或惯常居住于不同国家的收养关系,即超国籍或国境的收养关系。[②] 如果从中国这一特定国家的立场出发来定义"涉外收养",其内涵仍有广义和狭义之分,广义的涉外收养,是指含有涉外因素的收养,即在收养人与被收养人之间须有一方为外国人。既可以是外国人收养中国籍儿童,也可以是中国的公民收养外国国籍的儿童。狭义的涉外收养,是指外国人或无国籍人在中华人民共和国境内收养中国公民的子女。目前涉外收养在中国普遍指的是后者,即外籍人员收养中国籍儿童。

### 2. 研究方法

(1)问卷调查法。本文问卷调查采用背景式及客观性提问为主、主观性提问为辅的结构式设计,重点反映被收养中国儿童语言方面的真实现况。问卷调查根据实际情况选择个人分送的形式,但在实际调研时遇到了问卷发放和收回难度大、时效性低的问题,最终共发送问卷 15 份,实际收到 3 份。

(2)半结构访谈法。鉴于问卷调查的难度,笔者又采用了半结构访谈法加以补充。这种非既定式的谈话方式更加灵活多变,更有助于对话的进行和有效沟通。访谈的问题与上述调查问卷的问题基本重合。

(3)观察法。观察法在广义上指研究者有目的、有计划地在自然条件下,对研究对象的行为和状态信息进行深入收集的过程。本研究对笔者之一实习所在学校儿童的语言发展情况进行了为期半年的观察,以获得更多数据。

---

[①] 尹建新:《儿童国际收养伦理关怀研究》,博士学位论文,湖南:湖南师范大学,2012年,第 16 页。

[②] 蒋新苗:《中国涉外收养法律适用问题探析》,《环球法律评论》2005 年第 6 期。

## 二、跨国收养儿童语言发展情况的相关研究

近年来,随着跨国收养人数的增加,越来越多的研究开始关注跨国收养儿童的语言发展情况,本节将对跨国收养儿童二次发展第一语言(英语)、患有唇腭裂的跨国收养儿童语言发展、跨国收养儿童在被收养前与母国语言接触情况这三类主要研究分别进行综述。

### 1. 跨国收养儿童英语发展的研究

普赖斯(Price)等人[①]对美国家庭从中国收养的 6 名 9 至 17 个月大的女孩进行了纵向跟踪调查,发现这几名女孩的英语发展速度差异很大。而学界对被收养的孩子是否能顺利习得英语的态度有乐观和不乐观这两类相反的观点。

一类对这些儿童语言发展持乐观态度,如克拉科(Krakow)等人[②]调查了 55 名从中国收养的学龄前儿童的语言发展情况,调查发现绝大多数中国儿童语言测试成绩远高于平均水平,这表明跨国收养儿童二次第一语言习得迅速,具有稳健的语言习得能力。斯科特(Scott)等人[③]调查了 24 名来自中国的 7 至 8 岁的儿童,对他们的口语和书面语的使用能力进行评估,评估结果显示大多数跨国收养的中国儿童的口语和书面语分数都达到了平均分以上,且收养年龄与多项语言测评指标呈负相关,证实了儿童语言习得能力的弹性和稳健性,认为跨国收养的中国儿童在口语和书面语技能方面具有良好的发展前景。

---

① Johanna R Price, Karen E Pollock & D Kimbrough Oller, "Speech and Language Development in Six Infants Adopted from China", *Journal of Multilingual Communication Disorders*, 2006, Vol. 4, No. 2, pp. 108 - 127.

② Rena A. Krakow, Shannon Tao & Jenny A. Roberts, "Adoption Age Effects on English Language Acquisition: Infants and Toddlers from China", *Seminars in Speech and Language*, 2005, Vol. 26, No. 01, pp. 33 - 43.

③ Kathleen A. Scott, Jenny A. Roberts & Rena A. Krakow, "Oral and Written Language Development of Children Adopted from China", *American Journal of Speech-Language Pathology*, 2008, Vol. 17, No. 2, pp. 60 - 150.

　　另一类则认为跨国收养儿童的语言发展不容乐观,这类研究认为与其他儿童相比,跨国收养儿童在语言发展方面存在困难的风险更高。格伦宁(Glennen)[1]阐述了跨国收养儿童在收养的早期阶段,在前语言和词汇理解方面有延迟的现象,2 岁时语言发展缓慢的可能性较高,提倡对这些儿童进行语言能力评估以在早期进行干预。斯科特等人[2]对跨国收养儿童被收养后在进行语码转换、语言技能的获得方面是否存在障碍进行探究,发现孩子们的语言技能存在很大的差异,与非收养的儿童相比,他们语言成绩较差的可能性更大。高蒂尔(Gauthier)等人[3]对被法国家庭收养的中国儿童的法语习得情况先后进行了两次评估,结果表明在语言表达能力方面收养儿童均显著低于非收养儿童,其接受性语言技能也明显较弱。德尔森塞里(Delcenserie)等人[4]认为在语言的短时记忆、长期记忆方面跨国收养儿童的成绩均不理想,并推测儿童接触法语的年龄以及与送养国语言接触的情况对测试的结果影响较大。

　　影响跨国收养儿童语言发展的因素也是多种多样。很多学者都认为收养年龄和跨国收养儿童的语言发展之间存在强关联性。德尔森塞里等人[5]认为收养年龄是影响儿童语言发展的重要因素,而儿童送养国的语言种类、健康水平和其他发育问题以及儿童与收养国语言接触的时间与儿童语言发展关联性较小。格

[1]　Sharon Glennen, "Language and the Older Adopted Child: Understanding Second Language Learning", *Adoption Parenting: Creating a Toolbox*, *Building Connections*, Jean MacLeod & Sheena Macrae (eds.), New Jersey: EMK Press. Reprinted with permission, 2007.

[2]　Kathleen A. Scott, Jenny A. Roberts & Sharon Glennen, "How Well Do Children Who are Internationally Adopted Acquire language? A Meta-Analysis", *JHLSR*, 2011, Vol. 54, No. 4, pp. 1153 - 1169.

[3]　Karine Gauthier & Fred Genesee, "Language Development in Internationally Adopted Children: A Special Case of Early Second Language Learning", *Child Development*, 2011, Vol. 82, No. 3, pp. 887 - 901.

[4]　Audrey Delcenserie & Fred Genesee, "Language and Memory Abilities of Internationally Adopted Children from China: Evidence for Early Age Effects", *Journal of Child Language*, 2014, Vol. 41, No. 6, pp. 1195 - 1223.

[5]　Audrey Delcenserie, Fred Genesee & Karine Gauthier, "Language Abilities of Internationally Adopted Children from China During the Early School Years: Evidence for Early Age Effects?", *Applied Psycholinguistics*, 2013, Vol. 34, No. 3, pp. 541 - 568.

伦宁等人①对从东欧收养的 130 名婴幼儿进行了纵向跟踪调查,同样证实收养前的医疗和发育风险因素与最终的语言发展结果之间没有显著相关性。大多数收养儿童与未被收养的同龄儿童有着相似的英语习得轨迹,到 36~40 个月大时,收养的儿童已经完全符合英语标准。其中收养年龄较大的儿童语言学习相对滞后,滞后的时间与收养年龄有关。格伦宁②专门研究了收养年龄较大的儿童语言相关问题,认为收养年龄较大的儿童在语言方面面临极大的挑战,还介绍了美国学校为收养年龄较大的儿童提供的语言服务。格伦宁③跟踪调查了 53 名跨国收养儿童收养后前三年的语言发展情况,认为跨国收养儿童在被收养三年以后,收养年龄将不再是影响语言的因素,大多数儿童可以达到该年龄预期的语言水平。克拉科等人④考察了收养年龄对来自中国的婴幼儿英语语言习得的影响,结果表明在英语语言发展方面年龄较大的儿童(幼儿)既有优势也有劣势。年龄大的好处是他们学得更快;缺点是他们有更多的东西要学习以适应他们的英语语言发展。

　　除年龄以外,还有一些研究对其他影响跨国收养儿童语言发展的因素进行了介绍。塔博斯(Tabors)⑤通过比较以英语为第一语言的婴儿、以英语为第二语言的双语幼儿以及以英语为二次第一语言的跨国收养儿童的语言发展情况,发现领养前后的环境、身体、社会和情感环境等都可能影响儿童语言发展。高蒂

① Sharon Glennen & Masters, M. Gay, "Typical and Atypical Language Development in Infants and Toddlers Adopted from Eastern Europe", *American Journal of Speech-Language Pathology*, 2002, Vol. 11, No. 4, pp. 417 - 433.

② Sharon Glennen, "Speech and Language Guidelines for Children Adopted from Abroad at Older Ages", *Topics in Language Disorders*, 2009, Vol. 29, No. 1, pp. 50 - 64.

③ Sharon Glennen, "A Longitudinal Study of Language and Speech in Children who were Internationally Adopted at Different Ages", *Language, Speech, and Hearing Services in Schools*, 2014, Vol. 45, No. 3, pp. 185 - 203.

④ Rena A. Krakow, Shannon Tao & Jenny Roberts, "Adoption Age Effects on English Language Acquisition: Infants and Toddlers from China", *Seminars in Speech and Language*, 2005, Vol. 26, No. 01, pp. 33 - 43.

⑤ Patton O. Tabors, *One child, two languages: A Guide for Early Childhood Educators of Children Learning English as a Second Language*, Baltimore: Paul H. Brookes Publishing, 2008.

尔等人①介绍了跨国收养儿童与养母之间的互动交流的模式,并研究这些互动对语言学习的影响。谭(Tan)等人②对被收养的中国女孩进行了跟踪调查,发现这些儿童在收养后的英语表达能力与她们被收养时的年龄、实际年龄、接触英语的时间长短等多因素有关,在词汇量和短语平均长度上的分数与收养年龄呈负相关;与实际年龄和接触英语的时间呈正相关。拉赫林(Rakhlin)等人③认为早期不良经历比习得年龄对跨国收养儿童的语言发展影响更大。斯托尔兹诺(Stollznow)④聚焦于跨国收养儿童的二次第一语言习得,以从中国和从海地收养的儿童为研究对象,详细记录了跨国收养儿童的医生、养父母和儿童自身的大量纵向调查数据,基于这些数据,作者认为收养年龄、收养前护理质量、健康和发育状况以及收养后环境会影响儿童二次第一语言习得。

### 2. 患有唇腭裂的跨国收养儿童语言发展的研究

在跨国收养儿童中有很大一部分患有唇腭裂,这些儿童在语言方面存在严重障碍的风险更高。谢雷尔(Scherer)等人⑤研究发现患有唇腭裂的跨国收养儿童在表达和发音方面得分低于在美国出生的儿童,在认知和理解方面并无明显差异,提出早期干预儿童言语和语言的发展轨迹是必要的。拉尔森

---

① Karine Gauthier, et al., "Communication Patterns between Internationally Adopted Children and Their Mothers: Implications for Language Development", *Applied Psycholinguistics*, 2013, Vol. 34, No. 2, pp. 337 – 359.

② Tony Xing Tan, et al., "Second-First Language Acquisition: Analysis of Expressive Language Skills in a Sample of Girls Adopted from China", *Journal of Child Language*, 2012, Vol. 39, No. 2, pp. 365 – 382.

③ Natalia Rakhlin, et al., "Language Development of Internationally Adopted Children: Adverse Early Experiences Outweigh the Age of Acquisition Effect", *Journal of Communication Disorders*, 2015, Vol. 57, pp. 66 – 80.

④ Karen Stollznow, *On the Offensive: Prejudice in Language Past and Present*, Cambridge: Cambridge University Press, 2020.

⑤ Nancy J. Scherer, et al., "Longitudinal Comparison of the Speech and Language Performance of United States-Born and Internationally Adopted Toddlers with Cleft Lip and Palate: A Pilot Study", *The Cleft Palate-Craniofacial Journal*, 2018, Vol. 55, No. 7, pp. 941 – 953.

(Larsson)等人①将跨国收养的唇腭裂儿童与在瑞典出生的同龄唇腭裂儿童进行对比,发现跨国收养的儿童在辅音熟练度和腭咽能力方面存在更严重的问题,更容易出现言语困难的风险。摩根(Morgan)等人②认为唇腭裂会增加语言延迟的风险,其中跨国收养的儿童比本土出生的儿童更晚接触收养国语言,因此语言延迟的风险最高,指出患有唇腭裂的被收养儿童应在收养后尽快接受语言治疗服务。凯伊(Kaye)等人③表明来自中国患有唇腭裂的收养儿童情况更复杂,手术治疗更晚。建议预收养家庭在收养前就可以与儿童建立联系,尽早地使儿童介入治疗,以帮助他们解决包括发音障碍、表达迟缓和鼻音过重在内的语言问题。

### 3. 跨国收养儿童在收养前与母国语言接触的研究

一些学者对跨国收养儿童在收养前与母国语言接触所产生的影响进行了研究。崔智允(Jiyoun Choi)等人④指出6个月以下的婴儿仍旧可以获得一定语音知识,这使得被收养儿童在学习母国语言时发挥优势。拉贾戈帕尔(Rajagopal)等人⑤研究了来自中国和东欧的收养儿童和语言功能相关的神经回路的变化,发现在中国出生的人群和在美国出生的人群在颞顶语言区域的侧化方面存在显

---

① AnnaKarin Larsson, et al., "Internationally Adopted Children with Unilateral Cleft Lip and Palate — Consonant Proficiency and Perceived Velopharyngeal Competence at the Age of 5", *The Cleft Palate-Craniofacial Journal*, 2020, Vol.57, No.7, pp.849‑859.

② Amy R. Morgan, et al., "Language Development in Children with Cleft Palate with or without Cleft Lip Adopted from Non-English-Speaking Countries", *American Journal of Speech-Language Pathology*, 2017, Vol.26, No.2, pp.342‑354.

③ Alison Kaye, et al., "Cleft Care of Internationally Adopted Children from China", *The Cleft Palate-Craniofacial Journal*, 2019, Vol.56, No.1, pp.46‑55.

④ Jiyoun Choi, Anne Cutler & Mirjam Broersma, "Early Development of Abstract Language Knowledge: Evidence from Perception-Production Transfer of Birth-Language Memory", *Royal Society Open Science*, 2017, Vol.4, No.1, 160660.

⑤ Akila Rajagopal, et al., "A Functional Magnetic Resonance Imaging Study of Language Function in International Adoptees", *The Journal of Pediatrics*, 2013, Vol.163, No.5, pp.1458‑1464.

著差异，因此在婴儿期接触亚洲语言可以在支持英语语言发展的神经回路上留下长期的印记。皮尔斯（Pierce）等人①研究了跨国收养儿童第一语言的退化情况。皮尔斯等人②还分析了来自中国的收养儿童的核磁共振，发现他们的大脑对中文语言元素的激活与以中文为母语的人完全匹配，表明早期无意识获得的语言信息可以保留在大脑中，对大脑神经产生长期的影响。

综上可见：（1）目前关于跨国收养儿童语言方面的研究主要集中在国外，国内在这一领域还在起步阶段；（2）现有的研究主要是以纵向和横向的调查评估、对比分析的方式来研究跨国收养儿童二次习得第一语言的情况；（3）调查对象以中国儿童居多，其次是俄罗斯儿童、东欧国家的儿童，研究的语种以英语为主，其次是法语；（4）研究内容比较广泛，包括各项语言技能和语言要素。现有的研究基本认为跨国收养儿童，尤其是患有唇腭裂的儿童在二次第一语言习得上存在困难的风险更高，语言发展受多种因素的影响，如收养年龄、与收养国语言接触的时间、母国语言种类、与母国语言接触情况、收养前后生长环境、发育等健康情况、心理情感状态等因素。目前学界关于各个影响因素与语言发展的关联程度存在争议。对于跨国收养儿童与母国语言的接触情况的研究较少，仅有几篇论文讨论了跨国收养儿童在收养前与母国语言接触所产生的影响。

### 三、跨国收养中国儿童相关语言状况调研

上文介绍了当前学界关于跨国收养儿童语言发展研究的大致情形。跨国收养儿童究竟能否顺利地二次学习第一语言？早期的母语接触是否会对日后的中文学习产生影响？本部分将以跨国收养的中国儿童为研究对象，进一步探究上述问题。

---

① Lara J. Pierce, et al., "Mapping the Unconscious Maintenance of a Lost First Language", *Proceedings of the National Academy of Sciences*, 2014, Vol. 111, No. 48, pp. 17314 - 17319.

② Lara J. Pierce, et al., "Past Experience Shapes Ongoing Neural Patterns for Language", *Nature Communications*, 2015, Vol. 6, No. 1, 10073.

**1. 调查目的**

目前,被美国家庭收养的中国儿童数量较多。这些儿童从中国漂洋过海到美国,面临环境的巨大改变,他们能否在语言上顺利融入新的环境、能否以语言为纽带与母国保持一定联系成为笔者所关心的问题。探究收养儿童的语言使用情况,能够使我们了解被收养儿童语言生活现状,发现他们在语言发展道路上遇到的困难和需求,有利于多方助力被收养儿童的语言发展,使他们在新的环境中更好地成长。

**2. 对象选取**

由于研究对象特殊,调查所涉及问题比较隐私,因此在调查对象的选取上有一定困难。选取调查对象的途径有三种,一是笔者之一曾作为教育部中外语言合作交流中心的志愿者被选派到美国明尼苏达州麦迪逊小学的孔子课堂,在实习的班级曾有一位被美国家庭收养的中国儿童;二是通过身边一起工作的志愿者和其他中文老师,了解到他们的班级里有被收养的中国儿童,因此以这些儿童为调查对象;三是在社交媒体脸书(Facebook)的各种收养群组中寻找收养中国儿童的美国父母,向他们发放问卷。

**3. 调查内容**

(1)基本信息:

包括父母的国籍、语言、职业以及经济收入,家庭结构,儿童性别、年龄及被收养年龄、健康状况、成绩水平以及其他基本信息。

(2)孩子语言相关情况:

语言情况的调查包括语言环境、语言态度、语言能力、家庭语言规划、语言与身份认同等方面,语种包括中文和英文,以中文相关方面的调查为主。

**4. 调查实施**

调查原计划对被收养儿童直接进行访谈,但该访谈受到美国儿童保护的法律限制未能实施,遂将调查重点转向了被收养儿童的父母和老师等间接人员,而调查方式也改为访谈、观察、问卷结合的方法。

笔者根据调查目的设计了调查问卷,并在社交软件脸书上搜寻关于跨国收养的话题和群组,从中寻找收养中国儿童的美国父母的信息,于 2022 年 3 月至 7 月期间向这些养父母发放了问卷,共发放 15 份,收回有效问卷 3 份。同时,对被收养儿童的六位中文老师进行了访谈,访谈方式包括电话采访、直面采访,共搜集到 5 位孩子的信息。除此之外,本人担任一位被收养儿童的中文老师,对该儿童进行了为期半年的观察。通过以上三种方式总共搜集到 9 名被收养中国儿童的信息。①

**5. 调查所得数据信息**

(1) 儿童 A。儿童 A 是一名患有唇腭裂的 7 岁女童,一岁左右被收养,收养后养父母就带她去医院进行了唇腭裂修复治疗,修复后对口语发音无明显影响。目前 A 在明尼苏达州麦迪逊小学的中文班上二年级。笔者跟 A 的老师进行了访谈,了解到其养父母皆为美国白人,说英语,属于中产阶级家庭。笔者因在麦迪逊小学实习的缘故,有机会对 A 进行了一学期的观察,和 A 的老师一致认为 A 对待学习积极、努力、认真、有上进心。

A 学习成绩优异,中文、英语、数学处于前列。A 英文水平很高,她所在的中文班采用中文沉浸式教学的方法,而且麦迪逊小学在三年级以前也不开设英文课,但是会对学生英文的听读能力进行定期测试。测试结果显示 A 的英文能力处于该校区同年级学生(包括普通英文班)的前列位置。

A 从幼儿园(五岁左右)开始学习中文,其中文能力处于同年级的较高水平位置。在上课过程中,A 注意力非常集中,课堂参与也很积极,对老师提出的问题和布置的任务能够主动思考,高效完成。在学习过程中,A 对学习中文表现出较强的兴趣,对中国也存有强烈的好奇心。当老师布置任务,用"想"造句时,她写下:"我想飞到中国。"当要求用"旅游"造句时,她写下:"我想去中国旅游"。表明 A 对中国有一些与其他孩子不同的情结,心理上更为亲近。

关于让 A 学中文的原因,A 的父母考虑到以下几点:首先,希望孩子能够清

---

① 下文用字母 A—I 的代号表示。

楚自己是从哪儿来的,即希望孩子能够更多地了解中国;其二,认为学习两门语言有利于提高认知能力;其三,中国发展迅速,学习中文可能对未来的工作会有帮助。为了孩子中文学习更顺利,父母还为她报了补习班,请了家教。我们可以看出,A的养父母对孩子教育以及中文的学习非常重视。

A清楚地认识到自己是来自中国被美国父母收养的,曾经对笔者说过"我有两个爸爸妈妈,一个爸爸妈妈在中国,但是我没见过;另一个爸爸妈妈在美国"。这表明她对自己被收养这一事实认同度较高,态度乐观。

(2)儿童B。B也是一名女生,目前是明尼苏达州小学中文班三年级的女生。笔者对B的老师进行了访谈,了解到B在两岁之前被收养,在收养时已经会说话了。养父母都是美国白人,两年前离异。B的学习成绩优异,各科成绩都处于班级前三的水平。老师对B的评价是:积极、努力、认真、有上进心。B从幼儿园(五岁左右)开始学习中文,在中文学习上显示出较高的语言天赋,理解能力强,常常能够举一反三、活学活用。总的来说,B听说读的能力都很高,基本能够流畅地进行日常交谈,在写的方面稍微薄弱一些。B对中国也流露出向往之情,曾表示"以后想去中国做中文老师",也多次提到想去中国看一看,对和中国有关的文化、游戏等表现出浓厚的兴趣。不过,B对中国的认识还非常有限,在她的认知里,中国很漂亮、很大、很热(因为她出生于中国广西,她的养父母因为需要亲自去中国接她而到过广西,且他们生活的明尼苏达州属于美国北方较为严寒的地区)。由此可见B对中国的认识比较片面,停留在表层。B清楚自己被收养的事实并持积极接受的态度。

B的养父母认为中国是孩子的根,不想让孩子忘记自己的根,希望孩子能够同时接受两种语言文化的熏陶,在孩子长大以后会尊重她的自主选择。除此之外,家长也认同学两种语言更能锻炼大脑,并且有利于未来的发展,因此父母选择让孩子学习中文,并表示对学校中文沉浸式项目的开创心存感激。B的母亲非常重视孩子的教育,在孩子的学习上态度严格认真、要求很高。B的父亲在孩子的教育上相对宽松,在疼爱孩子的同时给予更多的空间和自由。

(3)儿童C。C是明尼苏达州六年级的女生,笔者对她的中文老师进行了访谈,了解到她在一岁左右的时候被美国父母收养,收养的时候还不会说话。收养家庭属于中产阶级,母亲是大学教授,养父母现在已经离异。C 英文成绩优异,中文能力处于中上水平。C 从幼儿园开始学习中文,在中文的学习上,C 态度积极认真,有上进心,主动性较强,但并未达到理想的效果。中文的听、说能力一般,读写较差,阅读理解尤为薄弱。C 对中国充满好奇,当提到去中国旅行或者读书时,都表现出极大的兴趣。

关于父母让孩子学习中文的原因,一是认为学习中文有利于孩子身份认同的构建,二是对孩子认知能力的提高和未来就业发展都有帮助。妈妈很重视孩子教育,会给孩子报一些中文辅导班(免费)。

(4)儿童 D。D 是一名明尼苏达州七年级的男生,通过对 D 的教师访谈了解到,D 和 A 是兄妹关系,D 的父母在收养 D 后继而收养了 A。D 从幼儿园开始学习中文,一直以来对学习中文不排斥,态度相对积极。其中文成绩优异,在班级处于前三的水平。D 患有唇腭裂,这对其中英文的口语有一定影响,个别字母不能准确发音,但是程度轻微,不影响日常的交流沟通。D 曾明确表示未来想从事和中文相关的工作。D 曾经去过中国广州,对中国感到新鲜好奇,且充满好感,表示未来如果有机会还想去中国看一看。

D 的父母选择让 D 学习中文的原因与以上让 A 学习中文的原因一致。关于被收养这一事实,D 在周围老师同学间会主动提及,在身份认同上不存在困惑。在他的认知里,他是亚裔美国人。

(5)儿童 E。E 是明尼苏达州一位四年级的女生,通过对其学校老师的访谈,了解到其母亲在大学工作。E 患有唇腭裂,其养父母带她进行了多次手术修复治疗。E 学习态度良好,不过中文成绩一般,准备在五年级转入普通英文班。

(6)儿童 F。F 是一位明尼苏达州 16 岁的女生,正在读高中。通过采访其中文老师了解到其母亲是她所就读学校的老师。F 英文能力相当于正常的母语水平。在学龄期,F 的母亲将她送入中文沉浸式课堂,从小学习中文。虽然课堂参与度较少(可能和性格有关),但是学习态度认真,对自己的中文有一定的要求,在意自己的中文成绩,比如有时候在中文考试后,会请老师重新判卷,希望能够在原有基础上再提高一些分数。

(7)儿童 G。笔者在脸书上发布了有关问卷,搜集到 G 的相关信息。G 今年 21 岁,在 1 岁的时候被收养,养父母均为大学学历,是公司的经理,家庭状况较好。G 的英文在听说读写各方面都发展正常,与一般美国儿童无异。而 G 没有学过中文,其父母表示之前对让孩子学习中文不感兴趣,并且经常搬家,没有条件让孩子在稳定的环境里学习中文。且孩子从未去过中国,对中国的了解也非常有限,但表示未来可能会去看看。

G 清楚了解被收养的事实,一方面对收养这一事实能够坦然积极地接受;另一方面,对不知道自己亲生父母而感到难过。G 倾向于自己是美国人。

(8) 儿童 H。H 是脸书上发布的问卷调查联系上的女童,现在 5 岁,被收养的时候 18 个月。收养家庭一共有三个孩子,除了她之外,家里还有一个哥哥和弟弟。父母没有考虑让她学习中文,希望孩子可以完全融入美国的生活。

(9) 儿童 I。I 是通过脸书了解到的一名五岁半的女孩,她在 14 个月大的时候被收养。那时她还不会说话,所以从张口说话开始一直说的都是英文。她的英文相当于同龄美国孩子的母语水平,语音语调都非常纯正。I 患有唇腭裂,在发音方面存在一些问题。I 母亲认为,I 在语言方面存在的问题是由于唇腭裂导致的,和语言习得无关。为了解决唇裂导致的发音问题,I 已经做过几次治疗唇腭裂的手术,未来还将继续接受一系列的手术治疗,除此之外还接受过专门多语言治疗,不过现在已经不需要了。

I 的母亲认为学习第二语言非常有益,又因为 I 来自中国,所以想让她学习中文,不仅有助于 I 更容易理解自己出生国的文化,而且如果未来想要去中国旅游或者去调查自己的出身背景,会中文都更方便。I 的母亲曾经给她报过"Lingobus"的课程,但孩子不太喜欢,所以目前为止 I 对中文的了解仅限于个别中文词语,而且不会说。I 的母亲对于孩子学习中文的情况表示,等她长大一些会再试一试,如果学习结果仍不容乐观的话不会勉强,学习中文不是必要的,主要遵从孩子个人的意愿。

## 6. 调查结果分析

(1) 语言环境:

语言环境对语言学习至关重要,不仅是语言学习者语言输入的来源,也为语言学习者提供语言交际实践的机会。这些被收养的中国儿童语言环境以英文为主,缺乏中文环境。

从社会语言环境来看,因为这些儿童生活在美国,所以社会语言环境几乎为纯粹的英文环境,只有在一些围绕被收养的中国儿童这一群体开展的社区活动中存在中文环境,但频次非常低。

从学校语言环境来看,相对复杂。对于在中文学校或者中文沉浸课堂学习的儿童,以中文环境为主,比如教室里张贴的标语、海报都是中文,与中文老师的交流为中文。而和非中文老师之间的交流是以英文为主。学生之间在学校的交流采用哪种语言主要受两个因素影响:一是年龄,年纪越小的孩子说中文的意愿越强;二是中文教师是否在场,中文老师跟学生们在一起,学生之间更倾向于说中文。而对于没有在中文学校或者中文沉浸课堂学习的收养儿童,学校的语言环境为单一英文。

从家庭语言环境来看,被收养儿童家庭语言环境基本上为英文环境。据两所学校的老师介绍,有些父母在收养了第一个孩子以后,担心孩子孤单,会为此再收养一个孩子。这种情况在这两所学校均有体现。有些家庭收养了两个及两个以上的华裔儿童,但是即使这两位华裔儿童都会说中文,他们之间仍然会选择用英语沟通,他们表示更习惯说英语,并且会考虑到养父母的语言情况,所以不会在家里说中文。

(2)英文能力:

笔者所了解到的9名被收养儿童的英文水平均符合正常水平,仅有两名儿童因唇腭裂生理原因,在发音的准确度方面存在一些困难。被调查的9名儿童均在2岁以前被收养,一定程度上说明收养年龄越小,二次习得第一语言会越顺利。

(3)中文能力:

笔者分析了八位有学习中文经历的收养儿童的学习情况,发现与同一班级其他本土的美国儿童相比,这些被收养的中国儿童在学习中文方面表现出显著优势。期中和期末测验结果显示他们的中文成绩基本都处于班级前列的位置。这些被收养的中国儿童在阅读理解、汉字、交际、语音语调上均比班级其他孩子表现得好。在语音语调方面,他们更接近标准的普通话,然而他们的语音语调不是很稳定,极易受到其他孩子错误发音的影响而变得洋腔洋调。通过上文第三部分的分析可知,被收养中国儿童的中文能力较强应该与其在收养前生活在中文语言环境的经历相关。

这8名收养儿童,分别是在森林湖学校、麦迪逊学校、线上辅导机构学习中文的。森林湖学校和麦迪逊学校都位于明尼苏达州,这两所学校都开设了中文沉浸式项目,涵盖幼儿园到初中10个年级。麦迪逊学校是一所公立学校,而森林湖学校是一所受政府支持和管理的私立学校。笔者发现这两所学校的被收养中国儿童的中文水平有显著差异。麦迪逊小学和中学的学生中文水平相对较高,很少有孩子中途转到英文班。而森林湖学校的老师表示,常有孩子因为中文成绩一般而在五年级上下转入英文班。这可能与学校的办学水平、中文教师的教学能力相关。

而有一位学生是在线上学习中文,家长表示孩子仅仅学会了一些词语,而且不能读出来,学习效果不理想。因此线上教学虽有跨越时间、距离的优势,但是学习效果远不及线下中文沉浸式班级的形式,而且很可能会对孩子学习中文的意愿起到相反的作用。

课程设置对语言学习也有重要影响。课程合理,教学质量高,学生学中文的兴趣就浓,孩子在中文学习上更容易取得较高成绩;反之,则会态度消极,学习效果不好,学生甚至会中断中文的学习。

(4)语言态度:

笔者发现在中文沉浸班级,与其他本土美国孩子相比,被收养的孩子对中国的好感度更高,与中国的心理距离较近,都对去中国看一看表现出强烈的愿望。有些孩子把与中文相关的工作纳入未来职业选择的考虑范围中。因此他们对中文学习也都相对更积极认真。这与朱雯静、王建勤①得出的在美国华裔学习者的汉语认同度明显优于非华裔的结论相一致。

(5)家庭语言规划:

笔者发现在众多被收养的孩子中,部分有系统学习中文的经历,部分孩子没

---

① 朱雯静、王建勤:《跨文化族群的认同比较研究与汉语传播策略》,《云南师范大学学报》(对外汉语教学与研究版)2012年第3期。

有学习中文。被收养的中国儿童是否学习中文受到多种因素影响,其中家长的态度对孩子语言学习起了非常关键的作用。多数父母对语言、文化、身份认同之间的关系有一定的认识,有让孩子学习中文的倾向;少数父母对学习中文的重要性认识不足。

总的来说,父母让孩子学习中文的原因主要有三点:一是希望通过学习中文让孩子接受两种文化的熏陶,深入地了解中国,减少身份认同的困惑;二是认为学习两种语言有助于锻炼大脑,开发智力;三是相信学习中文能够提升能力,对未来的工作发展有帮助。通过跟养父母和森林湖以及麦迪逊两个学校老师之间的访谈,笔者了解到父母没让孩子学习中文的原因比较多元,一方面客观因素导致孩子没有条件获得学习中文的机会。比如其中一名家长表示过去经常搬家,还有一名家长表示开设中文班的学校距离家太远,而且没有校车,那么在线上教育还不普及的时代,这些客观因素成为孩子学习中文的障碍。另一些是由养父母的主观因素决定的,一些家长表示对学中文没有兴趣,认为学中文没有必要,英语使用价值更高。

父母手里掌握的是开关按钮,而暂停和继续的按钮受到多重作用力的影响。多数家长会充分尊重孩子自己的学习意愿,同时结合孩子的学习成绩来调整孩子的学习计划。在森林湖学校,常有被收养的中国儿童在小升初阶段从原有的中文班转入英文班的现象。据森林湖学校的一位老师介绍,去年分别有两名儿童在五年级和六年级的时候转入英文班。家长认为,在低年级阶段可以培养学习中文的兴趣,而到了高年级,既然孩子在中文成绩平平,那么转入普通英语班更有利于未来的升学考试。

孩子是否学习中文,最初都是由其父母为之做决定,父母的决定极大程度上影响孩子未来的语言发展。

(6)跨国收养对国际中文教育的影响:

森林湖学校中文项目的创建和跨国收养也颇有渊源,最初该学校的校长先后收养了两名中国儿童,他希望自己的孩子接触中国文化,这成为促成中文沉浸式项目在森林湖学校创立的重要原因。在中美间跨国收养现象的影响下,得到发展的中文教育事业还有乐儿中国文化中心、中国萌芽等机构。换句话说,跨国收养在一定程度上也促进了美国与此领域相关的当地化国际中文教育的发展。

（7）其他：

大部分跨国收养的中国儿童能够积极地融入新的家庭，健康成长。森林湖学校的老师介绍，森林湖学校多数被收养中国儿童来自中国南方的山区，收养他们的美国家庭条件一般不错，养父母们都非常珍爱自己收养的孩子，曾经有养父母表示："不是孩子幸运才得以来到我们家，是我们足够幸运才能拥有这个孩子。"有很多家长会为孩子报各种兴趣班，如芭蕾、棒球等，对孩子给予了充分的关心爱护。

## 四、结　语

本文通过对 9 名被美国家庭收养的中国儿童语言生活学习情况的调查，得出如下结论。（1）在婴幼儿时期被收养的跨国收养儿童，基本上可以顺利地二次习得第一语言（英语），在学龄期英文能力与本土儿童达到一致。（2）跨国收养的中国儿童在中文学习方面水平显著高于其他本土的二语学习者，在语音方面的表现尤为突出。（3）跨国收养的中国儿童相较其他本土的二语学习者，对学习中文以及中国的态度更为积极。（4）家长对孩子早期的语言学习起到了关键作用。（5）跨国收养在一定程度上促进了部分当地化国际中文教育的兴起和发展。（6）跨国收养的中国儿童语言环境单一，中文语境匮乏。（7）大部分跨国收养的中国儿童能够积极地融入新的家庭。

然而还有一部分家长对学习中文的必要性缺少充分的认识，学习中文的学校和机构在国外没有普及，线上机构教学效果欠佳，针对跨国收养中国儿童这一类群体的学校更是寥寥无几，因此很多孩子缺少学习中文的条件，国内外各界人士亟须重视这一问题。

本文有一定的不足之处：（1）由于调查对象特殊，调查内容涉及个人隐私和儿童保护等法律问题，调查实施有一定难度，调查样本量较小；（2）由于样本获取渠道单一，调查集中在明尼苏达州被收养的中国儿童，缺乏对其他地区和未被收养的儿童的了解;(3) 由于时间等各方面原因,未能对调查对象开展长期的跟踪观察,亦未能对儿童语音、语法等方面做出细致分析;(4) 本文基于各个班级期中、期末的考试成绩和平时的观察来对收养儿童的语言水平进行评估,缺少更系统的评分细则。

在实践层面,本研究一是能使涉及跨国收养的相关部门和社会机构关注到这些儿童可能存在的语言问题,二是为他们未来更好地服务这些儿童提供一定的思路和启示,三是便于收养家庭和预收养家庭的成员了解跨国收养儿童在语言方面潜在的问题和需求,为这些家庭的跨国收养实践提供建议。在理论层面,一方面可以为跨国收养的研究提供语言发展这一新的研究视角,二是对丰富加深语言认同理论有一定裨益,三是可在一定程度上充实语言习得理论的研究内容。

尽管从绝对数量上说,跨国收养儿童的量不是很大,但是作为一类特殊人群,其在社会学、心理学、语言学等相关学科中的研究价值是巨大的。国际学界已经有了很多研究基础,期待国内学界能有更多相关研究的涌现。

# An Investigation into the Language-Related Issues of Chinese Children Adoption Internationally

WANG Chunhui & DING Yazhe

## Abstract

Intercountry adoption is an international phenomenon emerging with the development of global integration since the end of World War II. Not a small number of Chinese children have been adopted internationally. Based on a linguistic-ethnographic study of nine Chinese children adopted by American families, this paper shows that: 1) children adopted in their infancy can acquire their first language (English) easily, and their English ability at school age is the same with that of native children; 2) these children are significantly better at learning Chinese than native second language learners，especially in pronunciation；3）compared with native second language learners，these Chinese children have a more positive attitude towards learning Chinese and China；4）parents play a key role in children's early language learning；5）to a certain extent，Chinese children adoption has promoted the rise and development of localization of international Chinese education；6）their linguistic environment is unique and lacks a Chinese context；7）most are able to actively integrate into their new families. Both synchronous and diachronic studies on language-related issues of intercountry-adopted children are in urgent need to be further expanded and deepened.

**Keywords**

internationally adopted children；language development；international Chinese education；language inheritance

# 国别语言政策与中文发展研究

# 澳大利亚国家语言政策及其对
# 澳大利亚汉语教学的影响

［澳］洪历建*

**提要：**就语言政策来说，澳大利亚是一个独特的国家。从英国殖民开始，很长一段时间，六个殖民地政府并无自己的语言政策，但在实际生活中，由于英国法律成为各殖民地的共同法律，由此形成的社会自然以英语为共同语，加上数百种澳大利亚原住民语言以及来自世界各地移民语言构成的多语、多元文化生态环境。20 世纪 80 年代，澳大利亚正式将多语教育和多元文化作为国家语言政策的核心，由此产生的语言生态使曾经一度由于 19 世纪澳大利亚的排华政策而式微的汉语，再次成为除英语之外使用人口最多的语言。

**关键词：**英国殖民地；淘金热；华人移民；澳大利亚汉语

美国学者塞缪尔·亨廷顿（Samuel Huntington）在他那本著名的《文明的冲突与世界秩序的重建》一书中提到，"任何文化或文明的核心成分都是语

---

\* 洪历建，曾任澳大利亚莫纳什大学中文系主任、文科院国际汉语交流中心主任，在该校从事汉语教学 20 余年。主要研究方向为国际汉语、汉语教学及国家语言政策。

言。……历史上,语言是权力的体现。语言使用的变化体现了权力分配的变化。英语、西班牙语、法语、阿拉伯语、俄语,这些使用最广泛的语言都是或曾经是帝国的语言,而这些帝国都曾积极地推动其他民族使用他们的语言。权力的转变导致语言使用的转变"。① 澳大利亚《国家语言政策》的作者约瑟夫·洛·比安科(Joseph Lo Bianco)认为:"虽然语言政策需要调和差别极大的各种利益,但它的目标在于实现某一特定形式的社会变化和前进方向,在于表达某种特定的价值观念。……语言政策不是一个不偏不倚的声明,而是对某些特定的价值观念和发展目标的支持。"②

1994 年,澳大利亚联邦政府的"2000 年大庆顾问委员会"发表的一份报告——《2001 年:来自澳大利亚的报告》曾经很自豪地提到:"澳大利亚的教育和训练体制顺应我们人口种族成分的变化,为移民融入澳大利亚提供了一套语言培训制度。同时,社区语言进入学校的教学大纲并成为国家的重要资源。1987 年,联邦政府通过了国家语言政策,使我们成为英语国家中第一个有这种政策的国家,成为世界上第一个有多语种政策的国家。"③美国学者苏珊娜·罗曼(Suzanne Romaine)认为,澳大利亚的国家语言政策在英语国家中是"独一无二的"。④ 国际世界语学会主席马克·费德思(Mark Fettes)也认为澳大利亚的国家语言政策是一个"开拓性"的文件。⑤ 这些评价应该说是比较客观和中肯的。本文将通过简要介绍澳大利亚国家语言政策的形成和发展,初步分析这些政策如何影响了澳大利亚汉语的生态环境。

---

① Samuel Huntingdon, *Clash of Civilizations and the Remaking of World Order*, London: Simon & Schuster, 1996, pp.59, 62.

② Joseph Lo Bianco, *National Policy on Languages*, Canberra: Australian Government Publishing Service, 1987, p.15.

③ See CFAC (Centenary of Federal Advisory Committee), 2001, "A Report from Australia", Canberra: Australian Government Publishing Service, 1994.

④ Suzanne Romaine (ed.), *Language in Australia*, Melbourne: Cambridge University Press, 1991, p.8.

⑤ Mark Fettes, "Language Planning and Education", in Ruth Wodak & David Corson (eds.), *Encyclopedia of Language and Education*, Vol.1: "Language Policy and Political Issues in Education", Dordrecht: Springer Science + Business Media, 1997, p.17.

众所周知,澳大利亚除了原住民,还有来自世界上200多个国家和地区的移民。澳大利亚著名的语言学家迈克尔·克莱恩(Michael Clyne)认为:"移民国家的社会和政治气候不仅影响移民的来源和规模,同时也影响到移民社区的语言群体如何立足于移民国家。"①加拿大学者桑德拉·基普(Sandra Kipp)认为:"语言生态在一个澳大利亚这样的移民国家,是一些复杂的相互作用的结果。这些相互作用包括:(1)移民之前各个不同的团体和个人的背景和经历;(2)移民接受国主流语言(这里主要是英语)对移民的语言所施加的各种影响;(3)移民接受国对移民语言使用者实施的各种隐性和显性政策。"②严格意义上讲,除了原住民,所有的澳大利亚人都是移民或移民的后代。但是,由于英国人在建立殖民地和成立联邦政府方面的主导作用,英语自然成为澳大利亚占统治地位的语言,是澳大利亚大多数人在公共场所进行书面和口头交流的通用语言,更是政府部门、法律机构、教育系统和媒体使用的、实际上的官方语言。③ 但实际上,澳大利亚至今为止并没有一项法律规定英语是法定的国家或官方语言,来自世界各国的移民也不会像美国某些州那样,因为在公共场合不说英语而违法。④ 作为一个移民国家,经过200多年的发展,澳大利亚除原住民残留的数十种语言外,还有来自世界200多个国家和地区的移民所说的400多种语言。⑤ 自英国建立殖民地以来,尽管历经波折,多元文化、多语教育已成为澳大利亚联邦政府和所有六个州和自治领政府的既定政策。这种局面同20世纪七八十年代以来,澳大

---

① Michael Clyne & Sandra Kipp, *Pluricentric Languages in an Immigration Context —— Spanish*, *Arabic and Chinese*, Berlin: Mouton de Gruyter, 1999, p.14.

② Sandra Kipp, "The language Ecology of Australia's Community Languages", in Angela Creese, Peter Martin, Nancy H. Hornberger (eds.), *Encyclopedia of Language and Education*, vol. 9, Ecology of Language, Dordrecht: Springer, 2010, p.69.

③ Michael Clyne, *Dynamics of Language Contact*, Cambridge: Cambridge University Press, 2003, p.16.

④ Michael Clyne, *Australia's Language Potential*, Sydney: University of New South Wales Press, 2005, p.171.
Carol Myers-Scotton, *Multiple Voices*, *An Introduction to Bilingualism*, USA: Blackwell Publishing, 2006, p.382.

⑤ 关于澳大利亚原住民的语言状况,参见洪历建:《权利与语言:澳大利亚原住民语言保护政策》,《华东师范大学学报》(哲学社会科学版)2019年第6期,第107—199页。

利亚政府提倡多元文化、双语多语教育的国家语言政策有着直接的关系。

## 一、澳大利亚国家语言政策

苏·赖特(Sue Wright)指出:"虽然从历史上看,正式的语言政策的制定和规划的发展相对较晚,但作为一种非正式活动,它跟语言一样悠久,并且在社会中对权力和资源的分配起到了至关重要的所用,是许多政治活动的组成部分,值得我们从政治角度加以专门的研究。"①虽然澳大利亚直到 20 世纪 80 年代才提出正式的国家语言政策,但非正式的语言政策或语言管理却是从英国在澳大利亚建立殖民地就开始了。克莱恩在讨论澳大利亚的语言政策时,将澳大利亚国家语言政策的形成和发展分为四个阶段:(1)殖民地期间是无政策时期;(2)联邦成立前后属于容忍多语种现实但有限制时期;(3)从一战到 20 世纪 70 年代时期是排斥多语种时期;(4)从 20 世纪 70 年代至今是接受多语种时期。② 洛·比安科着重突出了澳大利亚历史上的几个主流文化意识形态,并据此将澳大利亚语言政策的发展分为五个历史阶段,即:(1)英国主义时期,(2)澳大利亚主义时期,(3)多元文化主义时期,(4)亚洲主义时期,(5)经济主义时期。③ 本文将结合两者的分期讨论澳大利亚国家语言政策的历史发展。

当英国殖民者于 18 世纪末期入侵澳大利亚这片古老的土地时,当地估计有 30 万到 80 万人口,分属于 500 到 600 个不同的部落,说着 250 多种不同的语

---

① Sue Wright, *Language Policy and Language Planning — From Nationalism to Globalisation*, New York: Palgrave Macmillan, 2004, p.1.

② Michael Clyne, *Australia's Language Potential*, Sydney: University of New South Wales Press, 2005, p.171.

③ Joseph Lo Bianco, "Language Policy and Education in Australia", in Stephen May & Nancy Hornberger (eds). *Encyclopedia of Language and Education*, 2nd Edition, Volume 1: Language Policy and Political Issues in Education, Dordrecht: Springer Science + Business Media LLC, 2008, pp.343 - 353.

言。① 这是澳大利亚这片孤独的土地上万年自然发展形成的语言文化生态。英国的"第一舰队"到达澳大利亚后,船长亚瑟·菲力浦(Arthur Phillip)就宣布在当地实行英国法律。随着英国各个殖民地的建立,英国的法律成为所有殖民地的法律(AEC)。这对澳大利亚原有的、自然形成的语言和文化生态是一个关键性的转变。因为,当英国的法律在所有移民地实施时,英语自然就成了各殖民地实际上的官方语言和通用语言。不仅各殖民地与英国宗主国的交往需要使用英语,就是各殖民地政府之间,政府与当地各移民社区之间,以及来自各国的移民社区相互之间交往时,也不能不使用英语作为大家的通用语。因此,英语、英国法律以及因此而产生的英国价值观和文化,就成了各殖民地的主流语言和文化。这就相当于一个强势的外来物种入侵到一个脆弱的生态环境,并很快取代原有物种而成为这个生态环境的主导物种,并产生出一种新的生态环境。但是另一方面,随着英国殖民者到来的,还有欧洲大陆其他国家的移民。殖民时期移民来源的多样性使澳大利亚实际上存在一个多元文化和多语种的社会。② 当时的澳大利亚,除了主要城镇有欧洲大陆移民来的思想激进的知识分子办着各种语言的报纸,有德国路德教和法国天主教举办各种德语和法语的学校,在广大的农村和淘金时期的矿区,还有众多说着德语、法语、意大利语、苏格兰语、爱尔兰语、威尔士语、丹麦语、波兰语和汉语的移民。③ 澳大利亚联邦于 1901 年成立时,通过了《限制移民法案》(*Immigration Restriction Act*),其中第四条(a)规定入境的非欧洲人必须通过一种欧洲语言的测试(Parliament of Australia,1901)。但对于一切非英语国家的移民来讲,其实就是英语测试。基普认为,英国殖民者凭借强大的军事、政治、法律和经济力量,造就了一个以英语和英国文化占绝对优势的、

① 洪历建:《权利与语言:澳大利亚原住民语言保护政策》,《华东师范大学学报》(哲学社会科学版)2019 年第 6 期,第 112 页。
② Michael Clyne and Sandra Kipp, *Pluricentric Languages in an Immigrant Context*,*Spanish*,*Arabic and Chinese*, Berlin: Mouton de Gruyter, 1999, pp. 16 - 17.
③ Sandra Kipp, "The language Ecology of Australia's Community Languages", in Angela Creese, Peter Martin, Nancy H. Hornberger (eds.), *Encyclopedia of Language and Education*, vol. 9, Ecology of Language, Dordrechet: Springer, 2010, p. 69.

新的语言生态。占人口多数的英国移民坚持把英语和英国文化作为新成立的澳大利亚民族国家的象征。① 他们甚至认为"英语是一种充满阳刚的语言,一种适合男人的语言,虽然不像拉丁语言那么委婉、有礼。它更开放、更直接,没有那么精雕细琢"。② 但是另一方面,原住民的语言和文化的残留、世界各地移民带来的各种语言和文化,实际上构成了一个多元的、丰富的多语语言生态。所以,在联邦成立之前这个长达100多年的殖民化过程中,虽然英语是各殖民地实际上的官方语言和社会通用语言,但没有一个殖民地政府曾经出台任何涉及语言和语言教学的语言政策,各民族社区内也是用自己的民族语言交流。可以说,从联邦成立到第一次大战爆发之前,澳大利亚政府实际实行的是一种放任自然的语言政策。但多语种的社会,在英语占绝对统治地位的各个殖民地,毕竟是一块规模很小的花园。这就解释了,为什么很长一段时间澳大利亚并没有明确的语言政策:因为对于一个基本人口为单语英语人的国家来说,这似乎没有太大的必要。③

第一次世界大战爆发后,澳大利亚追随英国,派兵远赴欧洲,参与攻击奥匈帝国和德国。④ 在国内各地,则建立集中营,拘留了近4 500名奥地利和德国血统的澳大利亚人。⑤ 也就是从这时开始,直到20世纪70年代,澳大利亚政府虽然没有制定任何语言政策,但开始在全国逐步地推行英语单一语言政策。政府不再鼓励学习其他语言,官方政策是推行所谓"文化同化"。政府要求所有移民学习英语,部分州政府甚至立法禁止在学校实行双语教育。外语广播的时间受到限制。教育机构只提供少量的非英语教育,学校甚至要求家长监督学生在家

---

① Sandra Kipp, "The language Ecology of Australia's Community Languages", in Angela Creese, Peter Martin, Nancy H. Hornberger (eds.), *Encyclopedia of Language and Education*, Vol. 9, Ecology of Language, Dordrechet: Springer, 2010, pp. 69 - 70.
② Atkinson A, *The Europeans in Australia*, Sydney: University of New South Wales Press, 2016, p. 21.
③ Michael Clyne, *Dynamics of Language Contact*, Cambridge: Cambridge University Press, 2003, p. 17.
④ 参见澳大利亚政府退伍军人事务部文件。
⑤ 同上。

里使用英语。政府对移民社区只提供少量的"移民语言"服务。当时,在英裔澳大利亚人的眼里,任何人在公共场所使用英语之外的其他语言,都是一种非澳大利亚行为。① 时任联邦移民部长的比利·斯内登(Billy Snedden)1969 年甚至宣称:"我们必须有一种单一的文化……如果移民意味着在澳大利亚社会造成多元文化活动,这就不是澳大利亚想要的。我决心推行单一文化,使每一个人都以同样的方式生活,相互了解,追求同一的理想。我们不需要文化上的多元主义。"② 尽管如此,澳大利亚联邦政府也仍然没有颁布任何法律或政策,以限制其他非英语语言的存在。要理解这一点其实也很容易,因为到 1947 年,整个澳大利亚的人口基本特征已经完全形成,全国 99% 的人是白人,90% 的人是英国人,基本上所有居民,包括非英语国家移民的第二代、第三代,都说英语。英国人 100 多年的统治,成功地造就了世界上少有的高度同一的社会。③

20 世纪七八十年代是个重要的分水岭。因为从那时起,澳大利亚对于自己的国家认同开始转变,从英国在亚太地区的"前哨站"转变为具有独立意识的民族国家。④ 随着战后世界范围内的移民潮的高涨,多元文化理念逐渐成为西方社会、政治、文化发展的一种趋势,成为西方知识界、教育界和政界激进人士以及移民社团争取弱势群体政治、社会、文化和教育平等权利和社会正义的理论武器。在多元文化思潮的推动下,西方不少国家纷纷将多元文化作为官方社会和文化政策的一部分。在澳大利亚,非英国移民、非英语背景的专业人士在国家社会、政治、教育、文化生活中的作用日益重要,并对政党竞选产生影响。澳大利亚两个主要政党,工党和自由党内部都开始出现新的、支持多元文化的一代政

---

① Michael Clyne and Sandra Kipp, *Pluricentric Languages in an Immigrant Context*, *Spanish*, *Arabic and Chinese*, Berlin: Mouton de Gruyter, 1999, p.16.

② Michael Clyne, *Australia's Language Potential*, Sydney: University of New South Wales Press, 2005, pp.144 - 145.

③ Suzanne Romaine (ed.), *Language in Australia*, Melbourne: Cambridge University Press, 1991, p.3.

④ Michael Clyne, *Dynamics of Language Contact*, Cambridge: Cambridge University Press, 2003, p.17.

客。① 1972 年,工党领袖高夫·惠特拉姆(Gough Whitlam)政府的执政,标志着战后澳大利亚社会、文化和教育全面改革的开始。尽管惠特拉姆因为激进的改革,执政仅仅三年就被迫下台,但要求改革的强大的社会压力即使在工党政府下台后依然存在。1984 年,弗雷泽领导的自由党联邦政府通过了澳大利亚第一份《国家语言政策》(*A National Language Policy*)。按照克莱恩的说法,直到今天,这份文件所提出的指导性原则仍然在起作用。② 这些原则简单易记,包括:

(1) 所有澳大利亚公民都应该具有英语能力;

(2) 维护和发展除英语之外的其他语言(包括原住民和社区语言);

(3) 提供除英语之外的其他语言的服务;

(4) 提供学习第二语言的机会。

笔者认为,这项语言政策最核心的一点是不再把所有澳大利亚的非英语语言看成"外语"或"移民语言",而是澳大利亚自己的"社区语言"。这点之所以重要,是因为语言背后是人。如果把澳大利亚华人的语言看成是"外语",那么说这种语言的人岂不是"外国人"?"外语""移民语言"成为"社区语言",也表明不仅移民成为澳大利亚国民,而且他们的语言也成为澳大利亚的语言,因而也就解决了移民身份认同问题。

1987 年,墨尔本大学语言学家洛·比安科受当时工党联邦政府的委托,研究发表了新版的《国家语言政策》(*National Policy on Languages*),上述四条原则被全盘接受。这份新语言政策涉及几乎所有澳大利亚语言,包括作为母语、外语和第二语言的英语,200 多种原住民语言和 200 多种社区语言的学习、维护和发展。作者认为:国家语言政策就是要使澳大利亚在涉及语言的种种问题上尽量理性、全面、公正和平衡;作者特别指出,澳大利亚的非英语语言对澳大利亚社

---

① Michael Clyne, *Australia's Language Potential*, Sydney: University of New South Wales Press, 2005, pp. 145 - 146.

② Michael Clyne & Sandra Kipp, *Pluricentric Languages in an Immigrant Context*, *Spanish*, *Arabic and Chinese*, Berlin: Mouton de Gruyter, 1999, p. 16.

会、文化的多样性发展有着重要的贡献。① 同以后的政府文件相比,这份文件更多的是从社会民主、语言平等以及文化多样性的角度论证了在澳大利亚推行多语政策的必要性和重要性,同时也为澳大利亚所有非英语语言创造了一个平等、公正的生存与发展的生态环境,从而为一个多民族、多语、多元文化国家的和谐发展奠定了语言基础。

从 20 世纪 90 年代开始,经济全球化加速发展,澳大利亚工党政府积极推行"经济理性主义",政府的语言教育政策开始强调其经济效益,其中最突出的是联邦政府的"教育出口政策"。教育不仅仅被看成是一个传承国家、民族价值观念,体现社会正义和平等的公共产品,而且是政府增加财政收入的重要来源。澳大利亚政府的语言政策也因此越来越强调利用澳大利亚的多语种优势,推动澳大利亚在全球的经济和贸易发展。这个时期的语言政策强调语言教学要满足劳动力市场和国际经济贸易的需要,重视主要贸易伙伴国家(日本、韩国、中国和印尼)的语言,同时放弃对一些不那么重要的社区小语种教育的财政支持。政府的这种经济实用主义的语言政策集中体现在 1988 年和 1991 年联邦教育部颁布的两部教育白皮书:《高等教育政策声明》②和《澳大利亚的语言:澳大利亚的语文政策》③。这两个文件对澳大利亚政府的语言政策的转变起了关键作用,它实际上反映的是澳大利亚政府从当初强调语言在建设一个民族平等、族群和谐、文化多样的国家中的重要性,转变到强调全球化时代语言在发展国家经济、贸易中的重要性。

例如,1988 年教育部白皮书提到:"国家的经济前途不仅仅依赖于我们向海外销售什么,更重要的是如何有效地销售我们的产品。而后一个任务不仅要求

---

① Joseph Lo Bianco, *National Policy on Languages*, Canberra: Australian Government Publishing Service, 1987, p. 3.

② DEET (Department of Employment, Education and Training, Australian Government), Higher Education: A Policy Statement, 1988. Retrieved from https://catalogue. nla. gov. au/Record/455837.

③ John Dawkins, "Australia's Language: The Australian Language and Literacy Policy", Department of Employment, Education and Training, Canberra: Australian Government Publishing Service, 1991.

我们了解我们区域国家的语言,更重要的是对那些国家的历史和文化的理解,对他们从事商业的方式的理解。"1991 年的白皮书强调:"在决定哪一种语言优先发展时,我们的教育体系应该确保澳大利亚在语言上有能力对应我们与亚洲、欧洲、中东和太平洋地区变化中的关系。这些地区的国家对澳大利亚有着重要的经济关系,同时又是许多移民的来源。"①联邦政府这种实用主义的、以经济贸易利益主导语言政策得到澳大利亚工商界的支持。2007 年澳大利亚商会发表的一份文件认为,在正规的教育机构中尽早提供语言教学非常重要,因为它能使学生更有效地参与全球化。②

遗憾的是,即使是这种经济实用主义的语言政策,也随着联邦工党政府的下台而基本停止。20 世纪 90 年代中期自由党—国家党联盟执政后,澳大利亚在推行多元文化、多语种国家的道路上发展缓慢。从 20 世纪 90 年代到 2007 年年底工党重新执政前,自由党联盟政府在继续推行工党政府的教育商品化和国际化政策的同时,以更加激进的经济理性主义推动澳大利亚经济的市场化,随之而来的就是政府对教育投资的急剧减少。从自由党联盟上台的 1996 年到 2001 年间,联邦政府对高校的投资从过去占高校总收入的 58% 减少到不足 46%。而同一时期经济发达国家的教育投资却增加了 26%。③ 教育投资的减少,使澳大利亚不少中小学和高校不得不砍掉一些学生注册少的语言教学单位。④ 自由党总理霍华德一上台,就砍掉了前任工党政府基廷 1994 年为推动亚洲语言教育而制订的《澳大利亚中小学亚洲语言与研究全国计划》(*National Asian Languages and*

---

① Sandra Kipp, Michael Clyne & Anne Pauwels, *Immigration and Australia's Language Resources*, Canberra: Australian Government Publishing Services, 1995, pp. 5 - 6.

② ACCI (Australian Chamber of Commerce and Industry), "Skills for a Nation: A Blueprint for Improving Education and Training 2007 - 2017", April 2007.

③ Simon Marginson, "Higher Education", in Robert Manne, (ed.), *The Howard Years*, Victoria: Black Inc. Agenda, 2004, pp. 226 - 227.

④ Michael Clyne, *Australia's Language Potential*, Sydney: University of New South Wales Press, 2005, pp. 158 - 159.

*Studies in Australian Schools*)。① 2007 年联邦大选前,澳大利亚人文研究院和澳大利亚八校联盟在联合召开的澳大利亚全国语言高峰会议上发表的一份政策性文件,对澳大利亚的语言教学状况表示担忧。这份文件的题目就叫《语言处于危机之中》。文件指出,在自由党联盟执政的十多年间,在中小学中推广亚洲语言与研究起了重大作用的"国家亚洲语言与研究战略委员会"被撤销。相当一部分公立和私立学校不再要求学生把社区语言作为必修课程。澳大利亚中学 12 年级学习社区语言的学生比例,从 20 世纪 60 年代的 40%降到 2007 年的 13%,有些州甚至低于 6%。高校的语言教学从十多年前的 66 种语言下降到当时的 29 种。②

更重要的是,作为澳大利亚战后执政时间最长的总理约翰·霍华德(John Howard)执政十多年后(1996—2007),澳大利亚社会在文化多元、种族宽容上出现了保守主义。在谈到澳大利亚的亚洲语言教育时,霍华德曾经说,由于作为通用语言的英语在亚洲各国的普及,(澳大利亚)学习亚洲语言的理由不复存在。③ 就是在学术界,在提到澳大利亚中小学汉语教学的现状时,有些人对于澳大利亚中小学大批华人背景的澳大利亚教师参与汉语教学,中小学多数注册汉语学习的学生具有华人背景的情况表示不满,认为这是"中国人教中国人学习中文"(Chinese teaching Chinese Chinese)。④ 这显然是无视澳大利亚已经是一个多种族、多语种的移民国家,无视澳籍华人也是澳大利亚人,澳大利亚的华语也是澳大利亚社区语言之一的现实。这是一种带有偏见的亚洲语言政策。克莱恩对此曾有批评。他认为,把社区语言看成是外语,是一种社会排他主义(Social Exclusion)的表现。

2007 年工党政府重新执政,领导工党取得大选胜利的陆克文(Kevin Rudd)本人就能说汉语,也是 1994 年《澳大利亚中小学亚洲语言与研究全国计划》

---

① Edward Aspinall & Melissa Crouch,"Australia's Asian Education Imperative:Trends in the Study of Asia and Pathways for the Future — Report of the Asian Studies Association of Australia(ASAA)",2023,p.28.

② Group of Eight,*Languages in Crisis: A Rescue Plan for Australia*,2007,pp.1-3.

③ Edward Aspinall & Melissa Crouch,"Australia's Asian Education Imperative:Trends in the Study of Asia and Pathways for the Future — Report of the Asian Studies Association of Australia(ASAA)",2023,p.39.

④ Jane Orton,"The Current State of Chinese Language Education in Australian Schools",Melbourne:The University of Melbourne,2008,p.4.

（*National Asian Languages and Studies in Schools Program*）的制订者。陆克文在 2007 年大选期间所推出的竞选口号之一，就是要在澳大利亚推行教育革命。工党执政后立即提出一系列改革方案。在亚洲语言教育方面，工党政府重新推出《全国中小学亚洲语言与研究计划》。① 陆克文执政后不久多次提到，联邦政府将拨款 6 200 万澳元支持在中小学开展亚洲语言与文化课，誓言要使澳大利亚成为西方国家中最具有亚洲语言能力、最了解亚洲文化的国家。② 2009 年，在亚洲教育基金会（Asian Education Foundation）主持的全国亚洲教育峰会上，时任联邦副总理兼教育部长的朱莉娅·吉拉德（Julia Gillard）正式宣布联邦政府要在中小学开展亚洲语言教学，目标是：到 2020 年，澳大利亚高中生中将有不少于 12%的毕业生能说流利的汉语、印尼语、日语和韩国语。吉拉德接任总理后，于 2012 年发表了《澳大利亚的亚洲时代》（*Australia in the Asian Century White Paper*）白皮书，再次强调澳大利亚各级政府都要把亚洲研究作为中小学教学大纲，让所有的学生都有机会学习四种重要的亚洲语言中的一种。同时要求澳大利亚的中小学至少与一所亚洲学校建立交流关系，以支持亚洲语言的学习。

从 2013 年自由党联盟上台到 2022 年工党重新执政，自由党联盟换了三位总理：托尼·斯科特（Tony Scott），马尔科姆·特恩布尔（Malcolm Turnbull）和斯科特·莫里森（Scott Morrison）。在自由党联盟执政的九年时间里，并未出台明确的政策限制亚洲语言的教学。除了墨尔本大学的汉语教师培训中心因为中国汉办停止资助而关门，澳大利亚各校的孔子学院和孔子学堂基本维持原状。随着中美关系的变化，澳大利亚自由党联盟政府的对华政策也发生转向。在特恩布尔执政期间，政府加强了对外资的审查。2018 年，特恩布尔宣布禁止华为参与本国的 5G 建设，通过了针对中国，尤其是针对澳大利亚高校与中国关系的反外国影响法（Attorney-General's Department）。中澳关系的变化首先影响到两国的贸易。相比于 2008 年中国在澳投资的高峰（126 亿美元），到 2021 年，中

---

① Edward Aspinall & Melissa Crouch，"Australia's Asian Education Imperative：Trends in the Study of Asia and Pathways for the Future — Report of the Asian Studies Association of Australia（ASAA）"，2023，p. 28.

② The Daily Telegraph，"Kevin Rudd calls for Australians to become Asia-literate"，2008.

国在澳投资直降到 5.85 亿美元。中澳两国的经济和政治关系,也影响到中小学和高校的汉语和中国文化的教学。根据 2021 年发表的一项报告,尽管澳大利亚 15 岁左右的中学生很了解一些全球性问题,如气候变化、移民、贫困的原因、男女平等,但有大约 64% 的中学生不认为学习外语应该成为他们生活的一部分,而其他发达国家的同龄人有这种看法的人只有 12%。① 2022 年澳大利亚大选期间,工党政府承诺重新执政后,将进一步推动澳大利亚的亚洲语言和文化的教学,为全澳 780 所社区语言学校的 105 000 学生提供 1 500 万澳元的资助,帮助他们将语言学校扩展到学前班。工党认为,儿童越早学习第二语言对他们今后的语言学习会有很大的帮助。② 可以预见的是,由于 20 世纪 80 年代一代人的努力,也由于今天中国在世界政治、经济贸易上日益强大的影响力,今天澳大利亚无论哪个政党执政,都不可能再回到 20 世纪那种排外的单一语言文化的环境。

## 二、澳大利亚华人移民

自 18 世纪澳大利亚被英国人"发现"以来,除了早期流放的英国罪犯,澳大利亚在不同时期,因各种不同原因,从世界各地吸引了许多语言、文化背景不同的移民,形成了以包括英国人在内的移民语言文化生态和原住民数百个部落组成的、被边缘化的语言文化生态。介于殖民地白人为主的社会语言生态与边缘化的澳大利亚原住民语言文化生态之间,实际上还有一个亚洲移民语言文化生态环境。自 1840 年英国停止向澳洲输送罪犯后,澳大利亚蓬勃发展的经济出现了严重的劳动力短缺问题,除了继续向欧洲各国招揽移民外,澳大利亚各殖民地

---

① Sarah Richardson,"Australian students say they understand global issues,but few are learning another language compared to the OECD average",retrieved from https://www.acer.org/au/discover/article/australian-students-say-they-understand-global-issues-but-few-are-learning-another-language-compared-to-the-oecd-average. Accessed on 24 Feb. 2023.

② Sydney Morning Herald,"Labor promises $ 15 million on language schools for kids",retrieved from https://www.smh.com.au/politics/federal/labor-promises-15-million-on-language-schools-for-kids-20220422-p5affc.html. Accessed on 22 Feb. 2023.

开始通过英国中介公司,就近在亚洲各国招工,包括印度人、马来人和华人,作为契约劳工来到澳大利亚牧场和农场。现有的记录显示,最初的华人主要来自新加坡、马来亚和澳门、香港等地区。1818 年第一批来自中国广东的 18 名中国人到达悉尼。① 鸦片战争后,清朝政府与英国签署了《中英南京条约》和《中英北京条约》。条约规定,双方政府必须为本国居民进入对方国家及所属殖民地工作和生活提供保障。② 根据 1842 年和 1860 年签订的这两个条约,中国华南地区大批华人为躲避清中期的战乱和饥荒,作为劳工进入英国在澳大利亚的各殖民地。当时仅在新南威尔士一地,就有华工 3 000 多名。1851 年维多利亚发现金矿后,更有大批华人,包括来自北美的华人,加入到淘金狂潮中。当时华人是除英国人之外最大的移民人群。③ 1858 年,华人在维多利亚的人数达到 4 万左右。1861 年,华人在新南威尔士达到 15 000 人,分别占两个殖民地当年人口总数的 4.6% 和 3.6%。在维多利亚和新南威尔士矿区,华人比例更高,占了当地淘金人口的 18%～24%④。在北澳的某些金矿区,当地华人与欧洲人比例已经达到 3∶1。⑤

尽管华人同英国殖民者一样,也属于移民社区,同时华人是依据中英两国政府的条约,通过英国中介,作为契约工合法来到澳大利亚,但他们却受到当地白人殖民者,尤其是矿区的白人淘金者的排斥,甚至暴力驱赶。⑥ 原因是多方面

---

① National Museum Australia，"Earliest Chinese contact with Australia"，retrieved fromhttps://www. nma. gov. au/explore/features/harvest-of-endurance/scroll/early-chinese-migrants♯：~：text = Records% 20show% 20that% 20about% 2018，and% 20purchased%20land%20at%20Parramatta. Accessed on 22 Feb. 2003.

② 《中英南京条约》(1842 年)第一款规定:"嗣后大清大皇帝、大英国君主永存平和,所属华英人民彼此友睦,各住他国者必受该国保佑身家全安。"《中英北京条约》(1860 年)第五款规定,满清政府同意:"凡有华民情甘出口,或在英国所属各处,或在外洋别地承工,俱准与英民立约为凭,无论单身或愿携带家属一并赴通商各口,下英国船只,毫无禁阻。"(Wikipedia)

③ David Hill，*The Gold Rush*，North Sydney：Random House Australia Pty Ltd.，2011，p.113.

④ Eric Montgomery Andrews，*Australia and China: The Ambiguous Relationship*，Carlton：Melbourne University Press，1985，pp.5 - 7，22 - 23.

⑤ David Hill，*The Making of Australia*，North Sydney：Random House Australia Pty Ltd，2014，pp.221 - 222.

⑥ David Hill，*The Gold Rush*，North Sydney：Random House Australia Pty Ltd，2011，pp.193 - 238.

的。一是欧洲白人的种族歧视,二是殖民地工会组织对于低工资的华人劳工竞争力的嫉恨,三是欧洲移民中激进的知识分子借机挑动殖民地人民与英国宗主国和殖民地政府之间的仇恨。① 大家都拿华人移民做出气筒或替罪羊。② 另一方面,华人社区与白人社区之间由于语言、文化、生活方式的不同,导致相互之间误解逐渐发展成为冲突。19 世纪淘金时期的华人移民大多来自中国福建和广东两省,使用粤语、闽语和客家话③,绝大多数人都是单身男子,不仅不懂英文,甚至连汉字都认识不了几个。即便在华人圈中,来自不同地区的华人,因为相互之间语言不通,也难以形成一个统一的社区。华人基本生活在一个封闭的圈子里,很少和外界接触,仅仅靠自己的亲朋好友,相互帮助生活在一片陌生的环境中。他们与外界的联系,主要是靠极少数懂英文的包工头(大多来自马来亚和香港),或早期移民的帮助。这些早期来澳的华人通过生意的成功或与当地白人女子结婚而扎根下来。④ 更重要的是,来自亚洲的华人和其他国家的移民,因为其祖国在国际上的地位低下,也因为他们的语言、文化为澳大利亚白人社会所不熟悉、不了解而排斥、歧视,所以,虽然大家都是移民,亚洲移民却成为澳大利亚主流社会之外的、另一个复杂的多语、多元文化生态圈。伦纳德·布卢姆菲尔德(Leonard Bloomfield)认为:"语言社区(Speech Community)是人类最重要的社交圈子。产生社会凝聚力的各个领域,如经济、政治和文化圈子,都和语言社区的划分有一定的关系。"⑤华人移民要想在白人为主的社会、语言生态中获得生

---

① Eric Montgomery Andrews, *Australia and China: The Ambiguous Relationship*, Carlton: Melbourne University Press, 1985, p. 17. Beverley Kingston, *The Oxford History of Australia*, vol. 1, Oxford: Oxford University Press, 1993, p. 137.

② Eric Rolls, *Sojourners*, *The epic story of China's centuries-old relationship with Australia*, Brisbane: University of Queensland Press, 1992.
Andrews E. M., *Australia and China*, *the ambiguous relations*, Carlton: Melbourne University Press, 1985.
袁中明:《澳洲文化论集》,台北:台湾商务印书馆,1965 年。

③ Michael Clyne, *Dynamics of Language Contact*, Cambridge: Cambridge University Press, 2003, p. 14.

④ Tanya Evans, *Fractured Families. Life on the Margins in Colonial New South Wales*, Sydney: University of New South Wales Press, 2015, p. 161.

⑤ Leonard Bloomfiled, *Language*, London: George Allen & Unwin Ltd., 1973, p. 42.

存必需的社会、经济、政治和教育、文化资源,就不能不融入到主流社会的语言和文化生态中。有不少早期的华人经过努力在澳大利亚社会站稳了脚跟。他们与主流社会占主导地位的英语社区最大的不同,就是这些华人精英人数虽少,却具备不同程度的双语,甚至多语能力。他们的双语能力和对澳大利亚和中国文化的了解,使他们得以为华人的利益奋起反抗。① 其中不乏佼佼者,如广东人梅光达,他 1850 年生于中国广东,1859 年随叔父赴澳大利亚"淘金",后被当地人收养,1871 年加入澳大利亚国籍,成为澳大利亚第一位华裔澳大利亚公民。梅光达继承了养父的产业,并迁居悉尼从事商贸活动,成为当地华人富商。梅光达曾多次回国拜见清廷官员,要求清廷根据《中英条约》保护澳大利亚华人,并因此促成清廷派出官员于 1877 年到访澳大利亚,调查殖民政府违反《中英条约》,歧视华工的情况。② 同时,他还利用自己在澳大利亚社会的影响力,向殖民政府反映华人的不满,反对歧视、排斥、杀害华人的野蛮暴行。

19 世纪后期,随着金矿资源的逐步枯竭,华人和当地白人欧洲移民在经济和文化上的冲突日益尖锐。尽管殖民地政府和英国宗主国在当地华人和清政府的压力下被迫处理各殖民地的辱华、排华暴力事件③,但反华势力被 19 世纪澳大利亚激进的反资本主义、反殖民主义和社会主义思潮激起的反英情绪所利用,终于导致澳大利亚联邦的成立。而联邦成立后颁布的第一批法律,就包括限制华人进入澳大利亚(1901 Immigration Restriction Act)。④ 新成立的联邦政府

---

① Eric Montgomery Andrews, *Australia and China: The Ambiguous Relationship*, Carlton: Melbourne University Press, 1985. Eric Rolls, *Sojourners*, *The epic story of China's centuries-old relationship with Australia*, Brisbane: University of Queensland Press, 1992.

② Eric Montgomery Andrews, *Australia and China: The Ambiguous Relationship*, Carlton: Melbourne University Press, 1985, p. 24.

③ David Hill, *The Gold Rush*, North Sydney: Random House Australia Pty Ltd, 2011, pp. 202 - 203, 230 - 231.

④ Eric Montgomery Andrews, *Australia and China: The Ambiguous Relationship*, Carlton: Melbourne University Press, 1985, p. 34. David Hill, *The Making of Australia*, North Sydney: Random House Australia Pty Ltd, 2014, pp. 204 - 207, 334.

的排华法案使华人在澳人数急剧下降①,加上第二代华人转说英语,汉语在澳大利亚处于逐渐枯萎状态。

从澳大利亚联邦成立到 20 世纪六七十年代以前,澳大利亚的移民主要来自英伦三岛和欧洲大陆各国。此后,尤其是越战结束之后,亚洲移民的人数开始上升,除了传统的前英国在亚洲的殖民地,如印度、马来亚、新加坡,还包括中南半岛各国的难民。而日本等亚洲新兴工业国家和地区,如韩国、新加坡和中国香港、台湾地区的经济发展后,也有不少华人以技术或商业投资移民的身份来到澳大利亚②。

1975 年中澳建交后,大陆中国人士开始移民澳大利亚。尤其是 20 世纪 80 年代后期。③ 2000 年中国取消海外留学的限制以后,来澳留学的中国学生人数大幅度上升。澳大利亚教育部国际教育司的统计资料显示,澳大利亚高校的海外留学生占高校注册学生总数的三分之一。来自中国大陆的留学生一直高居澳大利亚海外学生十大来源国的首位(AEI 2008)。疫情前的 2019 年,留澳中国学生人数达到高峰(260 049 人),是当年处于第二名的印度留学生人数的近一倍。与此同时,中国经济的发展推动中国商界投资移民人数大大增加。据联邦统计局统计数字,华人社区是澳大利亚移民人口增长最快的社区之一。1986 年全澳华人人口为 139 100 人,在非英语社区中排名第四位。④ 到了 2021 年,华人成为全澳人口最大社区之一,仅次于印度社区,占全澳人口总数的 5.5%(Australia 2021 Census All persons QuickStats)。⑤ 在悉尼和墨尔本的某些区,华人已成为

---

① Eric Montgomery Andrews,*Australia and China: The Ambiguous Relationship*,Carlton:Melbourne University Press,1985,p.47.

② Sandra Kipp,Michael Clyne & Anne Pauwels,*Immigration and Australia's Language Resources*,Australian Government Publishing Services,Canberra,1995,p.21.

③ Michael Clyne,*Dynamics of Language Contact*,Cambridge:Cambridge University Press,2003,p.14.

④ Michael Clyne,"Overview of 'Migrant' or Community Languages",in Suzanne Romaine,*Languages in Australia*,UK:Cambridge University Press,1991,p.215.

⑤ 当年印度移民人数为 71 万,中国移民为 56.6 万(不包括港澳台和世界其他地区的华人移民)。

当地最大的移民社区(Juwai. Asia，SBS，Sydney Suburb Reviews)。需要说明的是，联邦统计局的中国移民统计数据并未包括港澳台和世界其他地区的华人移民。其次，在 2011 年和 2016 年的两次人口统计中，中国移民人数均高于印度移民。① 2019 年开始的疫情和自由党政府的反华政策，导致中澳关系急剧恶化，来澳中国留学生和移民人数也因此大幅度减少。到 2021 年，全澳注册中国留学生人数降为 141 466 名。可以预见的是，中澳关系在新执政的工党政府的努力下逐渐缓和，加之中国疫情限制的解除和经济的复苏，中国移民澳大利亚的人数将可能再次增长。

澳大利亚华人移民成分的改变，也改变了澳大利亚汉语的生态环境。如前所述，19 世纪的华人移民大多来自中国福建和广东两省，他们大多使用粤方言、闽方言和客家话。② 改革开放以来移民澳大利亚的华人大多使用普通话＋汉语方言，而且许多人具有英汉双语能力。短短三四十年时间，全澳普通话的使用人数就超过上百年间粤方言等汉语方言使用人数。③由于大批中国人移民澳大利亚，使包括普通话和各种汉语方言在内的华语自 19 世纪以来，再次成为澳大利亚除英语之外使用人数最多的语言。澳大利亚 2021 年的人口数据显示，按在家庭中所说的语言来统计，全澳说普通话的人为 68.5 万人，加上说粤方言的 29.5 万人和其他未统计的中国方言人口，澳大利亚的汉语人口已经接近 100 万(Australia 2021 Census all Persons QuickStas)。其实，早就有学者指出，澳大利亚的语言统计数字并不太准确。因为它只统计了在"家"里讲汉语的人口，而没有包括全澳所有有能力讲汉语的人，尤其是那些虽然在家里不讲汉语，却具有不同程度的汉语能力的华人和其他非华人汉语使用者。④

---

① 2011 年的统计显示，当年中国移民为 31.9 万(同样不包括港澳台和世界其他地区的华人移民)，印度移民为 29.5 万。2016 年中国移民近 51 万，印度移民为 46 万不到。

② Michael Clyne，*Dynamics of Language Contact*，Cambridge：Cambridge University Press，2003，p.14.

③ 2021 人口统计显示，全澳普通话人口占全国人口的 2.7%，广东话人口 1.2%。普通话人口是广东话的一倍多。而且，说广东话的人口中，仍有不少人能说普通话。

④ Chan C. M.，*The Chinese in Australia: An annotated bibliography*，Golden Mountain Press，1991. Stephen FitzGerald，*The Chinese in Australia*，Sydney：New South Wales University Press，1986.

## 三、澳大利亚的汉语教学

一个国家的移民政策除了对移民的来源、质量和数量有着重大影响外,同时也对移民语言的存在和发展有着重大影响。① 如前所述,殖民时期的澳大利亚就存在多所由宗教机构开办的德语学校和法语学校。到联邦成立后的 1916 年,全澳 61 所德国路德教所属的德语学校改为英—德双语学校。除了德语,殖民地还有法语、苏格兰语、波兰语学校。至于华人学校,可靠的资料很少。至少在华人移民澳大利亚各殖民地的初期,由于来澳华人绝大多数都是不带家属的单身青年男子,是否举办过汉语学校未见任何可靠的历史资料。②

19 世纪后半叶,金矿逐步枯竭,加之殖民政府和初期的联邦政府通过的一系列排华法案,多数华人在淘金赚到钱后,便离开澳洲回国。③ 但也有不少华人留在澳洲。即使在澳大利亚政府推行排华的白澳政策后,仍有一些华人在澳大利亚成家立业。这些留居的华人多是因为感到澳大利亚相比动乱的中国,生活更加安定,更有发展前途。据统计④,在维多利亚淘金热初期的 1857 年,共有华人 25 421 人,仅有妇女 3 人。到淘金后期 1871 年,维多利亚还有华人 17 795 人,而妇女也只有 31 名。在另一个淘金地新南威尔士,淘金后期的 1871 年,共有华人 7 208 人,妇女也仅有 12 名。到 1881 年,维多利亚第二代华人有 169 人,新南威尔士有 867 人。到联邦成立 20 年后,维多利亚的华人第二代增长到 1 017 人,新南威尔士的华人第二代增长到 1 300 人。华人家庭的组成,除了留居的华人从中国带回妻儿,更有一部分如上文所述,是通过与当地妇女结合组成。第二代

---

① Michael Clyne & Sandra Kipp, *Pluricentric Languages in an Immigrant Context*, *Spanish*, *Arabic and Chinese*, Berlin: Mouton de Gruyter, 1999, p.14.

② Michael Clyne, "Bilingual Education — What can we learn from the Past?", *Australian Journal of Education*, Vol.32, No.1, 1988, p.96.

③ David Hill, *The Gold Rush*, North Sydney: Random House Australia Pty Ltd, 2011, p.196.

④ 李承基:《澳洲华裔参军史略》,广东佛山:政协广东省中山市委员会文史委员会/中山市华侨港澳台人物传编委会,1994,第 11—12 页。

华人出生,将华人子女的教育问题提上日程。新成立的联邦政府为了普及教育,建立一些公立学校,对华人子弟一视同仁。华人子弟多入本地学校接受英语和英国文化教育。老一代的华人担心华人子弟丢掉中国文化传统,遂在墨尔本和悉尼华人社区建立一些专门针对华人儿童的社区华语学校,包括夜校和全日制学校。目前知道的最早的华人学校据说是19世纪后期华人教会学校在墨尔本市的小伯克街(Little Bourke Street)开办的华文学校,专门为第二代华人移民教授华文课程。在悉尼,一位来自广东的当地华人社区领袖也曾为澳大利亚当地人教授汉语。① 可惜这些华人学校由于经费和师资问题,存在的时间都不长。仅极少数有国民党资助的华人学校坚持下来,且基本都是周末学校。② 这种情况直到20世纪80年代澳大利亚开始实行多元文化和多语教育政策后,才有了实质性的改变。在国家语言政策和政府融入亚洲经济发展的方针指导下,不仅华人社区汉语学校得到政府的资助而大力发展,公立学校和非公立学校也纷纷开设汉语和中国文化课程。2020年维多利亚州政府教育部的统计表明,全州88.5%的中小学校为442 948名中小学生提供包括中文在内的17种非英语课程。除此之外,政府还为无法在自己学校学习非英语语言的18 419名学生提供53种语言学习课程。其中提供汉语课程的中小学校共有276所。选修汉语课程的学生人数共有91 412人,占总数的19.6%,名列第一。相比于10年前的2010年(22 460),人数增长了4倍多。③

在高校方面,1918年,悉尼大学首先建立东方研究系(Department of

---

① Chan C. M. , *The Chinese in Australia: An annotated bibliography*,Golden Mountain Press,1991. Stephen Fitzgerald, *The Chinese in Australia* , Sydney:New South Wales University Press,1986.
也有资料认为,1909年墨尔本成立了一所中华夜校,是澳大利亚第一所华文学校。参见张西平主编:《世界汉语教育史》,北京:商务印书馆,2009年,第424页。

② 马箭飞:《华文教育概论》,北京:商务印书馆,2007年,第91—92页。

③ DET(Department of Education and Training, Victorian State Government),"Language Provision in Victorian Government Schools",2020,Retrieved from https://www. education. vic. gov. au/PAL/languages-provision-in-victorian-government-schools-2020. pdf. Language Provision in Victorian Government Schools,2010,https://www. education. vic. gov. au/Documents/school/teachers/teachingresources/discipline/languages/lotereport2010. pdf.

Oriental Studies）。但是直到 1939 年，整个澳大利亚很少将亚洲研究（包括汉语教学）列入高校的教学大纲。全澳只有悉尼大学、墨尔本大学和皇家军事学院开设了汉语课程，但学生人数少，课程也很少得到校方的支持。课程中关于亚洲的概念，基本来自英国殖民者和传教士。太平洋战争爆发后，澳大利亚认识到了亚洲对澳大利亚的重要性。20 世纪 50 年代，汉语作为教学课程开始进入澳大利亚中小学和高校（Australian Curriculum）。到 20 世纪 60 年代，由于担心所谓中国的威胁，以及印度支那战争的影响，澳大利亚对亚洲研究和亚洲语言教学的兴趣有所提高，但和其他外国语言和文化课程的发展比较，亚洲研究和亚洲语言的教学依然处于落后状态。有资料显示，1966 年，全国教授汉语的三个高校，本科和研究生注册人数仅仅 100 多一点（国立大学 23 名；墨尔本大学 22 名；悉尼大学最多也只有 91 名）。[1] 1970 年，联邦顾问委员会的一份报告，《澳大利亚亚洲语言与文化教学》（*The Teaching of Asian Languages and Cultures in Australia*）指出，随着澳大利亚与亚洲各国交往日益密切，联邦政府和商界已经意识到亚洲语言与文化教育在澳大利亚与亚洲各国的交往中起到关键作用，但与传统的（欧洲）语言和文化课程相比，中学与高校注册学生人数仍然很低。[2] 一个主要原因是在澳大利亚社会，尤其是在商界，普遍认为英语实际上已经成为亚洲国家的通用语，作为英语国家的澳大利亚似乎没有多少必要学习亚洲语言。这份报告还列出了几条具体原因：（1）缺乏师资；（2）对学生需求不太确定；（3）高校中欧洲语言文化院系的质疑；（4）担心未来的就业前景；（5）学生认为亚洲语言难学。[3] 1975 年，澳大利亚人文学院发表的报告（AAH 1975），《澳大利亚高校外语教学调查，1965—1973》（*Survey of foreign Language Teaching in the Australian Universities，1965—1973*）显示，在报告涉及的时间范围内，传统的（欧洲）语言教学注册学生急剧下降，而亚洲语言注册人数稳步上升。自 1965 年以来，汉语

---

[1] Caroline J. Xiang，"Teaching and learning Chinese language at university in Sydney，Australia"，p. 124，retrieved on 4 March 2023.

[2] ibid.

[3] James Johnston Auchmuty，"Teaching of Asian Languages and Cultures in Australia：Report of Commonwealth Advisory Committee"，Canberra：Commonwealth Government Printing Office，1971，p. 20.

注册学生翻了一番。到 1973 年，全澳共有五所大学开设了中文课程(国立大学、悉尼大学、墨尔本大学、莫纳什大学和昆士兰大学)。1975 年中澳建交后，澳大利亚对中文和中国文化的兴趣不断提高，不少高校开设了汉语和中国研究课程。随着中国改革开放影响的扩大，中澳之间的外交、经济、贸易、文化、教育等各个领域交流都有了长足的发展。尤其是 20 世纪 80 年代以后，工党领导的联邦政府积极推行融入亚洲的战略，政府的语言政策开始转向亚洲语言和研究的教学，而汉语位居这些亚洲语言之首。根据联邦教育部提供的资料，截至 2022 年，澳大利亚 41 所高校中，共有 31 所提供各种不同程度的汉语教学。① 虽然如上文所述，政府的政策由于政党的轮换总是处于不稳定状态。除此之外，20 世纪 90 年代开始的全球化，使英语成为实际上的国际通用语。作为英语国家的澳大利亚，学习外语的兴趣自然减少。甚至一些非英语国家的移民子女也成了英语单语人。② 尽管如此，澳大利亚高校的亚洲语言课的学生注册人数依然稳定，甚至稍有提高，③从 2001 年的 3 186 人增长到 2019 年的 6 148 人，增长 93%。尽管许多亚洲语言课程经历了较大的衰退，汉语、日语和韩语却表现出强劲的增长。相比较整个高校的亚洲语言课程的学生注册人数，这三种语言的学生人数从 2001 年的 2 621 人增长到 2019 年的 5 823 人，增长了 122%，而其中汉语学生人数的增长是最大的。④

---

① 数据来自作者本人 2023 年对澳大利亚联邦政府网站"Study Australia"提供的各个高校网站的逐一搜寻。"List of Australian universities"，retrieved from https://www.studyaustralia. gov. au/english/study/universities-higher-education/list-of-australian-universities. Accessed on May 2023. 澳大利亚亚洲研究学会(ASAA 2023：31)的报告显示 2021 年共有 23 所高校提供汉语课程。但该报告并未提供 2021 年具体的数据来源。

② Edward Aspinall & Melissa Crouch，"Australia's Asian Education Imperative：Trends in the Study of Asia and Pathways for the Future — Report of the Asian Studies Association of Australia (ASAA)"，2023，p. 29.

③ 澳大利亚高校的学生注册人数是按 EFTSL 来计算的，即一个 EFTSL 等于一个学生全年注册上下两个学期的课程。

④ Edward Aspinall & Melissa Crouch，"Australia's Asian Education Imperative：Trends in the Study of Asia and Pathways for the Future — Report of the Asian Studies Association of Australia (ASAA)"，2023，pp. 33 - 35.

　　ASAA 的报告分析认为,东亚语言学生人数的增长主要有两个原因。① 一是对于汉语来讲,中国经济的快速发展和中国在地缘政治中影响力的提高,吸引了希望将来就职于私营企业和政府部门的学生学习汉语。而对于日语和韩语来讲,吸引学生的主要是日、韩两国的文化影响,如日本的动漫、韩国的影视等文化产品。第二个原因是大量的海外学生,主要是中国留学生,注册学习这三种语言。统计数字显示,从 2001 年至 2019 年,这三种语言的注册学生有 74% 来自国际学生,而本地学生的人数相对较低。相比较 2001 年,2019 年国际学生注册东亚语言课程的人数增长了 242%,而本地学生仅仅增长了 43%。这和上文提到的中小学汉语课程的情况类似。②

## 四、澳大利亚国家语言政策对澳大利亚汉语教学的影响

　　澳大利亚和中国在语言方面有一些相同的情况:两国都是多民族、多语种和多元文化的国家。但两国也有很多不同的情况。中国的语言生态是上千年的历史发展形成的。而澳大利亚的语言生态是两百多年英国殖民和世界各国移民的结果;中国从秦始皇统一汉字到 20 世纪 50 年代三大语言文字改造运动(简体字、汉语拼音、普通话),两千多年来基本上都是依靠一个强大的中央政府制定并推进全国统一的语言政策,且长期贯彻执行。而澳大利亚对语言问题长期采取较为宽松的政策。即使在 20 世纪 80 年代制定了国家语言政策后,也没有类似中国《国家通用语言文字法》这样的法律来强力执行国家语言政策。根据上文对澳大利亚国家语言政策形成和发展的简要讨论,我们可以看到澳大利亚国家语言政策的几个特点。

　　第一,虽然澳大利亚曾经有过一段"白澳政策"时期,并对澳大利亚的语言生

---

① Edward Aspinall & Melissa Crouch,"Australia's Asian Education Imperative: Trends in the Study of Asia and Pathways for the Future — Report of the Asian Studies Association of Australia(ASAA)",2023,pp. 33-35.

② ibid.

态产生过消极的影响。但从 20 世纪 80 年代开始,澳大利亚政府在制定国家语言政策,建立多元文化、多语种国家,推行亚洲语言和文化教育方面是相当积极的,走在西方各国的前列。而且,由于澳大利亚国家语言政策的形成过程基本上是一种自下而上的民主推动方式,由此形成的国家语言政策具有广泛的社会认同和民意基础。几十年来,虽经不同政党执政,国家语言政策的基本原则依然是国家语言教育政策的基石。

第二,一个国家仅有先进的语言政策,并不能保证国家语言的发展就会一帆风顺。语言生态是一个复杂的系统。语言的发展受到多种语言和非语言因素的影响。克莱恩生前曾对笔者说,他认为澳大利亚虽然有全世界最好的国家语言政策,但效果并不好(Not effective)。中国和澳大利亚两国由于国情和政体的不同,影响到两国国家语言政策的形成和实行方面各不相同。澳大利亚作为一个联邦制国家,联邦政府是由各个前英国殖民地联合组成,因此,各州在立法、经济、教育方面有着相当独立的权力。不仅各州在语言管理和计划方面的政策各有不同,就是联邦政府出台各种语言政策,因为不是法律,各州也不一定完全执行。这就造成全国在语言政策和教学方面发展不平衡。比如,在维多利亚州高考,汉语及其他非英语的语言科目可以为考生加分,而在其他州,却没有这项加分政策。

第三,除了多党轮流执政导致政府在具体执行多元文化和多语能力政策方面左右摇摆,一波三折,整个国际形势的变化也影响到政府对语言政策的执行。20 世纪兴起并迅速发展的互联网和全球化浪潮,推动英语成为实际上的国际通用语。澳大利亚作为英语国家,从中获得的红利不少,学习亚洲语言的动力自然减退。其次,亚洲政治经济的变化也影响到澳大利亚对亚洲语言的学习。20 世纪的亚洲金融危机和中国崛起带来的地缘政治和经济的急剧变化,都影响到澳大利亚社会对学习亚洲语言和文化,融入亚洲的信心。尤其是疫情开始后,自由党政府中的右翼对中国的敌视态度,不可避免地影响到一代澳大利亚人在考虑语言学习时,担心选错语言而影响自己未来的就业。

第四,从学习者的角度讲,澳大利亚的汉语学习者主要有三大类:本地华裔、非华裔和海外留学生(主要是中国大陆留学生)。如前所述,虽然汉语学习增长的主要动力来自于海外留学生(242%),但过去十多年,本地非华人和华裔学生学习汉语的人数也有增加(43%)。中文本来就不是容易学习的语言。在英语成为全世界实际上的通用语言,在国际地缘政治出现大变动的背景下,本地学生的亚洲语言学习人数仍然能有所增加,实属不易①。对于中国学生学习中文的问题,澳大利亚教育界和学术界主要存在两种倾向。第一种是部分澳大利亚教育界人士,他们认为中国学生学习汉语挤压了本地非华学生裔学习汉语的机会,甚至认为他们对本地非华裔学生造成压力,迫使他们退出汉语课程。② 另一些人(本地华人和中国汉办)则把在澳大利亚开展汉语教学看成是扩大中国影响力和传播中国文化的机会。对于第一种倾向,一些澳大利亚学者对于"中国人学中文"的现象并不完全否定,认为他们是高校收入的主要来源,尤其是高校文科院系得以补贴那些亏本的文科课程。而且,来澳留学的中国学生对未来开辟澳大利亚在中国的市场有着长远的好处,而获得研究生资格的学生如果留在澳大利亚,也会加强澳大利亚的亚洲研究。③ 笔者在澳大利亚莫纳什大学教学 30 年,对此"问题"深有感触。④ 首先,鼓吹华人学生学习汉语对非华裔学生构成威胁的人都是欧裔澳大利亚人。从来没有人问问华人自己如何看待这个问题。在维州,媒体曾经认为华人学生高考汉语加分是送分。但他们从来不去了解,华人学生汉语取得高分的,往往学习非常努力。他们不仅在汉语,同时在其他学科,如

---

① Edward Aspinall & Melissa Crouch, "Australia's Asian Education Imperative: Trends in the Study of Asia and Pathways for the Future — Report of the Asian Studies Association of Australia (ASAA)", 2023, p. 33.

② Jane Orton, "The Current State of Chinese Language Education in Australian Schools. the University of Melbourne", 2008. Retrieved from https://www.asiaeducation. edu. au/docs/default-source/Research-reports/chinareport. pdf? sfvrsn = 769c261e_2.
1. Orton 的报告如前所述,没有可靠的数据来源。2. Orton 也未将 2008 年高年级非华裔学生注册汉语课程的数字与历史上的数字进行比较。因此,我们无法知道高年级非华裔学生放弃汉语学习历史上重来就是如此(因为准备高考而学习压力增加),还是因为受到大批华裔学生加入而感到威胁。

③ Edward Aspinall & Melissa Crouch, "Australia's Asian Education Imperative: Trends in the Study of Asia and Pathways for the Future — Report of the Asian Studies Association of Australia (ASAA)", 2023, p. 35.

④ 洪历建:《国际汉语:作为国际性语言的汉语如何发展》,《华东师范大学学报》(哲学社会科学版)2014 年第 6 期,第 63—64 页。

英语、物理、化学等方面也取得高分。其次，这个问题涉及中国留学生的语言权力问题。也就是，国际学生在海外留学期间有没有权力维持和发展他们的母语能力？再次，问题不在于什么人学习汉语，而在于如何针对不同学生设计不同课程、不同的教材，开展不同的教学。对于中国留学生来讲，这是一次用他们自己懂得的语言，了解西方教育的学习方法、研究方法和西方学术界研究成果的机会，这可扩大他们的视野，为他们了解澳大利亚，融入全球做好准备。如果简单地使用针对本地学生的汉语教材教中国留学生，当然是不合适的。没有教不了的学生，只有教不了的老师。解决问题的方法，不是限制中国学生学习汉语，而是面对国际学生，澳大利亚中小学和高校老师需要提高自己的语言和文化教学能力。

对于第二种倾向，我们必须清醒地认识到，尽管汉语已经成为澳大利亚第二大语言，但它的使用人口仍然很少，仅占语言人口的5%左右。无论是华裔还是非华裔，学习汉语无非是出于对中国文化的兴趣或增加自己未来就业的机会。他们对"传播"或"继承"中国文化并不热心。他们毕竟是生活在一个以英语为主的语言生态环境中，熟练的英语和对澳大利亚价值观的认同，无论对于他们未来的就业还是融合于澳大利亚主流社会，才是至关紧要的头等大事。从殖民时期至今，那些取得事业成就并获得澳大利亚认可的华人，几乎无一不是如此。亨廷顿认为："任何文化或文明的核心都是语言和宗教。"①在一个英语占绝对统治地位的国家，过高地强调汉语学习的重要性，至少在当前的澳大利亚并不实际。

根据上述简要讨论我们应该看出，澳大利亚的汉语教学，乃至海外其他国家的汉语教学，有其自身难以替代的特点。如果不了解澳大利亚汉语的生态环境，就很难根据澳大利亚的实际情况制定实事求是的汉语教学方针、教学计划、教材编写和教师培训，结果往往会导致对汉语教学的负面情绪。相比于许多濒临灭绝的原住民语言，澳大利亚汉语有一个强大的、十四亿人组成的语言和文化资源。尽管如此，我们必须认识到，汉语在澳大利亚具有双重身份，它一方面是作为外语存在。但另一方面，它是澳大利亚众多社区语言之一，是澳大利亚的少数民族语言。中国的汉语和澳大利亚的汉语之间是一种平等交流的关系。笔者认

---

① Samuel Huntington，*Clash of Civilizations and the Remaking of World Order*，London：Simon & Schuster，1996，p.59.

为,汉语的国际教学是一项大有可为的事业,有必要对海外汉语和海外汉语教学的性质进行深入的理论研究,对海外汉语的现状进行广泛的调查,从多元、多语种角度,从全球的角度来看待世界范围内的汉语和汉语的国际化途径,建立一个可持续发展的国际汉语教学理念。亨廷顿曾经引用语言学家约书亚·费希曼(Joshua Fishman)的话,一种语言如果不和任何一个种族,一种宗教或意识形态挂钩,它就很有可能成为一种世界通用语。① 这是否为汉语的国际化提供了一条途径?

# Australia's National Policy on Languages and Its Impact on the Teaching of Chinese in Australia

## HONG Lijian

**Abstract**

Australia is a unique country in the world in terms of its national policy on languages. For a long time since Britain colonized it,there had been no government language policy in any of its six colonies. In reality,however,as British law governed all colonies,Australia became a multilingual and multicultural language ecology with English as the common language plus hundreds of languages of indigenous people and migrants from all over the world. Since the 1980s,multilingualism and multiculturalism have become the key of national language policy. The language ecology hence formed enabled the Chinese language,which once declined after anti-Chinese movement of the 19th century,to once again become the mostly spoken language other than English.

**Keywords**

British colony; Gold Rush; Chinese migrants; Australian Chinese

---

① Samuel P. Huntingdon,*Clash of Civilizations and the Remaking of World Order*,London: Simon & Schuster,1996,p. 62.

# 南美洲语言生态及其对汉语教学的影响<sup>*</sup>

吴勇毅　王露锦<sup>**</sup>

**提要**：语言生态是特定语言与环境之间的相互关系。南美洲的语言生态受到自然环境和社会环境的双重制约。自然环境影响了人口迁移，导致了语言的接触、借用和替代，促进了不同文化、语言群体的融合、分布和隔离。社会环境中历史、政治等因素影响了语言政策，决定了主导语言的地位，改变了语言维护和语言振兴的资源分配。民族、宗教等因素影响了不同种族和民族的语言习惯、语言偏好，对当地的土著语言和民族语言起着重要的保护作用。南美洲的语言生态具有复杂性和多样性。这种独特的语言生态特点也造成了该地区汉语教学处在相对不利的地位，但随着中国和南美各国之间政治、经济、文化交流日益

* 本文为国家社科基金重点项目"中文纳入'一带一路'沿线重点国家国民教育体系研究及数据库建设"（20AZD131）及教育部中外语言交流合作中心 2020 年度国际中文教育重点项目"中文纳入南美各国国民教育体系研究及数据库建设"的阶段性成果。

** 吴勇毅，华东师范大学国际汉语文化学院、应用语言研究所、国家语委全球中文发展研究中心教授、博士生导师，主要研究方向为语言学及应用语言学、国际中文教育、第二语言习得、第二语言/外语教学理论与教学法、华文教育、教师发展等；王露锦，女，华东师范大学在读博士，主要研究方向为国际中文教育与第二语言习得。

频繁,目前的语言生态状况也为当地的汉语教学提供了新的机遇。

**关键词:**南美洲;语言生态;汉语教学

# 引　言

语言生态(Language Ecology)最早由豪根(Einar Haugen)提出,指的是特定语言与环境之间的相互关系。① 豪根认为一种语言的真正环境是把它作为其代码(codes)之一的社会,语言只存在于使用者的头脑中,只在这些使用者彼此之间以及与自然的关系中发挥作用,比如社会环境和自然环境。② 社会环境由语言数量、人口、民族、宗教、经济、政治因素等构成,自然环境由地理分布、动植物状况、气候等构成。③ 因此,语言研究不应该只局限于对语音、词汇和语法的描写,还应该重视语言赖以生存的环境。④ 一般而言,研究语言生态的范式有两种,包括豪根模式和韩礼德模式。⑤ 简言之,这两种模式的区别特征在于是否存在隐喻⑥,前者是研究环境对语言生存的影响,后者是研究语言在生态环境中的作用。

---

① 冯广艺:《语言生态研究》,北京:光明日报出版社,2020年,第13页。
② Stig Eliasson, "The Birth of Language Ecology: Interdisciplinary Influences in Einar Haugen's The Ecology of Language", *Language Sciences*, 2015, pp. 50, 78 - 92. Alexander V. Kravchenko, "Two Views on Language Ecology and Ecolinguistics", *Language Sciences*, 2016, Vol. 54, pp. 102 - 113.
③ 王晋军、刘娟娟:《文莱的语言生态与双语教育政策研究》,《中国外语》2017年第5期,第65—71页。
④ 蔡晨:《新型城镇化进程中的城乡语言生态比较研究》,杭州:浙江大学出版社,2018年,第8页。
⑤ 孔江平、王茂林、黄国文、麦涛、肖自辉、杨锋:《语言生态研究的意义、现状及方法》,《暨南学报》(哲学社会科学版)2016年第6期,第2—28、129、140页。
⑥ 李振中:《新时代三峡移民语言生态研究:现状、问题与展望》,《云南师范大学学报》(哲学社会科学版)2020年第6期,第54—63页。

总之,语言生态研究离不开这两种基本传统范式。① 孔江平等②认为当前国内的语言生态研究涵盖了语言接触、语言融合、语言演化、语言与历史变迁等。具体而言,这些文章的研究对象是国内的濒危语言、民族语言或某一地区,学者们对该语言或地区进行了深入调查,探讨了语言的发展历程、现状、趋势以及影响因素,最终提出语言保护的建议。③ 除了保护本国的民族语言和方言,语言生态学的研究也有助于提高对国家和地区之间语言、文化关系的了解和认识。④所以,对他国的语言生态进行描写和研究也是语言学家关心的重要议题。从现有研究文献来看,研究对象主要集中在东南亚国家,如文莱⑤、东帝汶⑥、马尔代夫⑦、缅甸⑧、柬埔寨⑨等。这些研究比较系统地介绍了东南亚各国的语言生态状况,描述了该地区的自然环境和社会环境,并梳理了当地的语言政策。但是,这些研究大多停留在对某一国家历史、政治、经济等的客观描述,没有深入分析环境因素对当地语言生态造成的影响。

---

① 李振中:《新时代三峡移民语言生态研究:现状、问题与展望》,《云南师范大学学报》(哲学社会科学版)2020 年第 6 期,第 54—63 页。
② 孔江平、王茂林、黄国文、麦涛、肖自辉、杨锋:《语言生态研究的意义、现状及方法》,《暨南学报》(哲学社会科学版)2016 年第 6 期,第 2—28、129、140 页。
③ 赵静:《少数民族地区语言生态与语言生态伦理研究》,《湖南师范大学社会科学学报》2020 年第 5 期,第 95—101 页。
  王晋军、黄兴亚:《生态语言学视域下独龙族语言能力研究》,《云南师范大学学报》(哲学社会科学版)2020 年第 6 期,第 46—53 页。
  徐真华:《香港、澳门语言生态重建的使命与机遇》,《学术研究》2022 年第 1 期,第 172—176、178 页。
④ 孔江平、王茂林、黄国文、麦涛、肖自辉、杨锋:《语言生态研究的意义、现状及方法》,《暨南学报》(哲学社会科学版)2016 年第 6 期,第 2—28、129、140 页。
⑤ 王晋军、刘娟娟:《文莱的语言生态与双语教育政策研究》,《中国外语》2017 年第 5 期,第 65—71 页。
⑥ 张治国:《东帝汶语言生态及语言政策研究》,《语言政策与规划研究》2020 年第 2 期,第 65—77、114 页。
⑦ 穆军芳、马建静、王琪:《马尔代夫的语言生态与语言政策》,《中国语言战略》2022 年第 2 期,第 43—50 页。
⑧ 恒姗姗:《缅甸的语言生态及语言政策研究》,《语言政策与规划研究》2020 年第 2 期,第 78—86、114 页。
⑨ 张治国、刘振:《柬埔寨语言生态及语言政策研究》,《语言政策与规划研究》2022 年第 1 期,第 90—102、189 页。

实际上,除了东南亚地区,"一带一路"框架下南美洲各国也扮演着重要角色。<sup>①</sup> 因此,本文以豪根模式作为研究范式,依照自然环境和社会环境的划分,将地理环境、地理位置、历史、政治、经济等作为主要的影响因素,深入分析它们对南美洲语言生态的影响。同时,本文也归纳了南美洲的语言生态特点及其对汉语教学的影响。

## 一、自然环境与语言生态

南美洲为七大洲之一,位于西半球南部(或南半球),北临加勒比海,西濒太平洋,南面与南极洲隔德雷克海峡,东临大西洋。南美洲拥有多样化的地形和丰富的气候类型,面积达 1 784 万平方公里,占地球表面的 3.5%,其中巴西是南美洲面积最大的国家,占有一半左右的面积,其次是阿根廷和秘鲁。

自然环境对南美洲的语言生态有重大影响。南美洲地理环境优越,气候宜人,物产资源丰富,从 16 世纪开始,殖民国家在该地区实行专制统治,由国王任命专人进行管理,他们疯狂开采金银矿,发展种植园经济和黑奴贸易,进行了大量的人口迁移。这种专制和迁移造成了南美洲大部分国家的官方语言为殖民国家的语言,虽然一些本土语言如克丘亚语(Quechua)、瓜拉尼语(Guaraní)等还仍然存在。南美洲大多数国家的官方语言为西班牙语,其他如巴西为葡萄牙语,圭亚那为英语等。殖民国家的人口迁移将新的语言和文化带入一个地区,导致语言的接触、借用,甚至是语言的替代。尤其是沿海地区,这些地区更容易被贸易和殖民扩张所塑造,殖民国家的语言与本土元素不断混合和发展。以西班牙语为例,张永泰<sup>②</sup>提出美洲西班牙语和伊比利亚半岛西班牙语之间的差异主要体

① 新华社:《南美国家人士探讨在"一带一路"框架下与中国加强合作》,中华人民共和国中央人民政府,2019 年 7 月 27 日,参见 http://www.gov.cn/xinwen/2019-07/27/content_5415856.htm,2023 – 03 – 07。

② 张永泰:《西班牙语在西班牙语美洲的嬗变》,《外语与外语教学》1998 年第 8 期,第 23—25 页。

现在语音、语法结构和词汇词义中,其中,词汇词义上的差异最为显著。并且,由于受到当地自然环境的影响,当地土著居民语言中的动植物名称和自然现象也进入了西班牙语的词汇系统,如 cóndor(秃鹫),maíz(玉米),huracán(飓风)等。

地理环境和位置也导致了不同文化、语言群体的融合、分布和隔离。从共时的角度来看,安第斯山脉对人员的流动起到了阻碍作用,导致两侧不同语言和文化群体在发展的过程中产生了差异。例如克丘亚语虽然被认为是一种濒危语言,但它广泛分布于南美洲各地,有众多的"方言"形式,在某些情况下,克丘亚的方言差异很大,乃至不能相互理解。其中一个原因就是因为安第斯山脉阻碍了不同区域的进一步交流,因此语言内部种类丰富,每个语言分支都存在于特定的地方、区域和国家。① 同样,亚马逊雨林也阻碍了某些语言的传播,孤立了原住民群体,所以多种独特的语言才得以保存。② 从历时的角度来看,南美洲的文化原以印第安人的文化为主,欧洲殖民者开发并利用当地自然环境资源时导致了印第安人大量死亡,为补充劳力,殖民者从非洲引进黑奴使得该区血统复杂。③因西班牙及葡萄牙带来的拉丁文化长期居主导地位,故南美洲常被称为拉丁美洲,但印第安文化和非洲黑人文化并未消失,不同文化之间发生了多次冲突与融合,使得南美洲的语言也更加丰富。④

## 二、社会环境与语言生态

南美洲历史悠久,印第安人是南美洲最早的开拓者,之后诞生了印加帝国

---

① Nancy H. Hornberger & Serafín M. Coronel-Molina, "Quechua Language Shift, Maintenance, and Revitalization in the Andes: The Case for Language Planning", *International Journal of the Sociology of Language*, 2004, No. 167, pp. 9 – 67.

② Arthur P. Sorensen, "Multilingualism in the Northwest Amazon", *American Anthropologist*, 1967, Vol. 69, No. 6, pp. 670 – 684.

③ Kathleen Duval, *The Native Ground: Indians and Colonists in the Heart of the Continent*, Philadelphia: University of Pennsylvania Press, 2006.

④ Nancy H. Hornberger, "Language Policy and Planning in South America", *Annual Review of Applied Linguistics*, 1994, Vol. 14, pp. 220 – 239.

(Inca Empire)等土著文明。16 世纪,西班牙、葡萄牙逐渐在南美洲建立了殖民统治,葡萄牙侵占了巴西,西班牙统治了除巴西以外的南美广大地区。在 19 世纪和 20 世纪初,南美洲经历了独立战争带来的政治变化和经济增长。在最近几十年里,南美洲又获得了新的发展机遇。

从南美洲的历史来看,殖民主义和语言政策在塑造南美洲的语言生态方面发挥了关键作用,并继续影响着该地区语言使用和语言濒危的状态。如前所述,随着欧洲殖民者的到来,西班牙语和葡萄牙语逐渐成为南美洲众多地区的通用语言。这些语言的传播主要取决于殖民者的强制政策,霍华德等人(Howard, et al.)①认为几个世纪以来,西班牙在这一地区的殖民化历史遗留问题导致美洲印第安人的本土语言普遍消失,而今天,西班牙语的霸权地位仍有持续性的影响。另一个对南美洲语言生态产生持久影响的历史事件是民族独立国家(national independent states)的建立。各个国家都完成了语言的标准化,并且制定了相应的语言政策进行推广,但往往忽略了土著语言和少数民族语言。②

政治主要影响了南美洲语言维护和语言振兴的资源分配。政府可以通过法律法规来促进或阻碍某些语言的推广,既可以承认它们为官方语言,也可以限制它们在公共生活中的使用。这些政策不仅影响了土著语言和少数民族语言的地位和活力,也导致了不同语言群体之间的权力变化。例如厄瓜多尔在 2008 年对宪法进行了修订,在新宪法中承认了 21 种厄瓜多尔人民正在使用的语言,与此同时,也承认其他官方语言的存在,比如克丘亚语。③ 这对当地土著语言和少数民族语言的地位产生了积极影响。并且,教育系统在塑造南美洲的语言生态方面也发挥着重要作用。厄瓜多尔成立了国家的双语跨文化教育体系(SERB),致

① Rosaleen Howard, Raquel De Pedro Ricoy & Luis Andrade Ciudad, "Translation Policy and Minority Languages in Hispanic Latin America", *International Journal of the Sociology of Language*, 2018, Vol. 2018, No. 251, pp. 19 - 36.
② Nancy H. Hornberger, "Language Policy and Planning in South America", *Annual Review of Applied Linguistics*, 1994, Vol. 14, pp. 220 - 239.
③ 马可·帕特里西奥·桑布拉诺·雷斯特雷波:《厄瓜多尔的本土语言保护》,《语言战略研究》2019 年第 3 期,第 12—13 页。

力于通过文化教育和语言教育来保证语言的传承和继续。① 相反,如果学校不教授土著语言或少数民族语言,只是给予有限的承认,这可能导致语言濒危现象的产生和进一步加剧。

经济发展和全球化促进了国际语言的传播,同时,也给土著语言和少数民族语言带来了不同的影响。一方面,大多数工作机会主要集中在使用国际语言的行业。所以,个人迫于就业压力,为了获取更多的就业资源而学习新的语言,最终促进了国际语言的进一步传播。潘巍巍②认为随着美国在拉美地区的影响力逐渐扩大,英语的冲击往往使南美洲的一些国家教育以牺牲本土语言的发展为代价,大力倡导英语的学习,严重制约了本土多语言多文化的发展与传播。并且,来自某些土著语言区域的精英们也在很大程度上受到标准语言意识形态(standard language ideology)的影响,这种影响不利于土著语言的振兴。③ 另一方面,资源和财富的不平等分配也会影响区域保持其语言和文化习俗的能力。少数民族语言区域缺乏获得语言振兴和维护的资源,如获得语言教育和文献项目的资金,这可能对这些语言的生存能力产生负面影响。但是,旅游和文化产业的发展也可以为少数民族语言和文化传统的维护、振兴提供新的经济机会。例如,秘鲁境内的印加古道沿途有81处考古遗址和156个土著社区,随着2014年印加古道被联合国教科文组织列入《世界遗产名录》,印加古道的知名度和美誉度大大提升,为古道修护和活化带来了更多关注和资源④,也使得当地语言得到一定程度的维护。

南美洲拥有丰富多样的民族和文化群体。除欧洲、非洲和土著居民的后裔

---

① 马可·帕特里西奥·桑布拉诺·雷斯特雷波:《厄瓜多尔的本土语言保护》,《语言战略研究》2019年第3期,第12—13页。

② 潘巍巍:《从民族整合看拉美双语教育——以阿根廷等拉美四国为例》,《社会科学家》2014年第6期,第151—155页。

③ Cristián Lagos, Marco Espinoza & Darío Rojas, "Mapudungun According to Its Speakers: Mapuche Intellectuals and the Influence of Standard Language Ideology", *Current Issues in Language Planning*, 2013, Vol. 14, No. 3‐4, 403‐418.

④ 王克岭:《古驿道文化资源活化利用模式选择的国内外经验及启示》,《企业经济》2022年第6期,第2,5—14页。

外,混血现象(Genetic admixture)在南美人口中所占的比例也非常高。梅斯蒂索人(Mestizos)被认为是欧洲人和美洲印第安人的混血,是玻利维亚、巴拉圭、委内瑞拉、哥伦比亚和厄瓜多尔最大的族群,也是秘鲁和智利的第二大族群。在秘鲁和巴西等国家,也有大量的亚裔人口。并且,南美洲大多数人都是基督徒,罗马天主教是最大的教派。除了基督教,还有大量的人信仰非洲后裔的宗教和土著宗教。

南美洲的语言生态受到历史、政治等方面的制约,导致了殖民国家的语言长期占据主导地位,同时,南美洲的语言生态也会受到不同种族和民族的语言习惯、语言偏好的影响。南美洲有许多土著民族,每个民族都有自己独特的语言和文化习俗。例如上文中提到的安第斯地区的克丘亚语,这种语言包括许多方言。同样,智利和阿根廷的马普切人(Mapuche)说马普顿贡语(Mapudungun),这也是一个土著语言家族。① 这些语言对于保护土著文化和特性非常重要。此外,在南美洲的部分区域,也有母语非西班牙、葡萄牙语或土著语言的居民,例如在巴西南部、巴拉圭和阿根廷有讲德语的区域,在阿根廷和乌拉圭有讲意大利语的区域,这些区域有自己的语言习惯和文化传统。因此,民族的语言习惯和偏好既有助于保护和推广土著语言,防止它们灭绝,其他区域使用非西班牙语和非葡萄牙语也显示了南美洲的语言多样性。

土著宗教在保护和振兴当地语言方面发挥了重要作用。南美洲的许多土著宗教都与特定的语言密切相关,这些宗教通常通过正式的演讲体裁(formal speech genres),如举行宗教仪式时的祷告(prayers),以及日常会话(everyday conversation)来传承语言。智利和阿根廷的马普顿贡语就与土著居民所信仰的马普切宗教密切相关,宗教是他们文化习俗中不可或缺的一部分,该宗教在马普顿贡举行"Ngillatun"仪式,包括问候、歌曲、祈祷语等口头话语。② 值得注意的是,这些土著宗教也会通过语言借用引入新的词汇、概念和表达方式,甚至影响

---

① Scott Sadowsky, et al., "Mapudungun", *Journal of the International Phonetic Association*, 2013, Vol. 43, No. 1, pp. 87 - 96.

② Magnus Course, "The Birth of the Word: Language, Force, and Mapuche Ritual Authority", *HAU: Journal of Ethnographic Theory*, 2012, Vol. 2, No. 1, pp. 1 - 26.

主导语言的发展，从而改变语言生态。① 从殖民历史来看，部分宗教也被用作语言压制的工具。在殖民时期，欧洲列强试图压制土著语言和文化，以施加对该地区的控制。天主教会在压制南美土著语言方面发挥了重要作用。耶稣会（The Society of Jesus）在巴拉圭传教，传教士试图让土著居民改信基督教，他们不鼓励使用土著语言并迫使土著居民采用西班牙语作为他们的主要语言。②

南美洲拥有多元化的媒体格局，既有国有媒体，也有私营媒体和独立媒体。③ 该地区媒体发展最重要的趋势之一是社交媒体的兴起，脸书（Facebook）、"Instagram"和推特（Twitter）等平台已经成为许多人获取新闻和信息的重要来源。④ 上文中提到南美洲大多数国家的官方语言为西班牙语，而媒体在维持其地位方面起到了至关重要的作用，电视、广播、报纸和互联网等主要使用的语言都是西班牙语。因此，其他土著语言或民族语言往往被边缘化或完全被排除在媒体之外，这与李宇明⑤的研究发现一致，即语言技术的发展使得强势语言更强势，弱势语言更弱势。

## 三、汉语教学与语言生态

### 1. 南美洲语言生态特点

首先，南美洲的语言生态具有多样性和复杂性，这种特质主要体现在大量土

---

① Carol A. Klee，"The Spanish of the Peruvian Andes：The Influence of Quechua on Spanish Language Atructure：Studies in Bilingualism"，In Ana Roca & John B. Jensen（eds.），*Spanish in Contact: Studies in Bilingualism*，Somerville：Cascadilla Press，1996，pp. 73 - 91.
Pieter Muysken，"Spanish Affixes in the Quechua Languages：A Multidimensional Perspective"，*Lingua*，2012，Vol. 122，No. 5，pp. 481 - 493.

② Lewicki T.，"The Jesuit Missions in Paraguay and the La Plata Basin：A Historical Overview"，*The Americas*，2001，Vol. 58，No. 1，pp. 9 - 33.

③ 童清艳：《美国冲击与痛苦调整——南美洲新闻事业》，《新闻与传播研究》1999 年第2 期，第 59—72、96 页。

④ Digital，"Global Overview Report"，2022. Retrieved from https://datareportal. com/reports/digital-2022-global-overview-report，accessed on 2023 - 03 - 07.

⑤ 李宇明：《语言技术与语言生态》，《外语教学》2020 年第 6 期，第 1—5 页。

著语言和民族语言中。在巴西,大约有 135 种土著语言得到确认,在哥伦比亚,该国承认的官方语言(包含各族裔群体)共 60 多种。这种语言多样性证明了南美洲拥有丰富的文化遗产。值得注意的是,南美洲也有许多土著语言和民族语言处于濒危状态,面临着灭绝的威胁,甚至有些语言已经消亡。例如加勒比印度斯坦语(Caribbean Hindustani)由印度圭亚那人(Indo-Guyanese)和印度苏里南人(Indo-Surinamese)使用。在苏里南,该语言被称为"Sarnami Hindoestani",并且仍然被广泛使用。然而,在圭亚那,它被称为"Aili Gaili",该语言作为口语几乎灭绝,只剩下单词和短语。

其次,以殖民国家语言为主导。西班牙语和葡萄牙语是南美洲使用最多的语言,各约有 2 亿人使用。但是,南美的西班牙语和葡萄牙语在语音、词汇、语法方面都与欧洲的有所不同,这种不同是因为受到了地理环境、历史发展等方面的影响。① 也正是因为它们具有主导语言的强势地位,所以导致其与当地的土著语言和民族语言产生了大量的语言接触,而这种接触是相互影响、相互制约的。例如上文中提到的西班牙语中将当地土著居民语言的动植物名称和自然现象纳入词汇系统,甚至产生了"Portuñol"这种洋泾浜语,该语言是西班牙语和葡萄牙语在边境地区和多语言贸易环境中持续接触的结果。同样,"Sranan Tongo"是一种以英语为基础的克里奥尔语(Creoles),与荷兰语一样是苏里南的通用语之一。

最后,双语教育发展不一。双语教育是成功帮助拉美国家进行民族重建的有力工具,在南美洲,双语教育因国家和地区而异,但一般是指用两种语言授课的教育计划。② 有的国家通过双语教育计划将土著语言纳入其教育体系,在这些计划中,学生同时学习主导语言和土著语言。巴拉圭 1992 年首次将瓜拉尼语作为面向全民的教育语言,玻利维亚 1994 年的教育改革法案计划也在全国范围

① 魏晋慧:《试论美洲西班牙语特点及其社会语言学意义》,《外语教学》2006 年第 2 期,第 26—29 页。
Sejin Oh, "Phonetic and Phonological Vowel Reduction in Brazilian Portuguese", *Phonetica*, 2021, Vol. 78, No. 5‑6, pp. 435‑465.
② 潘巍巍:《从民族整合看拉美双语教育——以阿根廷等拉美四国为例》,《社会科学家》2014 年第 6 期,第 151—155 页。

内的小学引入土著语言教育,这个政策不仅只针对土著地区学生,也包括西班牙语使用者。① 有的国家制订双语教育计划的目的在于确保学生接受高质量的教育,使他们为全球化的世界做好准备。在阿根廷和哥伦比亚,双语教育往往更注重将英语或法语作为第二语言教学,而不是土著语言。这些项目旨在为学生提供他们参与全球经济和与来自世界各地的人沟通所需的技能,但是,这种政策的推进往往以牺牲当地土著语言教育为代价。②

### 2. 南美洲汉语教学现状

近年来,随着中国和南美各国之间经济、文化交流日益频繁,南美地区对汉语课程的需求也逐年增长。这种增长趋势主要表现在三个方面:孔子学院的建立、汉语课程的开设和参加 HSK 考试(汉语水平考试)人数的增加,汉语学习在该地区变得越来越受重视。

根据教育部语合中心的数据,截至目前,南美洲有 33 所孔子学院或孔子课堂,包括巴西、阿根廷、秘鲁和智利等国家,其中巴西孔子学院的数量最多,共有12 所。③ 孔子学院提供从初级到高级的不同级别的中文课程,并提供各种文化活动,如中国书法、武术和传统音乐等。孔子学院的拉丁美洲中心在圣地亚哥④,智利教育部还参与了该中心的各项议程,并对开设汉语教学的机构进行协调和监管。⑤ 孔子学院所开设的汉语课程在南美洲的部分大学中已纳入学分体系,例如巴西里约热内卢天主大学孔院、哥伦比亚安第斯大学孔院、智利天主教

---

① 潘琳玲、朱守信:《拉美地区双语教育的肇始、嬗变及趋向》,《拉丁美洲研究》2015 年第 1 期,第 67—71 页。
② 潘巍巍:《从民族整合看拉美双语教育——以阿根廷等拉美四国为例》,《社会科学家》2014 年第 6 期,第 151—155 页。
③ 全球孔院:《美洲》,孔子学院全球门户网站,2023 年,https://ci.cn/qqwl,2023 - 03 - 07。
④ 刘雨萱:《智利汉语教学大纲下小学汉语教学调查研究》,硕士学位论文,桂林:广西师范大学,2019 年。
⑤ 陈豪:《西班牙语国家的汉语教学——现状与政策》,《当代外语研究》2018 年第 5 期,第 23—29 页。

大学孔院等。①

　　除了孔子学院之外，南美的许多大学也提供汉语课程作为其外语课程的一部分，例如巴西圣保罗大学开设有汉语专业课，巴西利亚大学、里约州立大学、南大河州联邦大学等学府设有中文选修专业等。② 玻利维亚的圣安德烈斯大学也为本校学生开设了中文选修课。③ 相较于高等教育，秘鲁基础教育中开设中文课的学校相对较多，华校在基础教育阶段是汉语教学的主力，除华校外，多所学校通过 IB 课程开设中文课。④ 在巴西，华文教育的办学形式有 3 种：家庭补习，正规幼儿园、小学、中学，补习学校或者补习班。⑤ 苏里南的中文教育也存在相似状况，该国基础教育阶段的汉语教学主要依赖三个中文教育机构：日计里中文学校、苏里南中文学校（广义堂）和苏里南大学孔子学院，前两所学校是苏里南当地华人华侨组织出资建立的民办教育机构。⑥

　　在南美洲，参加 HSK 考试的学生数量稳步增长，范围不断扩大。2011 年 11 月 HSK 考试首次登陆阿根廷，全国共 99 位考生参加一至四级的考试⑦。苏里南大学孔子学院于 2018 年获批设立了 HSK 考点，于 2019 年举办了首次汉语水平考试，共设汉语水平考试一级、二级、三级，共有 14 人报名参加。⑧ 截至 2019 年，秘鲁天主教大学孔子学院参加汉语水平考试的累计人数达 1 748 人次。⑨ 根据汉

①　张慧晶：《拉丁美洲孔子学院发展的现状、困惑及对策》，《汉语国际传播研究》2015年第 1 期，第 39—53、194 页。

②　马小垒：《浅析近年来拉美地区的"汉语热"》，《世界教育信息》2008 年，第 71—75 页。

③　李诺恩、梁宇：《玻利维亚中教育文教育发展研究》，《国际中文教育》（中英文）2022 年第 1 期，第 3—10 页。

④　王兰婷、邢鸣：《秘鲁中文教育发展现状、问题与对策研究》，《国际中文教育》（中英文）2022 年第 1 期，第 11—22 页。

⑤　陈雯雯：《巴西华文教育现状探析》，《华文教学与研究》2015 年第 2 期，第 1—11 页。

⑥　李萌：《苏里南中文教育发展调查与研究》，《国际中文教育》（中英文）2022 年第 1 期，第 23—29 页。

⑦　黄方方、孙清忠：《拉美西语国家汉语教育的现状、问题及策略》，《未来与发展》2011年第 11 期，第 39—42、54 页。

⑧　李萌：《苏里南中文教育发展调查与研究》，《国际中文教育》（中英文）2022 年第 1 期，第 23—29 页。

⑨　王兰婷、邢鸣：《秘鲁中文教育发展现状、问题与对策研究》，《国际中文教育》（中英文）2022 年第 1 期，第 11—22 页。

考国际的最新数据,2021 年巴西、哥伦比亚、阿根廷、智利等 11 个南美洲国家共计有 4 295 人次参加考试,与 2020 年相比,同期增长 212%。其中,巴西数量最多,共 1 217 人次,哥伦比亚 1 001 人次,两个国家参与考试的人数占总数的一半以上。

需要注意的是,南美洲仅有智利将中文纳入了国民教育体系。① 智利是南美洲为数不多的早在中学及义务教育阶段就引进汉语教学的国家。② 2018 年,智利文化教育局又正式将汉语教学项目归类至英语教学部门之下,并特别编写了《智利汉语教学大纲》试行版作为赴智国际中文教师或志愿者教材自编时的参考大纲。③ 该大纲主要包括智利普通话教学项目及其主要活动、项目目标、项目指南、中国教师培训等。其中,也包含了有关中国文化教学的内容,具体如图 1 所示。但是,在南美洲的其他国家,如巴西,汉语课程尚未进入该国基础教育体系,巴西的中文教学没有统一的中文教学大纲,对国内的中文教学也没有统一的考试。④ 不过,持续不断的"中国热"使巴西教育部门迫切地意识到,需要把中文教育列入巴西各学校的正式课程之中,培养懂中文的国际人才有利于进一步推动巴中关系的发展。⑤ 在汉语学习需求增加的同时,南美各国对中文教师的需求也在不断增加。智利教育部决心在中等教育阶段开始普及汉语,并将汉语列入中学的语言教师计划,也非常重视在国内招募的汉语教师和义工。⑥ 但在苏里南,中文教育仍处于起步阶段,中文教学还未形成规模体系,面临资金和人力短缺、需求少、普及率低、教育教学资源分配不均等问题。⑦

---

① 李宝贵、吴晓文:《中文纳入海外各国国民教育体系:价值、演进与表征》,《云南师范大学学报》(对外汉语教学与研究版)2022 年第 4 期,第 1—8 页。
② 杨晓颖、李诺玮、李嫣:《浅谈拉美西语地区汉语教学现状》,《大学》2022 年第 11 期,第 111—114 页。
③ 刘雨萱:《智利汉语教学大纲下小学汉语教学调查研究》,硕士学位论文,桂林:广西师范大学,2019 年。
④ 刘念、石镂:《汉语教学在巴西的发展状况及应对策略》,《文化发展论丛》2016 年第 1 期,第 29—48 页。
⑤ 颜欢:《巴西:"中国热"持续升温 推动汉语学习热》,《甘肃教育》2015 年第 5 期,第 127 页。
⑥ 杨晓颖、李诺玮、李嫣:《浅谈拉美西语地区汉语教学现状》,《大学》2022 年第 11 期,第 111—114 页。
⑦ 李萌:《苏里南中文教育发展调查与研究》,《国际中文教育》(中英文)2022 年第 1 期,第 23—29 页。

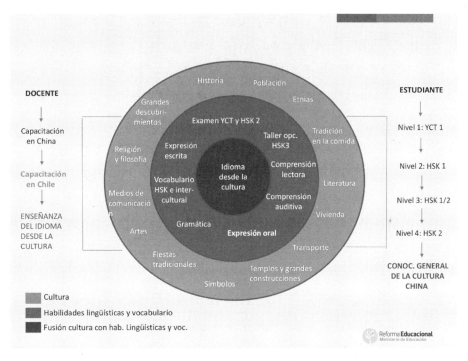

图 1　智利汉语教学大纲①

### 3. 南美洲语言生态对汉语教学的影响

南美洲的语言生态是复杂而多样的,西班牙语和葡萄牙语是该地区的主导语言,除此之外,南美洲也有大量的土著语言和民族语言。因此,南美洲的语言文化多样性给当地的汉语教学带来了一些特殊的挑战和机遇。

主要挑战之一是汉语的边缘化地位。西班牙语、葡萄牙语是大多数南美国家的官方语言和通用语言,而双语教育政策一般是以英语或法语作为第二语言,或者推广土著语言和民族语言。因此,从语言政策的角度来看,汉语既没有进入大多数南美洲国家的国民教育体系,也没有成为当地选拔人才的必备技能。例如在玻利维亚,该国采取了"西班牙语 + 民族语"的双语教育制度,学校自幼儿园阶段开始设置当地通行的民族语必修课程,通过至少一门民族语考试是高中、大学

① See División de Educación General Ministerio de Educación Karina Piña,Proyecto de Enseñanza de Chino Mandarín,IV SEMINARIO INTERNACIONAL CHINA-LAC,28 - 31.5,2018.

部分专业毕业和政府工作人员选拔的要求。这样的双语教育制度导致了当地学校对外语教育重视不足，学生也基本没有余力和积极性持续地学习中文课程。①

另一个挑战是本地汉语教学的资源有限。南美许多国家的语言教育资金主要用于保护当地的土著语言和民族语言。这使得开发适合当地学习者需求的高质量汉语课程变得更加困难。一方面，学生缺少接触汉语的机会。在南美，汉语不是一种常用的语言，这意味着当地不太可能花费大量的资金或资源进行推广，学生可能认为把时间和精力用于学习一种他们在日常生活中不经常使用的语言完全没有必要。另一方面，汉语和汉字对当地人来说是一种比较陌生和复杂的语言和文字，需要花费大量的时间和精力来学习，学生没有很多机会在课堂之外练习或使用汉语。朱勇在调查了智利和阿根廷的汉语教学现状后提出了目前两国主要存在的四个问题，这些问题都和当地的教学资源缺乏有关，一是教师的专业性不足，二是教师缺少交流和互助，三是教材单一，四是教学资料缺乏，查阅难度大。②

然而，南美的语言和文化多样性也为当地的汉语教学提供了机会。中文教师可以利用南美丰富的文化遗产，将中国文化和南美本土文化进行类比来帮助学习者更好地理解中国，也可以加深学习者对自己本土文化的认识和理解。同时，当地的汉语教学也需要强调汉语学习对全球沟通和文化交流的重要性，比如巴西作为金砖国家与同为金砖国家的中国之间的沟通与交流。或者寻找土著语言和汉语之间的联系，引起人们对汉语学习的兴趣。例如，上文中提到的克丘亚语，它有许多分支，而这些分支有点类似于汉语中的"方言"，这些"方言"分布在阿根廷、玻利维亚、巴西等地，并且，克丘亚语和汉语中的形容词总是放在名词之前，没有性和数的变化，这点与西语和葡语不同。此外，中文教师可以与当地语言专家和教育工作者合作，开发区域化国别化的教材。

从另一个角度来说，汉语的普及也丰富了南美洲的语言生态，使得当地的语言种类更为多样。汉语教学可以增加这种多样性，丰富当地的语言景观。更为

---

① 李诺恩、梁宇：《玻利维亚中教育文教育发展研究》，《国际中文教育》（中英文）2022 年第 1 期，第 3—10 页。
② 朱勇：《智利、阿根廷汉语教学现状与发展策略》，《国际汉语教学动态与研究》2007 年第 4 期，第 22—29 页。

重要的是,根据联合国商品贸易统计数据库的数据,中国已成为拉美地区的第二大贸易伙伴。[1] 南美各国都迫切希望与中国建立自由贸易区[2],进一步深化各方在政治安全、经贸财金、人文交流、可持续发展和公共卫生等领域的合作。因此,这种深度合作会增加当地对汉语人才的需求,也从一个侧面体现出汉语教学在该地区的紧迫性和必要性。

总之,掌握汉语可以给个人创造更多的就业机会,高校和教育机构也应该提供更多的汉语课程和辅导服务。此外,与中国有联系的企业和组织可能会给南美当地的汉语学习者提供实习机会、奖学金等,中国政府组织的留学项目也是重要的教育资源。南美各国可以通过推广汉语教学加强与中国的外交、经贸、人文等关系,增进两个地区之间的理解和沟通。

## 四、结 语 与 建 议

南美洲是一个具有不同语言、文化和历史的地区,该地区的自然环境和社会环境塑造了当地的语言生态,进而影响到汉语教学。南美洲拥有广阔的陆地和丰富的资源,这种自然环境影响了人口迁移,使语言发生接触、借用和替代,同时也促进了不同文化、语言群体的融合、分布和隔离。过往的殖民历史使得西班牙语和葡萄牙语成为该地区的主导语言。然而,迄今为止仍有数百万人使用当地的土著语言或民族语言进行交流,这些居民通过宗教仪式时的祷告、日常会话等方式来传承语言。与此同时,政府也利用语言政策、教育基金等方式维护该地区的语言多样性。近年来,互联网和社交媒体的广泛使用也使年轻一代增加了英语和其他全球语言的使用。

南美洲语言生态的复杂性和多样性是该地区少数民族和土著居民身份认同

---

① 柴瑜、孔帅:《中国与南美国家的经贸关系:现状与挑战》,《拉丁美洲研究》2014 年第 1 期,第 12—21、79 页。

② 中国侨网:《学者呼吁尽快建立中国和南美洲国家自由贸易区》,人民网,2015 年 1 月 10 日,http://finance. people. com. cn/n/2015/0110/c1004-26360825. html,2023 - 03 - 30。

的重要因素。有些国家将土著语言纳入官方语言，并将其作为升学和政府工作的"门槛"。这种做法可以进一步保护弱势语言的地位，为这些族裔提供语言选择和语言传承的条件，从而创造一个更加包容的社会。同时，语言多样性也和文化多样性息息相关。在南美，产生了大量反映不同语言和文化传统的文学作品，如马尔克斯的《百年孤独》。这种多样性也吸引了大量游客前往土著居民社区或文化遗址体验独特的传统和美食，为该地区创造收入。在日常生活中，也因为官方语言的地位，南美洲的许多公共场所提供双语或多语服务。需要特别注意的是，语言的多样性也会对日常沟通、教育和公共服务造成障碍，为了避免此类情况发生，南美各国都大力提倡双语教育，以此促进更多的理解和包容。

南美洲的语言生态给当地的汉语教学带来了挑战和机遇。边缘地位和教学资源匮乏是目前当地汉语学习的主要障碍。然而，中国和南美各国之间经济文化联系日益紧密。根据中国海关统计，2021 年中拉贸易总额达 4 515.9 亿美元，同比增长 41.1%，其中中方出口 2 290.1 亿美元，同比增长 52%，中方进口 2 225.8 亿美元，同比增长 31.4%。① 2022 年 1—11 月，中国与拉丁美洲国家进出口额为 32 358.53 亿元人民币，同比增长 11%。② 并且，巴西③和阿根廷④也陆续宣布使用人民币参与贸易和融资业务。这也意味着南美洲各国与中国之间合作潜力巨大，对汉语人才的需求日渐增长。

因此，汉语教学的发展可以为当地创造大量的就业机会和教育资源。为了应对目前的局势，从社会层面而言，流行文化在促进汉语学习方面发挥着重要作用。中国的电视剧、电影和音乐可以被翻译成西班牙语或葡萄牙语，并在南美的

---

① 美大司：《中国和拉美国家经贸关系简况》，中华人民共和国商务部，2022 年 2 月 14 日，http://mds. mofcom. gov. cn/article/Nocategory/200210/20021000042975. shtml，2023 - 05 - 01。

② 经贸司：《2022 年 1—12 月我国与拉丁美洲国家贸易情况》，中华人民共和国国家发展和改革委员会，2023 年 3 月 31 日，https://www. ndrc. gov. cn/fggz/jjmy/dwjmjzcfx/202301/t20230131_1348032. html，2023 - 05 - 01。

③ 新华财经：《人民币国际化再下一城 中国与巴西直接以本币进行贸易结算》，中国金融信息网，2023 年 3 月 31 日，https://www. cnfin. com/yw-lb/detail/20230331/3834561_1. html，2023 - 05 - 01。

④ 新华网：《阿根廷宣布将使用人民币结算自中国进口商品》，新华网，2023 年 4 月 27 日，http://www. news. cn/world/2023 - 04/27/c_1129570803. htm，2023 - 05 - 01。

媒体平台上展示,激发年轻人对中国语言和文化的兴趣。也可以向南美学生提供汉语学习的应用程序、在线语言课程和虚拟语言交流项目,使他们更容易获得学习汉语的资源。从学校层面而言,中国高校可以加强与南美学校的合作,提供语言交流项目和奖学金,让学生在中国或在自己国家都可以自主学习汉语。同时,教师必须接受培训,将当地的文化和语言元素纳入他们的教学中,语言项目也应量身定做,以满足不同地区和年龄组的需求。

# Language Ecology in South America and Its Impact on Chinese Language Education

WU Yongyi & WANG Lujin

## Abstract

Language ecology is a complex interplay between a specific language and its environment. In South America, language ecology is restricted by both the natural and social factors. The natural environment significantly influences population migration patterns, catalyzing language contact, borrowing, and replacement processes. Additionally, it fosters the amalgamation, dispersion, and segregation of diverse cultural and linguistic communities. The historical and political factors in the social environment substantially impact language policies, determining the status of dominant languages and the resource allocation for language maintenance and revitalization efforts. The ethnic and religious factors impact the linguistic habits and linguistic preferences, which play a pivotal role in preserving and safeguarding indigenous languages and ethnic dialects. South America has an extraordinarily complex and diverse language ecology, challenging Chinese language education in the region. However, the increasing political, economic, and cultural exchanges between South America and China offer promising opportunities and avenues for advancing Chinese language education within the current language ecology.

## Keywords

South America; language ecology; Chinese language education

# 新西兰基础外语教育与中文教育再思考[*]

戴　岚[**]

**提要：** 新西兰文化背景多元，同时又存在其独特之处，过去30余年以来，新西兰教育部门在推行外语教育过程中做了积极的尝试；同时，新西兰的外语教育在过去和当下都面临着挑战，中文作为新西兰基础教育阶段主流外语课程的选项之一，也不例外。中文教育在新西兰取得了长足发展，但仍与其他语种的推广存在较大差距。在该国外语教育目前的格局下，应正视中文教育现状，借鉴他国成功经验，在该国外语教育的赛道上做好"长跑"规划。

**关键词：** 新西兰多元文化；基础外语教育；中文教育

新西兰位于南太平洋，作为英联邦成员，它在历史、文化上与英国有着传统的历史渊源，但在语言学习环境方面又与英国和澳大利亚有着鲜明的不同。作为一个多元文化和多种语言的移民国家，英语是新西兰事实官方语言，约

---

\* 本文受教育部中外语言交流合作中心国别中文教育研究中心项目资助，项目编号：22YHGB1037，管理单位：华东师范大学。

\*\* 戴岚，华东师范大学国际汉语文化学院副教授、硕士生导师。主要研究方向为国际中文教育、中西文化比较、文艺民俗学等。

95.4%的人口使用英语,汉语普通话是使用第二广泛的非官方语言。

新西兰族群多元,因而社区使用语言多样,其中,奥克兰是最具文化多样性的城市,根据 2013 年的官方公布的统计数据,"每天有 100 多种民族语言和 150 多种语言被使用。奥克兰居民中有 39%是在新西兰以外出生的,而 51%的奥克兰人具备多种语言能力"。从多语言多文化的社会状况可想而知,学校环境正是由文化和语言多元的学习者组成。① 了解新西兰学习环境、学习者组成对于了解该国外语教育状况不可或缺,从而更易于理解中文教育现实状况,探索未来发展路径。

## 一、背　景

新西兰语言政策的制定建议始于 1990 年教育部部长菲尔·戈夫(Phil Goff),但经历 30 余年的实践,并未实现这一积极的设想。② 当下新西兰教学大纲的更新进展和语言教育的基本方针,是我们了解新西兰的外语教育的基础背景,也是考察和研究起点。

新西兰教育部正进行着为期六年的《新西兰教学大纲》更新计划③,新版大纲将落实怀唐伊条约(Treaty of Waitangi),具包容性并易于在中小学使用,它支持学校重视所有学习者的身份认同、语言和文化。

---

① 根据笔者在奥克兰一教会女子中学的汉语课堂中的统计,17 名 10 年级的新西兰学生中,除华裔以外,还有韩裔、印尼裔、柬埔寨裔以及日裔、萨摩亚、南非等不同族群背景的学生,族裔丰富极具代表性。笔者所在的"Tui Tuia Learning Circle"语言中心,共事同仁除了德、西、日这些不同语种的语言顾问外,还有来自土耳其、斯里兰卡、印尼、南非、英国、菲律宾、印度、澳大利亚、瑞士、加拿大、马来西亚以及各太平洋岛国的人员。

② Martin East, "Language Learning in New Zealand's Schools: Enticing Opportunities and Enduring Constraints", in Ursula Lanvers, Amy S. Thompson & Martin East (eds.), *Language Learning in Anglophone Countries*, Cham: Palgrave Macmillan, 2021, pp. 19 - 36.

③ Ministry of Education, "Ministry of Education. Refreshing The New Zealand Curriculum", 2021. Retrieved from https://curriculumrefresh.education.govt.nz.

　　具体到语言教育的层面,回顾以下两份公开发布的材料,有助于我们更为深入地了解当代新西兰语言教育的状况。

　　(1) 2013 年,新西兰皇家学会发布了《新西兰的语言教育》一文,概述了新西兰的语言教育相关问题,其中还包括语言政策拟制的背景和理由:

> 　　虽然新西兰课程要求所有学生都有获取语言学习的权利,但非强制性使得仍有大量学生即使不接触语言学习仍然可以完成必修教育,而对于接触到语言学习的学生来说,学习语言的时间相当有限。①

　　摘要所陈述的是新西兰的外语教育的基本状况:首先,增设语言学习课程但又列为非强制性必修的课程;其次,学时极其有限。实际上,直至 2007 年,新西兰课程大纲才将英语以外的"语言学习"纳入为八项学习领域之一,在有 7—10 年级学生的学校应该努力为学生提供学习第二种或后续语言的机会,"语言学习"课程的教育者,也即外语老师,一直以来都期待将外语科目列入学校的必修课程,但从 2023 年更新《新西兰教学大纲》意见征询版中可以看到,该版本继续沿袭了原有的相关内容,教育部层面并未将外语课程改变为学校必修课程。

　　(2) 2018 年,奥克兰语言战略工作组发布的文件《新西兰教育语言战略:2019 年—2033 年》提出了一个十五年计划并表达愿景:

> 　　每个新西兰年轻人都可以在整个学校教育中学习和使用毛利语,在那里他们得到支持,以加强和使用他们的传统家庭语言和/或学习社区或世界语言。②

---

①　Sharon Harvey, et al. , "Languages in Aotearoa New Zealand", Royal Society of New Zealand, 2013. Retrieved from https://www. royalsociety. org. nz/what-we-do/our-expert-advice/all-expert-advice-papers/languages-in-aotearoa-new-zealand.

②　Jeff Johnstone et al. , "Languages in Education Strategy 2019 - 2033", Auckland Languages Strategy Working Group, 2018. Retrieved from https://cometauckland. org. nz/resources/languages-in-education-strategy-2019-2033.

从上述材料中可以管窥当前新西兰的语言教育的实际状态,其独特的风貌呈现为:英语作为八大学习领域之一,是学生必修课程,而为非英语第一语的学生提供英语课程(English for Speakers of Other Languages,简称 ESOL)也受到相当重视;在大多数学校,外语课通常不是必修课,因而在学校中处不利的地位,主要表现为外语学时相当有限,学习进度非常缓慢。毛利语是原住民的语言,也是官方语言之一,受到教育部门的高度关注,促进对毛利语及文化的了解和尊重是当前的潮流。

## 二、新西兰外语教育的举措

根据新西兰教育部颁布的 2007 版教学大纲(The New Zealand Curriculum[①]),包括英语、艺术、健康和体育、数学和统计、科学、社会科学、科技,还有学习语言(Learning Languages)在内的八大领域构成了以英语为媒介语的中小学生教学的整体框架。"学习语言"成为八大学习领域之一,但并不强制学习外语,大纲只是提请有 7—10 年级的学校为学生提供第二语言学习的机会。这里"学习语言"涵盖了英语以外的所有语言,包括新西兰的官方语言——毛利语,以及各种外语。在目前全国性的纲领文件更新之际,这一定位并没有改变,未来若干年都将保持现状。

当然,新西兰作为一个小型经济体,出于外交、贸易、投资和研究创新等需要,也对国际语言和跨文化能力做了长期投入。教育部层面意识到外语教育的重要性,并在师资的培养上采取了积极行动,这具体体现在以下几个方面:(1) 长期开展外语师资培训项目;(2) 支持国家语言顾问项目;(3) 实施语言助教项目。

1998 年,教育部斥资帮助学校开展"第二语言学习计划"(SLLP)[②],以实际

---

① 新西兰国家教学大纲(The National Curriculum)由两部分组成,以英语为媒介语的 "The New Zealand Curriculum"和毛利语为媒介语的"Te Marautanga o Aotearoa"。

② Rod Ellis, Shawn Loewen & Penny Hacker, *Evaluation of the Second Language Learning Funding Pool*(1999–2003), Wellington: Research Division, Ministry of Education, 2005. Retrieved from https://www.educationcounts.govt.nz/publications/schooling2/curriculum/5783.

行动落实为7—10年级学生提供第二语言学习的鼓励政策,帮助学校制订有效和可持续的第二语言学习计划,投入资金以推动学生语言和跨文化能力的发展,对外语教育给予支持。相关评估报告显示,在研究者考察的学校样本中,有大量资金用于提高教师所教语言的熟练度、提升教师的语言教学方法技能等教师的专业发展,这一计划对外语师资队伍的建设有着积极的意义。

新西兰要落实第二语言学习鼓励政策,支持在岗外语教师的提升和发展项目也是必不可少的。2005年,教育部设立了"教师专业语言发展项目"(Teacher Professional Development Languages,简称TPDL项目),面向包括汉语在内的不同语种教师的培养和培训,此后命名为"语言教学实践的转变"(Transforming Practice in Language Teaching,简称TPLT),继续师资培训,课程包含针对参训教师的第二语言教学法研习、目的语学习及考核,四次课堂听课指导这三个组成部分,通过提升教师的二语水平和第二语言教学能力,旨在让学生受益,提高学生们的语言学习成果。

此后,教育部实施"国际语言交流与发展"项目(International Languages,Exchanges and Pathways,简称ILEP项目),在新西兰学校教授法语、西班牙语、德语、日语、汉语和韩国语的教师,无论是母语者还是初学者,都可以免费参加这一培训项目。

"语言教师沉浸奖项目"(Language Immersion Awards)由新西兰教育部资助,通过新西兰国际友好交流学会(AFS)这一非营利组织合作开展,为各语种老师提供时长三个月到一年不等的机会前往目的语国学习语言文化,帮助他们把所学带回语言课堂。不仅如此,新西兰教育部和各目的语国政府的相关机构合作,共同资助新西兰外语教师参加沉浸式学习项目,以促进本土外语教师对所教授语言、文化的真实感知和理解,增强使用目的语交流的自信心。该项目从1周到4周时长不等,为在任中小学外语教师语言文化的提升创造条件。在疫情期间,由于无法出境前往目的语国,5个语种的沉浸式项目不得不改在新西兰境内进行,各语言顾问根据前往目的地的情况,因地制宜,设计了相应的语言文化课程,在可能的情况下,利用该地的风土和社区语言优势、人文资源展开相应研修活动,获得了参与学员的积极反馈。就汉语来说,非母语学员在此后继续申请了线上的汉语课程,从而进一步巩固并提高其汉语水平,增强了汉语教学的信心,这一尝试为未来本土教师的培养提供了一条路径。

新西兰外语师资培训紧紧围绕教学大纲,在大纲的基准框架下常年为在职外语教师提供专业学习发展课程(Professional Learning and Developing courses)。针对不同语种老师的实际需求,开设各语言通用的外语教学工作坊,如新手语言教师指导、差异化教学、TBLT 任务教学法(Task-Based Language Teaching)等专项主题培训。教师的专业成长计划通常为期一年,也会根据不同的资助项目,提供持续半年的专业辅导课程。除了线下面授课程外,大部分的课程均通过网络,利用学员课后时间,进行在岗培训指导。按培训计划,培训导师会进入该学员课堂观课,课后给学员反馈,给予点评指导,依据教师设置的目标计划,帮助他们改善教学方法,达到培训之初所设定的发展提升目标。

值得关注的是,2015 年至 2017 年,教育部致力于增加学习亚洲语言的学生人数,推出 ALLiS 基金项目(Asian Language Learning in Schools Programme),专项支持亚洲语言学习项目、教师的专业发展或学校间合作以及与外部亚洲语言和文化组织建立伙伴关系,此举呼应了新西兰日益紧密的与亚洲各国间的贸易和国际关系的现实状况。为了加强新西兰与北亚、东南亚以及拉丁美洲的合作关系,2017 年,新西兰政府还成立了亚太卓越中心(Centers of Asia-Pacific Excellence,简称 CAPEs),推动新西兰学生对亚洲语言的学习,2021 年已促成新西兰与日本两国高中生之间建立更强的文化联系,就原住民等话题,两国高中生寻找共同点展开交流,未来还将促成新西兰高中的语言学生及教师与韩国的学生及教师建立联系。[①] 从师资培养层面看,相应的"加强亚太语言教学——北亚"计划(Strength Strengthening Asia — Pacific Language Teaching — North Asia Programme)业已全面展开,并配套提供助学金,鼓励老师学习北亚、东南亚或者拉美语言。这些举措不仅给出了加强亚洲语言学习的信号,同时也在学生或教师之间的文化交流领域做着积极的推动。

---

① Education New Zealand, "New Zealand and Japanese Schools Build Stronger Cultural Connections", 2021. Retrieved from https://www.enz.govt.nz/news-and-research/ed-news/new-zealand-and-japanese-schools-build-stronger-cultural-connections-2/.

　　除了对外语师资培训项目的持续投入以外,长期以来,新西兰与各国合作,通过签订各不相同的政府间双边协议等模式,逐步组成了由不同语种构成的国家语言顾问项目,各国派任的语言顾问先后加盟,参与新西兰外语教育支持与服务工作。除法语顾问由新西兰本土教师担任以外,德、日、西语和汉语分别由各国政府及相应机构派驻。法语顾问率先在 1974 年开始工作,来自德国歌德学院的德语顾问始于 1976 年。随着时间的推移,国家语言顾问岗位逐渐扩展到其他语种,1982 年来自日本基金会的日语顾问、1990 年西班牙语顾问以及 1995 年首任汉语顾问先后到任,由此形成当下语言顾问团队支持全国基础外语教学的局面。2020 年,新西兰因防疫原因关闭了边境,但在此期间,新西兰为语言顾问入境工作开了"绿灯",提供了"重要目的签证"的申请支持,以促成她们尽早到岗上任,确保外语教学支持工作的持续性,可见新方对该项目重要性的关注。

　　新西兰教育部门资助法语、德语和西班牙语的语言助教项目持续进行,在签证、计酬、健康保障等方面都提供了相应的支持政策。每年来自这三个国家的青年进入新西兰中小学,为期一年。以 2023 年为例,三门欧洲语种的国际语言助教按约定,每周不少于 24 小时的工作时长,为不同学校的外语老师提供辅助。这些语言助教给新西兰学生带来了目的语语言和文化的真实体验,使他们有更多的互动机会,一定程度上促进了学生外语学习和语言能力的发展。法语、德语和西班牙语助教项目分别开始于 1976 年、1983 年和 1985 年,经历了 40 余年仍然保持顺利地展开,体现了新西兰学习者和学校的需求,也可以看到该国教育职能部门的长期支持。

　　以上列举的诸多项目充分展示出新西兰教育职能部门意识到学生学习第二语言的重要性,他们从多方面入手,支持学校推动第二语言教学,同时又致力于加强外语师资的培养和培训,以解决合格教师短缺的局面;通过制定各外语教学指南、配套资源,促进第二语言在学校的开设,逐渐形成了包括法语、德语、西班牙语为主的欧洲语言以及日语和汉语为主的亚洲语言等外语并存的局面,为学生提供了多样化的语言学习机会,力求确保学生可以获得与当代社会需求相符的语言技能。

## 三、新西兰外语教学面临的挑战

新西兰人口组成多元化,欧洲移民后裔占 70%,原住民毛利人占 17%,亚裔占 15%,太平洋岛国裔占 8%,毛利语和新西兰手语先后于 1987 年和 2006 年成为法定官方语言。毛利语言和文化正经历着重大的复兴,在相关政策下,越来越多的学生学习作为官方语言的毛利语,从图 1 的数据中可以看到学习毛利语人数极其鲜明的增长趋势,这是新西兰语言学习的一大显著特征。

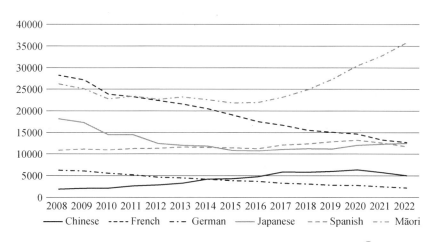

**图 1　新西兰高中毛利语及主要外语修读人数(2008 年至 2022 年)**①

在新西兰中小学提供的外语课中,主要包括欧洲语种,如法语、德语和西班牙语等,亚洲语种包括日语、汉语、韩国语,此外还有太平洋岛国的各个语种。

受到英国教育系统的影响,欧洲语言的教育在新西兰有很长的历史,欧洲后裔占据七成,选修欧洲语种人数也占绝对多数,其中法语是历史最长、学习人数最多的语种,修读法语的高中生数量始终占据榜首,人数众多。从图 1 可

---

① 本文图 1—4 统计数字均来自于 https://www.educationcounts.govt.nz/statistics/subject-enrolment。

以看到,2008 年以来,修读法语的人数呈现为连年下滑的态势。尽管 2022 年仍高居榜首,但基本上与后来居上的日语、西班牙语平分秋色,修读人数非常接近。德语与法语类似,在近 15 年中,选修的人数持续减少,也同样表现为下降趋势。不过,同是欧洲语种,西班牙语则表现相对平稳,学习人数波动幅度不大,虽近两年略有回落,但始终保持着强势,2022 年学习人数达到 11 786人,稍逊于日语 12 551 的学习人数。日语在 2016 年之后逐步呈现上扬的趋势,并且在近 3 年其他语种下降的情况下,它一枝独秀,学生选择日语的热情仍然保持上扬。

从图 2"2008 年到 2022 年高中五门主要外语选修人数"数据柱状图,可以看到历年高中生对不同语种的兴趣和需求的变化,它较为直观地反映了十余年来高中生选修五门语言的起伏消长的变化趋势。

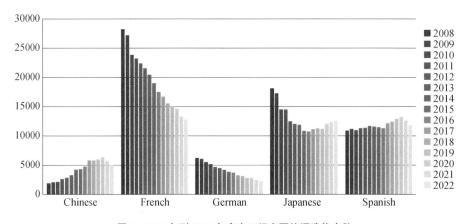

**图 2　2008 年到 2022 年高中五门主要外语选修人数**

图 1 及图 2 所反映的法语、德语的下降趋势仅仅是个缩影。实际上,高中外语学习总人数比率下降的状况,在 2015 年就非常突出,"只有五分之一的高中生在学习外语——这是自 1933 年以来的最低水平。新西兰中学学习第二语言的学生比例已降至 80 多年来的最低点"。① 从近期新西兰几所大学面临的危机来

---

① Lincoln Tan, "Fewer Pupils Learning Languages", 2015. Retrieved from https://www.nzherald.co.nz/nz/fewer-pupils-learning-languages/ZBM0Q2NPJBNNRM4FTPX4PJTXNY/?c_id = 1&objectid = 11438943.

看,大学注册人数降低,也会波及语言相关专业。在基础教育阶段,整体持续下降的学生外语学习意愿未必对其有直接影响,但随着大学缩减外语门类,考虑到语言学习的延续性,多多少少会影响到中学阶段学生对外语课程的选择,不少中学外语老师已对此产生忧虑。

虽然自 20 世纪 90 年代前后以来,教育部门在学习、发展第二语言中努力发挥作用,但整体外语教育仍面临很多困难,除了高中注册外语课程比率低、人数下降的问题,小学外语学习时间相当有限,不易为未来中学阶段外语学习打下扎实基础。

图 3 横轴是学习人次。数据显示,2017 年,无论是欧洲语言还是亚洲语言,全年的学习时长在 30 个小时以上的只占少数。与其他课程相比,外语学习时间极其有限,只能是蜻蜓点水式的体验。即使一年投入 30 个小时,每周也仅有 45 分钟的学习时间,这对一门外语,尤其是亚洲语言来说更是难以见效。需要指出的是,新西兰小学是全科教育,所谓"外语"课实际上更多的是一种文化体验,以培养兴趣为主。图中显示,体验汉语的人次在各个年级都超过其他两个语种。在人均学习时长很难大幅度增加的情况下,借鉴法语和日语的布局,理想情况下,未来应进一步加强汉语助教在 7—8 年级的投入,争取更多的教学时数,尽量在 10 年级这一关键阶段为学生接下来的高中汉语学习做好铺垫。

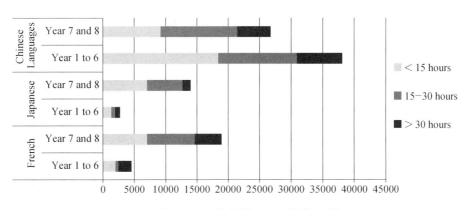

图 3  新西兰 2017 年小学汉、日、法语学习时长

尽管在政府层面对促进外语的教学做了种种努力,但在新西兰开展外语教学所面临的问题还是有目共睹的。[①] 除了作为选修课程外,没有统一的教材也给各语种的新手老师带来不便。对外语教育的挑战还不止这些,例如,缺少合格师资这一问题始终存在。新西兰中小学语言教师的外语能力层次不一,从初学者到母语者水平不等,曾有中文老师被校长通知改教西班牙语课,仅仅只有两学期的准备时间,于是她不得不立刻开始业余自学,现炒现卖,边学边教。由于高年级人数少,无法单独成班,教师只好开设不同语言水平的合班课,同一个班级有三个不同语言水平的情况屡见不鲜,由此又带来教师课时量不足的问题。教师为了达到全职工作量,可在不同学校兼课,也可以在同一学校增加另一门语言课,或兼任不同科目的教学,如数学、科学,增加必修课教学不仅可以使工作量饱满,同时还增强了教师职业的安全系数。可见,由于外语属于选修课,选修人数直接影响到就业前景,外语老师承受的压力可见一斑。

总而言之,外语学习在不同学校时长各异,课时长短不一,其根源在于外语课作为选修课长期没有地位,无法确保足量的学习时间,当然也缺乏统一标杆衡量教学质量,直到高中 11 年级,学生才开始有机会参加新西兰国家教育成绩证书的外语考试。因此,对每个语种来说,都存在相似的现象:小学阶段呈现为蜻蜓点水般的文化体验,到了中学如果缺乏持续学习的兴趣和动力,或因学习困难,或在高年级难以分配出学习时间,都会导致学生放弃外语学习。

新西兰基础教育系统中的中文教育作为该国外语教育中的一部分,无法避免上述种种挑战。

---

① Martin East,"Teaching Languages in Schools: Rationale, Potential, Constraints and Recommendations with particular relevance to Mandarin Chinese", 2018. Retrieved from https://nzchinacouncil. org. nz/wp-content/uploads/2019/02/Teaching-Languages-in-Schools-. pdf. 该研究针对新西兰学校里的语言教学所面临的困难做了深入的分析。

## 四、新西兰中文教育再思考

鉴于新西兰多元的文化背景,参考教育部门推动外语教育的举措,理解长期以来外语教育面对的挑战,有助于对身处其中的新西兰中文教育有清晰的认识,从而对未来的发展做进一步的思考。回顾新西兰的中文教育历程,可以看到当今已有的成绩。

首先,中文教育纳入新西兰的国民教育体系。

在新西兰所使用的中国语言(包括普通话及各地方言),超过了毛利语①,实际上已经成为新西兰第二常用的语言,中文教育在新西兰的外语教育体制中已走过了半个多世纪。自1966年奥克兰大学开设中文专业之后,维多利亚大学、奥塔哥大学等相继开设中文课程;1995年,继法、德、日语和西班牙语顾问之后,教育部增加了国家汉语顾问的岗位;同一年,新西兰教育部颁布《新西兰中文课程大纲》,从此,中文课程纳入基础外语教学体系;1999年教育部正式将中文列为全国大学入学考试外语科目之一;②2002年,国家教育成绩证书(National Certificate of Educational Achievement,以下统一使用其简称,NCEA)外语考试正式实行,中文为其中考试科目之一。

其次,在母语国的支持下,新西兰的中文教育呈现出大幅增长的格局。

新西兰政府日益应对教育系统国际化和跨文化的压力,为使新西兰年轻人在完成学业后,能够迎接在多元文化、全球化的经济和社会世界中蓬勃发展的各种挑战,在2007年版教学大纲中提供了语言学习在基础教育中的一定空间,与此同时,教育部对本国外语基础教育的推动、各外语语种母语国在人力、语言文

---

① Danping Wang, "Seventy Years of Chinese Language Education in New Zealand: A Transdisciplinary Overview", in Yanyin Zhang, Xiaoping Gao (Eds.), *Frontiers of L2 Chinese Language Education: A Global Perspective* (1st ed.), London: Routledge, 2021. https://doi.org/10.4324/9781003169895.
② 林宝玉:《纽西兰的汉语教育:大中小学及侨教》,台北:世界华文作家出版社,2001年。

化项目方面的支持以及新西兰全国各校外语教师的努力,分别为外语在新西兰的推广付出了劳动,但来自各方的力量,都难以改变新西兰外语学习人数总体比率的下降趋势。

2007年以来,新西兰陆续成立孔子学院。目前共有3所孔子学院,31所孔子课堂,2010年汉语助教(MLA)项目正式实施,有效扩大了中文教学规模,新西兰中文教育呈现跨越式发展。根据官方数据,2017年共计354所小学(1—8年级)开设了中文项目,总人数达到64 874人的巅峰;2020年高中学习人数达到峰值,共计6 368人。

新西兰的中文教育相对其他四门外语来说,起点低,起步晚,但发展快,进步大,尤其是在新西兰外语教学多年下降的趋势下能够逆势上升,中文教育在新西兰克服了该国政策上的障碍,抓住了机遇,依靠中新双边关系不断深化的大好形势,新西兰孔子学院把握了发展契机,全力开拓助推,为基础教育领域中文教育在外语教育中的一方天地发挥了重大作用。虽然从2020年疫情开始的近三年学习人数有所回落,2022年数据显示,中学学习人数暂时降至5 044人。①

另外,中文学习还存在一个独特的现象,从图4中可以看到,以法语和日语为例,从11年级到13年级,学习人数逐级下降,但汉语则不同,尤其到了13年级,选修人数反而增加。参考官方发布的NCEA中文三级考试的试卷分析报告可以发现,应试者中包括汉语母语使用者。随着新西兰移民的增多以及中国高中留学生的加入,一些学生从13年级开始选修中文并参加NCEA最高等级三级中文的考试,以便获得成绩申请大学,这种现象一直存在,我们应对此有所了解。

总之,在新西兰总体外语学习率持续下滑的情况下,中文则在新西兰外语教育的坡道上逆势而上,向前迈了一大步,在筚路蓝缕的开拓中,新西兰中文教育的发展是有目共睹的。因此,未来必须坚持正确的方向,巩固已有成果,增加自

---

① 详情参见 https://educationcounts.govt.nz。新西兰官方的小学统计数据从2018年之后就停止公布,无法获知确切的小学外语学习人数。2022年的中学数据供参考,但据了解,这一数值,并未将新西兰部分私立学校的汉语学习人数包括在内,所以实际数据会更高一些。

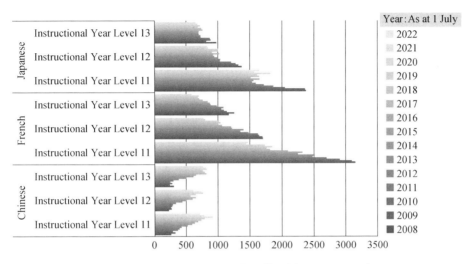

图 4　日语、法语和汉语 11—13 年级学习人数（2008—2022 年）

身的竞争力，继续争取更多的学习者，推广中国语言和文化。今后如何稳步发展？还需要做审慎的思考规划。

（1）依靠中新两国经贸关系增强、人文交流密切的形势，争取当地教育官员的支持，保持顺畅有效的沟通。在推动外语学习的过程中，获得决策层的认可至关重要，因此，应坚持实施原有项目，确保并持续提供新西兰校长组团访华的机会，在基础教育管理层培养友华的有识之士。

政府对某些语种的支持程度以及学校内外语课程的设置和宣传等因素都可以影响学生的选择，政策的变化或资源的调整可能导致某些语种的选修人数上升或下降。新西兰语言政策的制定经历了长时间的努力，"国家层面的语言规划并未跨越官僚体制的诸多障碍"[1]，进展甚微，从国会新近公开的一份文件中可以看到，2018 年有关《加强小学和初小第二语言教学》的提案，在 2021 年得到的是最终的否决。[2] 因此，长时间内恐怕都难以看到国家外语政策的出台，外语将

① 罗伯特·卡普兰、小理查德·巴尔道夫：《太平洋地区的语言规划和语言教育规划》，梁道华译，北京：外语教学与研究出版社，2014 年。
② New Zealand Parliament, "Education (Strengthening Second Language Learning in Primary and Intermediate Schools) Amendment Bill", 2023. Retrieved from https://bills.parliament.nz/v/6/be00f76a-c3ef-41d7-b3fd-68aea781f90a?Tab=reports.

始终作为选修课开展。

从国家层面的大纲下沉到各学校分步实施,30 年来主要依据始终集中体现在《新西兰教学大纲》(*The National Curriculum*)、《语言学习指南》(*Learning Languages A Guide for New Zealand Schools*)这两份文件中。新西兰全国性教学大纲作为纲领性文件,为新西兰的中小学教育明确了学生培养的关键能力、学习领域等总体方向,各学校则围绕总则制定本校更为具体的大纲,具有非常大的自由度,学校针对外语教育的实施方案可以各不相同,新西兰各学校校长管理层对是否开设外语课,开设哪一门外语课说了算。因此,稳固该校中文课,同时,进一步争取并扩大中文课程在中小学的需求,能否获得校长的支持是中文推广有效性和持续性的关键。

(2)"教师、教材、教法问题其实是语言教学的永恒主题。"①

在新西兰,从未接触过语言教育的教师教授外语的情况并不少见。新西兰教育部根据本国教学大纲,为外语老师做了大量通用型教学法培训,参与的中文老师从中受益,无论新西兰是否实施或什么时候开始外语学习的强制政策,教师的培养和培训始终是长远之计。

提升本土教师中文教学素养,除了依靠新西兰教育部提供的面向不同语种的通用专业发展培训之外,还应依靠母语国力量,逐步增加中文教师专业性的学科培训,体现汉语言本体特点、教学特色,在这一方面,当地的孔子学院仍可一如既往地为本土教师培训发挥作用。

根据新西兰中文教师协会不完全统计,截至 2022 年,不到 100 位教师注册为该学会会员,出于对 NCEA 中文考试相关讯息的实际需求,注册人员大部分是高中老师。目前新西兰本土中文教师绝大部分是汉语母语教师,这一队伍中还有极少数老师未持有新西兰教师注册证却在岗执教,在小学教中文兴趣课,甚至在中学临时代课,可见,中文老师确有实际需求,未来要实现中文教育的进一步发展壮大,需要为之培养、储备更多符合该国任职资格的中文教师。有以下方案提供稳定并扩大教师队伍的建设思路。

---

① 崔希亮:《汉语国际教育"三教"问题的核心与基础》,《世界汉语教学》2020 年第 1 期。

其一,提供有利政策,培养已具有新西兰教师证的本土老师,在小学全科教育中自然融入中文课,从而保证小学中文项目的持久性。

2020 年突如其来的疫情让人措手不及,主要依靠汉语助教队伍撑起的小学中文教育这片天地受到极大影响,从中我们应该清醒地认识到,汉语助教只能暂时性解决中文项目师资的短缺,最终只有依靠本土教师才能保持中文项目的稳定性,行之以远。

汉语助教项目广泛深入到全国各地,包括偏远地区,过去十年为新西兰小学中文项目所带来了欣欣向荣的局面,未来可以丰富这一岗位的功能,在辅助带教老师班级开展实施中国语言文化活动的同时,以最贴近的优势充分激发带教老师的汉语学习继而任教的主动性。要达到这一目标,可以中新携手,尝试开展试点项目,在汉语助教项目中做好相应规划,通过他们与带教老师结对子的形式,经过 1~3 年的持续跟踪,鼓励教师完成汉语水平考试并达到相应级别,从而扶持全科老师全面接手中文课程,摆脱对汉语助教的过度依赖,独立开展中文项目。汉语助教的功能从单纯的小学课堂中文课程的实际教学者、中国文化活动的演示操办者逐渐转型,为小学课堂的中文学习者和任教老师提供用目的语与汉语母语使用者进行交流的机会。这批小学老师具有新西兰教学资质,拥有教学经验,更了解本国学生的学习特点,从教学法、教学管理和技巧方面开展中文教学上手快,经过连续几年的专项培养,应该能成为合格汉语师资,在小学全科中融入汉语的教学内容。

参与该试点项目的老师投入汉语学习应视为其专业发展,得到校方以及新方教育部的支持,国家汉语顾问可以提供支持协助,协调中新两方,并促进该试点的实施,在前往中国的沉浸式项目中,优先考虑这一批中文教育的储备力量。同时,参与试点项目的汉语助教,可以根据实际需要和双方意愿,延长其服务时间,确保该试点项目的持续性、稳定性和有效性。经过几轮的试点,希望能为小学培养一批合格的本土教师,而且是非汉语母语教师,通过他们的教学实践,形成良性循环,改善师资不足的面貌,同时丰富师资队伍,形成汉语母语与非母语老师共同建设、共同促进的局面。与此同时,学校并没有新增岗位,因此不会增加该校的用人成本,但又丰富了课程内容。

其二,在教师培养规划中,应提供赴华留学、短期工作计划等机会,吸引更多的非汉语母语教师参与中文教育,为非汉语母语教师创造汉语学习的条件,培养种子教师,从而扩大非汉语母语教师比例。

在这一方面,新西兰日语老师的队伍组成可以带给我们一些思考。日本在新西兰开展教育起步非常早,梅西大学在 1965 年率先开始了日语的学位课程,1967 年,高中开始试行日语教育,1968 年到 1971 年间,奥克兰大学、怀卡托大学和坎特伯雷大学先后开设日语的学位课。在 20 世纪 80 年代后期,日语学习在新西兰产生过"海啸"般的热潮,20 世纪 90 年代中期,中学日语学习人数甚至超过法语学习者,广受欢迎。虽然此后学习人数也有所起伏,但作为亚洲语言始终强势,大、中、小学生人数众多,日语非母语老师队伍尤其壮大,分布于新西兰的城市和边远地区。

根据日本基金会发布的 2021 年统计数据,新西兰共有 432 位日语老师,其中日语母语老师仅占了 19.4%,有大批的日语学习成功者才能提供充裕的日语教育者,经过若干年的积累,目前,新西兰日语师资以非母语老师为绝对主力。① 很难说非母语老师众多是日语学习者众多的"因",但非母语老师确实会具有母语老师所没有的优势。例如,他们以自身经历展示教育的多样性和包容性,为学生提供更广泛的学习体验,有效促进跨文化交流和理解,同时增强他们的身份认同感和文化连接。非母语教师能够从自己的学习经历中吸取教训,理解学生的语言学习挑战、学习需求和文化差异,从而提供更个性化和有针对性的教学。

汲取日语推广的经验,培养非汉语母语的本土教师,丰富师资构成的来源,可以促进不同语言和文化背景的教师间开展专业发展和合作,分享经验和教学资源,取长补短,共同提高汉语教育的质量和水平,推动汉语教育的创新和发展。

其三,在新西兰的外语教学中,合格的教师起着关键作用。那些能够吸引选修中文课并留住学生的教师,都具备出色的教学基本技能。我们应该充分发挥本地骨干教师的作用,展示他们的示范力量。历年来在"汉语桥"比赛中取得优

---

① 很多非日语母语老师都曾经参加过日本的 JET 项目(Japan Exchange and Teaching Programme),在日本做外语助教的经历为他们回到新西兰之后在中小学从事日语教学工作提供了很大便利。

异成绩的学生都离不开无私奉献的老师。因此,除了在新西兰"中文周"活动中表彰成绩优秀的"青年大使"们,我们还应该设立"杰出中文教师奖"或"最佳中文教师奖",或者鼓励中国驻外企业设立"奖教金",以奖励那些在新西兰表现出色的中文教师。通过这些方式,可以突出展示那些连年取得优异成绩的中文教师的榜样作用,公开表彰他们在教学中的卓越工作和突出贡献,以激励他们在本土教学中继续取得优异成绩。同时,在组织学生夏令营和访华团时,我们应该给予骨干教师支持和倾斜政策。在教育资源获取和教研基金资助方面,可以寻求使领馆教育处提供最大的帮助。

(3)除了教师问题,教材问题也一直受到各语种老师关注。

新西兰教育部不提供统一的教材,也没有通行的教材。在 2003 年前后,为了鼓励外语学习,新西兰教育部曾经统一组织力量,在各母语国使领馆的支持下,分别编写了五门外语的多媒体教学资源,供教授 7—8 年级参考使用,中文教学资源 *Hǎo! An introduction to Chinese* 就是在这一背景下,由一线本土老师编制而成的。此外,教育部还拍摄了 *First Class* 教学视频提供教学法示范,根据《语言学习指南》强调了第二语言及文化教学的基本原则。但是,经过了 20 多年,有关教学资源没有更新,内容过时。2019 年的一项调查报告显示①,各个语种的教学都需要适合并与新西兰教学大纲及新西兰特有背景、学习者水平相一致的教学资源、NCEA 考试的支持材料,等等,不同语种教师的诉求都非常一致。新西兰中文教学的教材问题同样由来已久,这一难点尤其困扰新手教师。笔者通过访谈了解到,多位长期从事中文教学的老师,参考现有各地发行的教材,博采众长,尤其是针对 NCEA 考试的需求,都积累形成了各自完整的自编教学材料,但目前还没有条件整合力量,形成本土的统编教材供老师参考使用。

未来在有资金支持的条件下,应该考虑由本土一线教师和国内专家共同组建队伍,按照本土大纲要求,编写研发体现新西兰本国特色的教材。教材编写需

---

① Juliet Kennedy,"A Stocktake, a Review, and Recommendations for Resource Provision for Learning Languages in the New Zealand Curriculum",2019. Retrieved from https://learning-languages. tki. org. nz/content/download/3874/19918/version/1/file/RESOURCE%2BREVIEW%2BREPORT%2B. pdf.

因人制宜,针对新西兰学习者的个体特点和学习风格,同时要因地制宜,反映出新西兰的地域文化风貌。"目前还没有明确的关于中学语言教育与高等教育语言教育之间的衔接。"①鉴于这样的状况,在未来研发教材时,要将各学习段语言教学的衔接纳入考虑的范畴,改善"碎片"化、缺乏系统的学习状况,做到学习内容的螺旋形上升,避免每一阶段学习所出现的内容重复的情况。

在此之前,新西兰中文教师还应该用足已有的本土教学辅助资源,如广泛运用于各学科的教学平台——"Education Perfect",充分利用本土开发的在线平台的优势。此外,值得一提的是,具有百年历史的新西兰函授学校(The Correspondence School)有着30余年中文教学经验积累,该校各语种都有统一编写的教材,开发多年并根据需要不断更新,中文成套系列教材一直在使用之中,值得同行借鉴参考,尤其对前来新西兰的汉语助教来说,在不得不在教室内开展教学的情况下,使用本地的教材,可以助其尽早进入本地的教学状态,明确教学目标,掌握教学进度,制定教学计划,与带教老师一起共同有序地完成教学任务,且便于与后继者的衔接。

2021年,《国际中文教育中文水平等级标准》正式颁布,它为世界各国中文教学提供了规范和标杆。鉴于新西兰中文教学指南提供的是总体目标和简单的例释,NCEA正值改革更新阶段,考试词表仍在试用和完善过程之中,关注母语国推出的《国际中文教育中文水平等级标准》有着非常重要的意义,一方面有助新西兰教育部编写者完善本土考试大纲的制定工作,拾遗补阙,另外一方面也为中文老师提供教学辅助,为教学资源的编写提供了参照和指导作用。

(4)除了保持校长团项目的持续开展,增强本土教师包括非母语教师的培养和储备,支持本土教材的研发外,保持汉语助教项目稳定持续的开展有助于扩大新西兰中文教育受益面。

2008年,中国与新西兰签订了自由贸易协定,每年最多不超过150位来自中国的汉语志愿者前往新西兰协助中小学开展教学。2022年,在中新建交50

---

① Royal Society of New Zealand, "Languages in Aotearoa New Zealand", 2013. Retrieved from https://www. royalsociety. org. nz/what-we-do/our-expert-advice/all-expert-advice-papers/languages-in-aotearoa-new-zealand.

周年的契机下《自贸协定》升级,汉语助教的名额在原有基础上增加一倍,这一升级为进一步助力新西兰中文项目更广泛的开展提供了政策保障。

汉语志愿者项目(MLAs)于 2010 年正式实施,其目标是协助中小学汉语教学,虽然与首批法国的语言助教相比晚了 30 余年,但志愿者项目落地之后的这十几年来,其成绩是有目共睹的:图 3 显示,2017 年受惠于志愿者项目的新西兰小学生高达 6 万多人,远超其他各语种,人数接近法语等其他四门"老牌"外语的总和,影响面极大。突如其来的疫情持续了三年,汉语助教项目不得不"停摆",原有相关学校的中文项目,也因完全依靠汉语助教作为授课师资随之停滞,小学中文项目遭受重创,无法保持中文教育在小学的旺盛势头,元气大伤。2023 年志愿者项目重启,根据新方学校的需求,63 位汉语助教到岗,她们分布在北岛或南岛的中小学校,在本土老师的带领下,重新开始耕耘。

遴选具有国际中文教育专业素养的预备师资,应根据新方实际需求,提供专业人才,宁缺毋滥,保质保量。在助教服务过程中,有条件在校承担教学任务的,一定要明确教学目标,通过寓教于乐的多种方式,在有限的学时内,丰富学生中国语言文化学习和体验,培养并巩固汉语学习的兴趣和热情,为他们下一阶段的汉语学习种下种子,打下基础;同时,做好与下一任助教的衔接,保持教学内容的连贯性和持续性,真正助力中小学汉语学习。如前所述,还可以尝试丰富汉语助教的功能,与带教老师结成对子,为小学课堂未来的中文师资创造条件。

## 五、结　　语

新西兰外语教育发展被掣肘有多方面因素,语言政策的缺失、外语缺乏地位及单语主义,还有本土师资不足、教材资源的缺乏等问题,每一项都制约着各门外语在新西兰的发展,中文教育所面临的挑战与其他外语有着共同之处。

在中新两国友好往来的背景下,我们可以借助两国之间的文化交流的各个契机,通过组织校长访问团和中学生夏令营等多种活动形式,进一步增进彼此的认识和理解。在师资培养、培训工作中,一方面借力于新方教育部支持下的语言教师专业培训的传统,另一方面拾遗补阙,增添汉语本体元素,发挥孔子学院的优势和强项,继续巩固汉语助教项目的有效性,这些举措将有助于进一步夯实中文教育在新西兰基础外语教育中的地位。

中文教育站在新西兰外语教育的赛道上,将继续长跑,它需要耐力,期待着依靠中新双方的力量,共同推动以语言学习为桥梁的文化交流事业。

# Rethinking Basic Foreign Language Education and Chinese Education in New Zealand

DAI Lan

## Abstract

New Zealand has a diverse cultural background with unique characteristics. Over the past three decades, it has made active efforts in promoting foreign language education. However, foreign language education in New Zealand has faced challenges both in the past and in the present, and Chinese, as one of the mainstream foreign language options in New Zealand's fundamental education, is no exception. Chinese education in New Zealand has made significant progress but is still lagging behind the other languages. Given the current landscape of foreign language education in the country, it is important to recognize the current status of Chinese language education and draw successful experience from other countries to join in New Zealand's foreign language education "marathon" with a long-term strategic plan.

## Keywords

multiculturalism in New Zealand; basic foreign language education in school; Chinese language education

# 越南汉语的语言角色与功能：
# 以越南汉语景观为考察中心<sup>*</sup>

孟凡璧<sup>**</sup>

**提要：**语言角色是评价语言功能、研判语言选择的重要依据。在越南，汉语的语言角色特殊且多样，直接影响当代越南汉语的语言功能。以汉语景观为中心从五个维度对其地理分布展开考察后发现，在越南语言生活中，汉语主要有外国语言和民族语言两大角色，但两者在越南不同地区的表现有所偏重，同时汉语主要有工具和文化两大功能，但两者不是同等的而是动态演变的，凸显了越南汉语角色的多重性与复杂性，以及汉语功能的发展性与竞争性。本文是对语言规划学中关于语言角色与语言功能关系研究的一次新尝试。建议收集、分析及利用语言景观来跟进、塑造语言角色与功能，为区域国别中文国际传播规

\* 本文为教育部哲学社会科学研究重大课题攻关项目"语言与国家认同关系研究"（项目编号：19JZD028）、教育部中外语言交流合作中心国际中文教育研究课题"越南'中文＋职业教育'的作用机理及实现路径研究"（项目编号：22YH49C）和广西教育科学"十四五"规划高等教育国际化专项课题"面向东盟经贸需求的'中文＋'国际学生培养：实践模式与典型案例"（项目编号：2021ZJY1637）的阶段性成果。

\*\* 孟凡璧，广西师范大学国际文化教育学院、华东师范大学国家话语生态研究中心，博士，讲师。主要研究方向为语言政策与语言规划、国际中文教育。

划的制订与实施提供参考和支持。

**关键词：**越南；汉语；语言角色；语言功能；语言景观

# 一、问题的提出

语言角色是评价语言功能、研判语言选择的重要依据。在越南，由于汉语（包括汉字）使用的古今变迁及其现实复杂性，汉语的语言角色特殊且多样，从不同的角度可以看作"历史语言、辅助语言、专业语言、外国语言、民族语言"①，直接影响当代越南汉语的语言功能。语言功能是语言在社会生活中所发挥的功能②，探讨语言功能就是要考察语言在社会生活中发挥的作用及作用方式，有助于深刻理解语言的社会性质和价值。③ 关于语言功能的学问是语言规划学的本质。④ 因此，在积极构建"中越具有战略意义命运共同体"的新时代背景下，探究如何在越南社会生活中厘定汉语角色，怎样为满足越南社会需求和惠及社会成员而全面发挥乃至进一步拓展汉语功能，预防、解决不同身份下的功能冲突，有助于我国正确制订与有效实施区域国别中文国际传播规划，更好地发挥中文在推动中越两国关系不断发展、行稳致远中的重要作用。

中越两国学者均已关注到因越南汉语的语言角色与功能混淆而产生的问题。韦锦海指出，作为越南民族语言和外国语言这两种不同性质的汉语学习相互交错，学习华族语言与学习其他外国语言在本质上并无区别，进而导致越南设有华语班的普通学校和华语中心挂羊头卖狗肉、不考虑学习对象、流于着重经

---

① 李宇明：《汉语是中国的，也是世界的》，《辽宁师范大学学报》（社会科学版）2017 年第 3 期，第 1—2 页。
② 李宇明：《语言功能规划刍议》，《语言文字应用》2008 年第 1 期，第 2—8 页。
③ 赵蓉晖：《语言社会功能的当代理解》，《中国社会科学》2017 年第 2 期，第 159—171 页。
④ 李宇明：《语言规划学说略》，《辞书研究》2022 年第 1 期，第 1—17、125 页。

营、追求经济效益。① 彭振声（Banh Chan Thanh）进一步指出，直到目前在越南仍然缺乏属于民族语言教育的汉语教学类型。② 为此，阮秋姮（Nguyen Thu Hang）立足于语言地位、语言功能和国家—族群—历史三种认同，论述了如何让越南不同类型的汉语教学各安其位、各司其职。③ 但是，以往研究较多集中在汉语教学上，而较少延伸到汉语使用中，特别是缺乏对越南汉语应用真实状态的通体描刻，以及对越南汉语社会功能的当代理解。语言景观是真实、立体展现语言应用的现实场景，其研究聚焦于语言与空间的相互作用关系，最早起源于语言政策与语言规划领域。④ 透过语言景观可以推断标牌使用者对于标牌语言角色与功能的认知和期待，可以审视中文国际传播在世界语言生活中遇到的实际问题。以语言景观为切入点，张武玉玲（Truong Vu Ngoc Linh）选取越南广平省洞海市作为个案，描述牌匾用文及汉越词使用现状，提出越南语言文字使用规范标准的对策建议。⑤ 潘仁（Nhan Phan）等揭示了越南首都河内老城区的语言景观与语言政策之间的互动和冲突，指出对公共空间语言的动态理解是认识国家通用语言、民族语言、外国语言和语言隐性作用的重要视角。⑥ 综合来看，越南语言景观研究多遵循于标牌多语化分析的基本范式，对汉语角色与功能的认识常局限于标牌功能分析的既定框架，但越南汉语角色与功能的形成和发展有其特殊的历史源流，必然受制于错综复杂的社会关系及社会环境，故如何将越南宏观社会背景与不同地区汉语景观实践有机结合，基于越南汉语景观的空间格局及影响

---

① 韦锦海：《越南华人华文教学当前存在的几个问题》，《东南亚纵横》2004 年第 8 期，第 63—68 页。
② 彭振声：《越南华族学生的民族语言教育政策研究——以胡志明市华文教育为例》，《东南亚纵横》2019 年第 5 期，第 89—96 页。
③ 阮秋姮：《越南汉语的语言地位与汉语教学政策研究》，博士学位论文，北京：北京语言大学语言科学院，2019 年。
④ Elana Shohamy, "LL Research as Expanding Language and Language Policy", *Linguistic Landscape*, 2015, Vol. 1, No. 1 - 2, pp. 152 - 171.
⑤ 张武玉玲：《越南广平省洞海市牌匾用文及汉越词调查》，《山西大同大学学报》（社会科学版）2020 年第 1 期，第 106—112 页。
⑥ Nhan Phan & Donna Starks, "Language in Public Space and Language Policies in Hanoi Old Quarter, Vietnam: a dynamic understanding of the interaction", *Language Policy*, 2020, Vol. 19, No. 1, pp. 111 - 138.

因素探索越南汉语角色与功能的现实表现及潜在问题,还有待深入思考和研究。

本文讨论的是越南汉语的宏观社会角色与功能,确立的考察中心是越南公共空间中的汉语景观,即以汉字(不包括喃字或汉喃夹杂)呈现的遗迹、碑刻、楹联、标识等汉语标牌。通过田野调查收集越南汉语景观,建立越南汉语景观地理分布的差异比较,分析越南汉语角色与功能的总体特征,阐释作为社会机制的语言景观塑造语言角色与功能的内在逻辑,为语言规划研究提供新的案例和视角。

## 二、田野调查情况

越南现有 5 个中央直辖市和 58 个省,按照其国土略呈 S 形特征可大致分为北部地区、中部地区和南部地区,调查分别选取三个地区的核心城市作为田野点,同时选取各点周边若干具有区域代表性省份的省会城市等以扩大调查面。在北部地区,选取的是河内市和北宁省、广宁省、谅山省、老街省;①在中部地区,选取的是岘港市和庆和省、林同省;②在南部地区,选取的是胡志明市和西宁省、平阳省、安江省、茶荣省、金瓯省。③ 越南三个地区尤其是北部地区和南部地区不仅在自然风貌上存在差异,而且在人文底蕴上也存在区别,由此构成了北中南三地迥然不同的社会结构特征和社会经济发展水平,其必将在很大程度上作用于越南汉语景观的构建,是从汉语景观视角分析越南汉语角色与功能的重要背景。

在调研中,首先以城区为网格化的采集单位,采用相机拍照的方式对城区主

---

① 河内市是越南的首都,是越南全国的政治、文化中心和面积最大的城市,广宁省、谅山省和老街省位于河内市北面,分别与中国的广西壮族自治区和云南省接壤,是中越互联互通的关键枢纽,北宁省位于河内市东面且与广宁省相连,两省共同搭建起中越两国推进"一带一路"和"两廊一圈"对接的重要通道。

② 岘港市位于越南南北的中间点,有越南第三大门户之称,历史上法国的殖民入侵亦始于此,如今岘港市是越南旅游总局确定的越南旅游业重点发展区之一,日益成为中部乃至全国旅游的中心。

③ 胡志明市(旧称西贡)是越南全国的经济中心和人口最多的城市,历史地看,一方面胡志明市的社会变迁受西方影响较大,另一方面华人对胡志明市的建设与发展贡献巨大,现在这里仍然是越南华族集中居住的城市,尤以第 5 郡(旧称堤岸)最多。

干街道两侧可视范围内的汉语景观逐一进行拍摄，然后运用个体法确定汉语景观的分析单元，该方法便于判断标牌个体、区分标牌设立者且有利于进行不同地区标牌样本的比较。[①] 因调查范围广、采集规模大及不可控因素的影响，田野调查集中在 2019 年 7—9 月、2020 年 12 月和 2021 年 6 月开展，一共采集到越南汉语景观标牌 1 957 个。

## 三、越南公共空间语言使用相关政策

从历史上看，越南曾出现过三种文字：汉字、喃字和拉丁国语字。其中，汉字在越南的传播和使用长达两千余年，1945 年八月革命后，拉丁国语字取代汉字成为越南的正式通用文字，沿用至今。越南的文字虽然几经变迁，但是越南本民族语言古已有之，千百年来，在越南社会上下层普遍使用、延续不衰，成为维系越南民族意识、民族思维的根本载体。[②]

从法律上看，越南社会主义共和国《宪法》第五条规定国家语言文字是越南语。各民族都享有使用自己的语言、文字，保持自己的民族本色，发扬自己美好的风俗、习惯、传统和文化的权利；第四十二条规定公民享有明确自身民族、使用母语、选择交流语言的权利。这两条规定可以说是越南关于语言文字的根本政策。目前，越南没有明确的公共标牌立法，但是越南《广告法》第十八条规定如果在同一广告产品上使用越南语和外语，外语字符不得超过越南语字符大小的3/4，并且必须放在越南语字符下面；在以广播、电视或视听方式播出时，越南语必须在外语之前阅读。[③] 另外，《关于指导国家行政机关牌匾名称的通知》(05/2008/TT‐BNV 号通知)和《关于颁布文化活动和公共文化经营服务条例的决定》(103/2009/NĐ‐CP 号决定)也对规范公共空间的语言使用做出相应规定。

---

① 　徐茗：《北京市语言景观调查研究》，上海：上海三联书店，2020 年，第 43 页。
② 　于向东：《越南思想史的发展阶段和若干特征》，《郑州大学学报》(哲学社会科学版) 2001 年第 3 期，第 72—77 页。
③ 　Vietnam National Assembly，*Advertising Law*，16/2012/QH13，Hanoi：Vietnam National Assembly，2012.

## 四、越南汉语景观地理分布的差异比较

在社会生活中,国家、政府或是企业、个人均可利用语言景观传达不同的思想信息,语言景观可被视为展现当地语言选择状况的真实窗口。不同语言景观标牌最能体现影响事实语言政策的语言景观的机制作用。[1] 据此,选取标牌呈现方式及数量、标牌性质类型、标牌功能类型、标牌所属社会领域和社会业态等五个维度对标牌表征进行描写,在此基础上对越南汉语景观地理分布的差异做出比较。

### 1. 越南汉语景观标牌呈现方式及数量的地理分布

语言景观标牌呈现方式及数量是考察标牌语言使用情况的基础数据,是分析标牌语言角色与功能的前提条件。总体上,南部地区的汉语景观标牌数量最多,北部地区次之,中部地区最少。在各地区内部,广宁省和北宁省、岘港市、胡志明市汉语景观标牌的地区占比均超过五成,其中胡志明市高达 95.0%。此外,在全部 1 957 个汉语景观标牌中,分别有汉语单语标牌 386 个和汉语多语标牌 1 571 个,各占 19.7%、80.3%,北部地区和南部地区汉语单/多语标牌的占比与之相近,中部地区汉语单语标牌的占比略高。具体数据见表 1。

表 1　越南汉语景观调查区域与标牌呈现方式及数量　　　　　　(单位: n/%)

| 调 查 区 域 | | 标牌呈现方式及数量 | | 小　计 |
|---|---|---|---|---|
| 地　区 | 直辖市/省 | 汉语单语标牌 | 汉语多语标牌 | |
| 北部地区 | 河内市 | 51/70.8 | 21/29.2 | 72/15.3 |
| | 广宁省、北宁省 | 18/6.7 | 250/93.3 | 268/56.8 |
| | 谅山省 | 8/12.7 | 55/87.3 | 63/13.3 |
| | 老街省 | 12/17.4 | 57/82.6 | 69/14.6 |

---

[1]　Elana Shohamy, *Language Policy: Hidden Agendas and New Approaches*，London：Routledge，2006.

| 调查区域 | | 标牌呈现方式及数量 | | 小　计 |
| --- | --- | --- | --- | --- |
| 地　区 | 直辖市/省 | 汉语单语标牌 | 汉语多语标牌 | |
| | 合计 | 89/18.9 | 383/81.1 | 472/100 |
| 中部地区 | 岘港市 | 43/41.3 | 61/58.7 | 104/67.5 |
| | 庆和省、林同省 | 14/28.0 | 36/72.0 | 50/32.5 |
| | 合计 | 57/37.0 | 97/63.0 | 154/100 |
| 南部地区 | 胡志明市 | 205/16.2 | 1 060/83.8 | 1 265/95.0 |
| | 西宁省、平阳省、安江省、茶荣省、金瓯省 | 35/53.0 | 31/47.0 | 66/5.0 |
| | 合计 | 240/18.0 | 1 091/82.0 | 1 331/100 |
| | 总计 | 386/19.7 | 1 571/80.3 | 1 957/100 |

## 2. 越南汉语景观标牌性质类型的地理分布

语言景观标牌性质类型是剖析标牌语言使用情况的关键指征，是透视标牌语言角色与功能的核心线索。根据标牌设置主体的不同，可将标牌性质分为官方标牌与非官方标牌两类：官方标牌由政府与官方机构设置，如门牌、路牌等，是国家意志的彰显；非官方标牌由个体与非官方机构设置，如商铺名牌、广告牌等，其主体构成更多元，自主选择也更灵活，通常更能对语言社会需求做出敏锐、迅速的反应。

表 2 数据显示，非官方标牌在越南汉语景观中占据大多数，比例高达84.9%。对比三个地区的标牌性质构成及语言组合模式，有以下特点。

表 2　越南汉语景观调查区域与标牌性质类型　　　　　　（单位：n/%）

| 调查区域 | | 标牌性质类型 | | 小　计 |
| --- | --- | --- | --- | --- |
| 地　区 | 直辖市/省 | 官方标牌 | 非官方标牌 | |
| 北部地区 | 河内市 | 51/70.8 | 21/29.2 | 72/15.3 |
| | 广宁省、北宁省 | 50/18.7 | 218/81.3 | 268/56.8 |
| | 谅山省 | 0/0 | 63/100 | 63/13.3 |
| | 老街省 | 1/1.4 | 68/98.6 | 69/14.6 |

续　表

| 调查区域 | | 标牌性质类型 | | 小　计 |
| --- | --- | --- | --- | --- |
| 地　区 | 直辖市/省 | 官方标牌 | 非官方标牌 | |
| | 合计 | 102/21.6 | 370/78.4 | 472/100 |
| 中部地区 | 岘港市 | 3/2.9 | 101/97.1 | 104/67.5 |
| | 庆和省、林同省 | 0/0 | 50/100 | 50/32.5 |
| | 合计 | 3/1.9 | 151/98.1 | 154/100 |
| 南部地区 | 胡志明市 | 147/11.6 | 1 118/88.4 | 1 265/95.0 |
| | 西宁省、平阳省、安江省、茶荣省、金瓯省 | 43/65.2 | 23/34.8 | 66/5.0 |
| | 合计 | 190/14.3 | 1 141/85.7 | 1 331/100 |
| | 总计 | 295/15.1 | 1 662/84.9 | 1 957/100 |

北部地区。一是标牌性质构成不一致。河内市在该地区为数不多的汉语景观中,官方标牌的占比超过七成,其汉语景观标牌具有极强的官方属性,但从河内市出发向北延伸,非官方标牌的占比一路攀升,直至越中边境省份达到最大值,其中谅山省的占比高达 100%。二是标牌语言组合模式以汉—越(236 个)、汉—越—英(124 个)为主,且与英语共现程度最高。在 102 个官方标牌中分别有 50 个汉语单语标牌、2 个汉—越双语标牌和 50 个汉—越—英三语标牌,在 370 个非官方标牌中分别有 39 个汉语单语标牌、234 个汉—越双语标牌、20 个汉—英双语标牌、74 个汉—越—英三语标牌和 3 个汉—越—韩三语标牌;总体上与英语的共现率为 30.5%。

中部地区。一是官方与非官方标牌占比存有极大悬殊,分别为 1.9% 和 98.1%。二是标牌语言组合模式最多且与英语共现程度较高,具体包括:汉—越、汉—英、汉—俄、汉—韩、汉—越—英、汉—越—俄、汉—越—韩、汉—英—俄、汉—英—韩、汉—越—英—俄、汉—越—英—韩、汉—越—英—俄—韩 和汉—越—英—日—韩等,排在前三位的是汉语单语标牌 57 个、汉—越双语标牌 45 个、汉—越—英三语标牌 26 个,值得注意的是以上语码完全覆盖了近年来赴越南国际游客与客源市场排名中居于前列的几个国家的语言；①总体上与英语的共现率为 28.6%。

南部地区。一是标牌性质构成不一致。以越南华族居住最集中的胡志明市为中心向其周边五省扩散，非官方标牌占比大幅下降，降幅超五成，胡志明市对该地区汉语角色与功能的区域影响力可见一斑。二是标牌语言组合模式以汉—越(883 个)、汉(240 个)为主，且与英语共现程度最低。在 190 个官方标牌中分别有 141 个汉语单语标牌、47 个汉—越双语标牌和 2 个汉—越—英三语标牌，在 1 141 个非官方标牌中分别有 99 个汉语单语标牌、836 个汉—越双语标牌、45 个汉—英双语标牌、157 个汉—越—英三语标牌以及各 2 个汉—越—英—日和汉—越—英—韩四语标牌；总体上与英语的共现率为 15.6%。

### 3. 越南汉语景观标牌功能类型的地理分布

语言景观标牌功能类型是判断标牌语言使用情况最直观的标示，呈现出了标牌语言角色与功能的概貌。根据田野调查的实际情况并结合研究数据，本研究将采集到的所有汉语景观标牌分为五类：门牌路牌/标语由当地政府与官方机构设置，通常是法定的国家标志物，具有确切的政治属性，属于官方标牌；建筑名牌/标牌包含官方机构与非官方机构两类建筑，这里将政府部门建筑、历史文化建筑等官方机构名牌/标牌归入此类别，其他如商业店铺等非官方机构名牌归入店名/机构名牌一类；广告牌/宣传海报是具有突出市场指向与功能面向的语言景观标牌，属于非官方标牌；警示牌/信息牌的设置主体相对混杂，其标牌性质类型要视具体情况而定。

如表 3 所示，汉语景观标牌在越南不同地区及地区内部的功能类型并不完全相同。从官方标牌看，三个地区的共同点是汉语主要用在建筑名牌/标牌上，占比分别为 10.8%、1.9%、13.7%，最显著的差异是北部地区门牌路牌/标语上的汉语使用占 10.2%，且基本集中在广宁省、北宁省，占 17.5%；从非官方标牌

---

① 根据越南统计总局网站(https://www.gso.gov.vn/)发布的赴越南国际游客和客源市场统计数据，在 2015—2019 年间均排在前十位的国家/地区是中国大陆、韩国、日本、美国、中国台湾、马来西亚、俄罗斯和澳大利亚。

看,其功能类型更为聚合,主要是店名/机构名牌和广告牌/宣传海报,占比分别为57.4%和26.4%。由此可以进一步判断汉语在越南的现代层级构造及其发展趋势,为了更清楚地把握这一点对越南汉语角色与功能的影响,我们将对两种不同设置主体的汉语景观标牌所属的社会领域和社会业态展开更细致的考察。

表3　越南汉语景观调查区域与标牌功能类型　　　　　　　　　　(单位:n/%)

| 调查区域 | | 标牌功能类型 | | | | | 小计 |
|---|---|---|---|---|---|---|---|
| 地区 | 直辖市/省 | 门牌路牌/标语 | 建筑名牌/标牌 | 店名/机构名牌 | 广告牌/宣传海报 | 警示牌/信息牌 | |
| 北部地区 | 河内市 | 0/0 | 50/69.4 | 14/19.4 | 7/9.7 | 1/1.4 | 72/15.3 |
| | 广宁省、北宁省 | 47/17.5 | 1/0.4 | 107/39.9 | 111/41.4 | 2/0.7 | 268/56.8 |
| | 谅山省 | 0/0 | 0/0 | 34/54.0 | 23/36.5 | 6/9.5 | 63/13.3 |
| | 老街省 | 1/1.4 | 0/0 | 32/46.4 | 33/47.8 | 3/4.3 | 69/14.6 |
| 合计 | | 48/10.2 | 51/10.8 | 187/39.6 | 174/36.9 | 12/2.5 | 472/100 |
| 中部地区 | 岘港市 | 0/0 | 3/2.9 | 71/68.3 | 29/27.9 | 1/1.0 | 104/67.5 |
| | 庆和省、林同省 | 0/0 | 0/0 | 18/36.0 | 32/64.0 | 0/0 | 50/32.5 |
| 合计 | | 0/0 | 3/1.9 | 89/57.8 | 61/39.6 | 1/0.6 | 154/100 |
| 南部地区 | 胡志明市 | 0/0 | 141/11.1 | 843/66.6 | 267/21.1 | 14/1.1 | 1 265/95.0 |
| | 西宁省、平阳省、安江省、茶荣省、金瓯省 | 2/3.0 | 41/62.1 | 4/6.1 | 14/21.2 | 5/7.6 | 66/5.0 |
| 合计 | | 2/0.2 | 182/13.7 | 847/63.6 | 281/21.1 | 19/1.4 | 1 331/100 |
| 总计 | | 50/2.6 | 236/12.1 | 1 123/57.4 | 516/26.4 | 32/1.6 | 1 957/100 |

### 4. 越南汉语景观标牌所属社会领域的地理分布

社会生活是分领域的,语言功能也应当如此,而且语言功能领域同样可以进行平面整合或者是层次叠架。① 本研究从政治、经济、文化三个方面对社会生活

---

① 李宇明:《语言功能规划刍议》,《语言文字应用》2008年第1期,第2—8页。

的领域进行划分，并以此对政府与官方机构作为设置主体的汉语景观加以归类，目的在于了解越南官方对汉语选择与使用情况。如表 4 所示，越南汉语景观官方标牌最集中的是文化领域，占比达 81.7%；其次是经济领域，占比为 17.6%；最后是政治领域，占比仅 0.7%。

表 4　越南汉语景观调查区域与标牌所属社会领域　　　　（单位：n/%）

| 调查区域 | | 标牌所属社会领域（仅官方标牌） | | | 小　计 |
|---|---|---|---|---|---|
| 地区 | 直辖市/省 | 政治 | 经济 | 文化 | |
| 北部地区 | 河内市 | 0/0 | 0/0 | 51/100 | 51/50.0 |
| | 广宁省、北宁省 | 1/2.0 | 48/96.0 | 1/2.0 | 50/49.0 |
| | 谅山省 | 0/0 | 0/0 | 0/0 | 0/0 |
| | 老街省 | 1/100 | 0/0 | 0/0 | 1/1.0 |
| | 合计 | 2/2.0 | 48/47.1 | 52/51.0 | 102/100 |
| 中部地区 | 岘港市 | 0/0 | 0/0 | 3/100 | 3/100 |
| | 庆和省、林同省 | 0/0 | 0/0 | 0/0 | 0/0 |
| | 合计 | 0/0 | 0/0 | 3/100 | 3/100 |
| 南部地区 | 胡志明市 | 0/0 | 4/2.7 | 143/97.3 | 147/77.4 |
| | 西宁省、平阳省、安江省、茶荣省、金瓯省 | 0/0 | 0/0 | 43/100 | 43/22.6 |
| | 合计 | 0/0 | 4/2.1 | 186/97.9 | 190/100 |
| 总计 | | 2/0.7 | 52/17.6 | 241/81.7 | 295/100 |

### 5. 越南汉语景观标牌所属社会业态的地理分布

以个体与非官方机构作为设置主体的汉语景观是非官方群体根据越南市场需求做出的语言选择。本研究对越南汉语景观非官方标牌所属社会业态做了统计，如表 5 所示，餐饮是汉语景观活力最强的行业，标牌总占比为 51.9%，但各地不同行业使用汉语标牌有差异。聚焦各地前三位的行业排序，北部地区依次是餐饮、住宿旅游、金融商贸；中部地区依次是餐饮、特产百货、娱乐休闲；南部地

（单位：n/%）

表 5　越南汉语景观调查区域与标牌所属社会业态①

| 地区 | 调查区域 直辖市/省 | 标牌所属社会业态（仅非官方标牌） | | | | | | | | | 小计 |
|---|---|---|---|---|---|---|---|---|---|---|---|
| | | 餐饮 | 住宿旅游 | 交通通信 | 金融商贸 | 特产百货 | 娱乐休闲 | 美容美发 | 医药卫生 | 教育文体 | |
| 北部地区 | 河内市 | 13/61.9 | 0/0 | 3/14.3 | 0/0 | 1/4.8 | 0/0 | 0/0 | 0/0 | 4/19.0 | 21/5.8 |
| | 广宁省、北宁省 | 81/37.2 | 43/19.7 | 2/0.9 | 40/18.3 | 48/22.0 | 0/0 | 3/1.4 | 0/0 | 1/0.5 | 218/60.4 |
| | 谅山省 | 30/52.6 | 6/10.5 | 1/1.8 | 14/24.6 | 2/3.5 | 1/1.8 | 1/1.8 | 1/1.8 | 1/1.8 | 57/15.8 |
| | 老街省 | 43/66.2 | 10/15.4 | 0/0 | 2/3.1 | 2/3.1 | 8/12.3 | 0/0 | 0/0 | 0/0 | 65/18.0 |
| | 合计 | 167/46.3 | 59/16.3 | 6/1.7 | 56/15.5 | 53/14.7 | 9/2.5 | 4/1.1 | 1/0.3 | 6/1.7 | 361/100 |
| 中部地区 | 岘港市 | 67/66.3 | 0/0 | 2/2.0 | 1/1.0 | 11/10.9 | 14/13.9 | 3/3.0 | 0/0 | 3/3.0 | 101/66.9 |
| | 庆和省、林同省 | 26/52.0 | 7/14.0 | 1/2.0 | 2/4.0 | 12/24.0 | 0/0 | 1/2.0 | 0/0 | 1/2.0 | 50/33.1 |
| | 合计 | 93/61.6 | 7/4.6 | 3/2.0 | 3/2.0 | 23/15.2 | 14/9.3 | 4/2.6 | 0/0 | 4/2.6 | 151/100 |
| 南部地区 | 胡志明市 | 578/52.4 | 28/2.5 | 11/1.0 | 25/2.3 | 201/18.2 | 15/1.4 | 29/2.6 | 98/8.9 | 119/10.8 | 1 104/99.5 |
| | 西宁省、平阳省、安江省、茶荣省、金瓯省 | 4/66.7 | 0/0 | 0/0 | 0/0 | 0/0 | 0/0 | 0/0 | 0/0 | 2/33.3 | 6/0.5 |
| | 合计 | 582/52.4 | 28/2.5 | 11/1.0 | 25/2.3 | 201/18.1 | 15/1.4 | 29/2.6 | 98/8.8 | 121/10.9 | 1 110/100 |
| | 总计 | 842/51.9 | 94/5.8 | 20/1.2 | 84/5.2 | 277/17.1 | 38/2.3 | 37/2.3 | 99/6.1 | 131/8.1 | 1 622/100 |

① 共计 40 个标牌无法归入上述社会业态划分，具体分布如下：谅山省 6 个，老街省 3 个，胡志明市 14 个，茶荣省 17 个。

区依次是餐饮、特产百货、教育文体。

## 五、越南汉语角色与功能的特征分析

语言景观与社会语言环境之间是双向互动的关系，语言景观不仅反映社会语言环境，而且有助于构建新的社会语言环境。语言景观对语言行为具有"激励效应"，标牌上的语言作为重要视觉信息出现，一定程度上影响人们对语言不同地位的理解，可能也会影响到他们的语言行为。[①] 因此，分析越南汉语的语言角色与功能时，汉语景观研究的实证数据可以作为重要参考，可为观察越南汉语的语言角色与功能的时代演变提供重要视角。

### 1. 越南汉语角色的多重性与复杂性

本研究以越南汉语景观为中心展开考察后发现，越南汉语景观以首都河内为起点，分别向北和向南递增，并且在北、南两端（广宁省、胡志明市）达到最大值。在越南北部地区，汉语景观在首都河内的数量极少，散见于餐饮行业之中，但以河内市为中心向越中边境省份逐渐散布开来，标牌数量激增、功能类型扩展；在越南中部地区，汉语景观以岘港市为中心呈散点分布，标牌数量不大、功能类型单一；在越南南部地区，汉语景观主要集中在胡志明市内，并以作为经贸、金融和行政中心的第1郡为中心呈块状分布，标牌数量最大、功能类型均衡，且与越南北部地区相比在门牌路牌/标语和建筑名牌/标牌等官方标牌上差异明显。

进一步分析北、南两端汉语景观可知，一方面，越南首都河内的汉语景观很少且多为汉语单语标牌，但同属北部地区的其他四省汉语景观的标牌数量和语言组合模式却与之截然相反，其中以广宁省和北宁省最为典型。广宁省和北宁省是中越两国经贸往来的门户和要道，两省在越南 2019 年省级竞争力指数

---

① 尚国文、赵守辉：《语言景观的分析维度与理论构建》，《外国语》2014 年第 6 期，第 81—89 页。

(PCI)排名中分列第 1 位和第 4 位,而广宁省已是连续第三年居第 1 位①,以其为代表的越南北部边境各省 2019 年经济增长速度总体高于越南全国平均水平。另一方面,在越南汉语景观最多的胡志明市中,第 5 郡、第 10 郡和第 1 郡的汉语景观位列前三,标牌数量及其地区占比分别为 748 个(56.2%)、155 个(11.6%)和 109 个(8.2%)。第 5 郡和第 10 郡均是越南华族的聚居区,第 1 郡则是胡志明市的经贸、金融和行政中心。这说明,汉语在越南北部地区公共空间中的使用与越南经济社会发展利益有着紧密联系,对汉语作为外国语言的角色塑造具有积极作用;汉语在越南南部地区公共空间中的使用首先体现了汉语作为越南 53 个少数民族之一的华族的民族语言角色,但随着汉语使用由华族聚居区向区域中心区的拓展,汉语作为民族语言和外国语言两种角色在越南南部地区交错交融,构成了有别于北部地区和中部地区的空间景观特征差异。

综上所述,越南的汉语角色具有多重性与复杂性。汉语在越南语言生活中主要有外国语言和民族语言两大角色,但两者在越南不同地区的表现有所偏重。从越南汉语景观向北和向南的增势来看,向北的增势是汉语作为外国语言在越南公共空间中的实践表征,与中越两国愈益趋紧的经贸往来密切关联,在紧邻中国且省级竞争力指数名列第一的广宁省,汉语景观达到了在越南北部地区的峰值;向南的增势是汉语作为民族语言在越南公共空间中的实践表征,与越南华族的社会生活空间高度重合,在越南华族人口最集中的胡志明市第 5 郡,汉语景观达到了在越南南部地区的峰值。研究认为,以上两种汉语角色的根本区别在于汉语对越南民族国家所发挥的不同作用。就语言景观的空间格局而言,语言景观标牌表征、性质构成和层级构造等地理分布差异可作为语言角色的判断依据;就其空间格局的影响因素而言,历史、地缘、经贸、旅游、民族和人口等是重要的评估参项。

## 2. 越南汉语功能的发展性与竞争性

李宇明、王春辉指出,语言的功能主要分为工具功能和文化功能两大范畴,工具功能主要考察语言的沟通能力,文化功能主要考察语言的文化影响力,且这两

---

① 解桂海:《越南国情报告(2020)》,北京:社会科学文献出版社,2021 年,第 313 页。

大范畴在语言生活中是不同等的。① 语言功能的发挥积淀着历史因素和现实因素，掺杂各种社会因素。从本文的研究数据来看，工具功能和文化功能是汉语在越南语言生活中实际发挥的两大功能，但由于中越两国历史与现实等诸多因素的共同作用，两种功能自身的强弱以及各自在越南不同地区的轻重并非一成不变。

其一，历史因素对越南汉语功能变迁的影响。越南的汉语是全球各种汉语的一个组成部分，作为一种语言文化遗产，汉语不仅是中华语言文化遗产的组成部分，更是当地语言文化遗产的重要组成部分。② 中越语言文化的深刻渊源和广泛接触古已有之，在越南各个历史时期都有大量汉字刻写在越南的金、石以及宝塔、寺庙、神社、祠堂之上，历久而存，构成了越南公共空间中一道横贯古今的汉语景观。早在1920—1930年间，在法国殖民政府支持下，法国远东学院就在越南全国进行了第一次大规模的汉喃碑铭文献搜集工作。越南民主共和国成立后，在1957年10月29日出台《关于颁布古迹保护规定的法令》(519 - TTg 号法令)，并在1963年12月13日下达《关于保护和管理汉字、喃字书籍与文献的指示》(117 - TTg 号指示)，将此类具有历史文化价值的建筑、碑铭作为古迹进行重点保护。不仅如此，越南还专门成立汉喃研究院并多次出台配套性政策③，以充分保护汉字、喃字的各类古代书籍与文献，大力发掘其历史文化价值。自1958年至今，在越南政府支持下，汉喃研究院等越南汉文学术单位多次与法国、中国台湾的研究机构合作，汉喃碑铭文献的搜集、整理与研究工作不断扩大、深入④，对汉语文化在越南的保持起到了重要作用。

---

① 李宇明、王春辉：《全球视域中的汉语功能》，《云南师范大学学报》(哲学社会科学版) 2018年第5期，第17—26页；李宇明、王春辉：《论语言的功能分类》，《当代语言学》 2019年第1期，第1—22页。

② 郭熙、雷朔：《论海外华语的文化遗产价值和研究领域拓展》，《语言文字应用》2022 年第2期，第38—46页。

③ 具体包括：1964年2月21日《关于保护汉字、喃字书籍与文献的通知》(05 - VH - TV 号通知)，1979年9月8日《关于汉字、喃字资料发掘、保管、收集与汇编工作的决定》(311 - CP 号决定)，1979年9月13日《关于成立越南社会科学委员会汉喃研究院的决定》(326 - CP 号决定)，1993年6月21日《关于汉喃研究院大学教育培训任务的决定》(300 - TTg 号决定)。

④ 耿慧玲：《越南史论——金石资料之历史文化比较》，台北：新文丰出版股份有限公司，2004年。

无可否认的是,汉字伴随其镌刻、书写的客观事物与越南民族的历史文化变迁一道,着落于普罗大众的日常生活之中,成为越南景观社会无法磨灭的景象,贮存着越南民族的历史行程和文化基因,此类汉语景观得到了越南国家的承认与保护。越南把拼音文字成功运用到大众读写能力的推广中,成为"唯一一个放弃了中华文明最显著标志和工具(即汉字)的儒家社会。如今人们在越南石碑上仍可找到汉字,但它们的功能几乎完全变成象征性和装饰性了"。① 而汉语景观之所以能够在除文化领域外(如图 1)的官方标牌中占有一席之地(如图 2),从根本上说是得益于中国与越南双边经贸关系持续快速发展对越南北部地区尤其是越中边境省份的经济辐射与带动。地处中越两国经贸大通道关键位置的广宁省,经济增长速度连续多年总体高于全国平均水平,在 2017—2019 年越南省级竞争力指数排名中均名列第一。

图 1　胡志明市第 5 郡的汉语景观　　　　图 2　广宁省芒街市的新设路牌

其二,现实因素对越南汉语功能变迁的影响。当今世界语言格局几乎就是世界政治经济格局的附属产物,每种语言的地位及其功能的强弱,与其国家的政

---

① Florian Coulmas, *Writing and Society: An Introduction*, New York: Cambridge University Press, 2013, p. 116.

治经济地位密切相关。① 在越南汉语景观现实活力和经济张力愈发凸显的背后是积极构建"中越具有战略意义命运共同体"的政治定力和经济推力的稳步扩增。

一方面，从中越两国经贸合作看，近年来，以高质量推进"一带一路"和"两廊一圈"对接为主线，中越两国市场紧密关联，产业链供应链深度融合，两国经贸合作保持稳定发展势头，随之而来的一个最显著的变化是汉语作为公共产品在越南的市场价值得到巨大的提升。目前，中国连续多年是越南第一大贸易伙伴、第一大进口市场和第二大出口市场，在越南对外贸易中居举足轻重的地位。据越南计划投资部统计，截至 2021 年 10 月，中国对越南投资有效项目 3 296 个，协议总额 209.6 亿美元，在对越南投资的国家和地区中排名第七。② 中越两国经贸合作稳步发展的同时，汉语在越南的经济作用和实用价值也在不断提升。调研发现，在越南的中国企业驻地、经贸合作园区以及基础设施建设现场等设置了大量汉语景观（如图 3、图 4），呈现出以中越边境地区为起点经由越南北部地区逐

**图 3　河内市轻轨沿线的汉语景观③**

---

① 王春辉：《当代世界的语言格局》，《语言战略研究》2016 年第 4 期，第 69—82 页。
② 参见商务部《对外投资合作国别（地区）指南 越南（2021 年版）》（http://fec.mofcom. gov.cn/article/gbdqzn/♯）。
③ 该图片来源于网络。

**图 4  茶荣省建筑工地的汉语景观**

渐向内延伸、扩散,星星点点的汉语景观标牌组成了一条与"一带一路"交相辉映的"汉语景观带",汉语的社会功能得以体现。

另一方面,从越南汉语景观官方和非官方层级看,越南汉语景观一定程度体现了越南官方语言政策与各利益群体现实诉求的一些"不一致"(如图5、图6)。

**图 5  庆和省芽庄市的汉语景观**

图6　胡志明市第1郡的汉语景观　　　图7　平阳省土龙木市的汉语景观

将越南汉语景观标牌所属社会领域和社会业态进行比较，可以看到越南北部地区汉语景观非官方标牌所集中分布的业态与其官方标牌由文化领域到经济领域的变化趋势是相辅相成的。与之相反，越南南部地区尤其是胡志明市汉语景观非官方标牌尽管在数量上最多但在分布上相对离散，看似可以自由穿行于大街小巷、悄然延伸至各行各业，实则难以助推其官方标牌跃出文化领域。这意味着在越南民族语言政策支持下，即便在南部地区汉语景观具有极高的能见度，但是汉语的角色定位与功能地位也随之固化。这同时解释了虽然汉语作为外国语言的角色与功能从越南华族聚居的第5郡向作为胡志明市经贸、金融和行政中心的第1郡有所扩展，然而一旦离开作为区域核心的胡志明市进入其周边国际化程度和经济社会发展水平相对较低的省份，汉语则迅速归入民族语言的角色，并且仅限于文化领域中（如图7）。

总之，越南的汉语功能具有发展性与竞争性。汉语在越南语言生活中主要有工具和文化两大功能，但两者不是同等的而是动态演变的。历史因素与现实因素都直接影响汉语在越南的使用和发展。以一种深远的、连贯的历史眼光来看，越南汉语功能变迁的背后潜藏着在历史与现实交织下的语言民族性和实用性之间的悖论与张力。

## 六、结 论 与 建 议

本文以越南汉语景观为中心从五个维度对其地理分布展开考察,探讨越南汉语角色与功能的总体特征,得出的结论是:在越南语言生活中,汉语主要有外国语言和民族语言两大角色,但两者在越南不同地区的表现有所偏重,同时汉语主要有工具和文化两大功能,但两者不是同等的而是动态演变的,凸显了越南汉语角色的多重性与复杂性,以及汉语功能的发展性与竞争性。进一步的认识是:语言景观不仅是考察语言角色与功能的有效视角,而且是塑造语言角色与功能的社会机制。其内在逻辑在于,作为一种空间实践,语言景观为公共空间增加了交际的视觉维度,进而催生了新的互动,并潜移默化地影响人们的认知与行为。但是,语言景观并非一种中性独立的空间实践,各层级行动者潜在的能动性都可能对语言的知识生产与行动选择产生影响。本文试图建立语言角色与语言功能两者之间的逻辑关联,并以此研判语言选择,是对语言规划研究的一次新尝试。

越南与中国之间的交往历史漫长,关系重要。汉语和汉字,像一条联系中越古今的纽带,又像一个彼此身份认同的标记、集体记忆的容器。当前,国际中文教育在扩大“中文”外延时不能忽略使用国对于“中文”角色与功能的既定观念。现在的主要任务及未来的发展方向是塑造汉语的“外语角色”,促进汉语成为世界的“重要外语”。① 而对于语言景观的考察,既可以成为考察语言角色与功能的一个重要视角,更可以成为考察当代社会、历史文化乃至全球治理的一个重要进路。② 据此建议:一是我国在制订与实施区域国别中文国际传播规划时应树立明确的语言角色与功能意识,结合使用国语言国情和语言生活中存在的实际问题,全面、系统、动态地认识语言在社会生活中的角色与功能,观察和思考不同角色梯级、各个功能层级语言现象的价值与作用;二是收集、分析及利用语言景观来跟进、塑造语言角色与功能以及洞悉“社会景观”生产问题,有助于我们针对

① 李宇明、唐培兰:《论汉语的外语角色》,《语言教学与研究》2020 年第 5 期,第 17—30 页。
② 胡范铸:《以景观为方法》,《文化艺术研究》2023 年第 1 期,第 1—12、111 页。

越南不同地区的经济社会情况和不同阶层、不同领域的汉语生活状况有差别地开展工作，满足其使用汉语的多元需求。

# The Language Roles and Functions of Chinese in Vietnam: A Study Focusing on the Vietnamese Chinese Linguistic Landscape

MENG Fanbi

**Abstract**

Language roles are an important basis for evaluating language functions and analyzing language choices. In Vietnam, the language roles of Chinese are special and diverse, which directly affects the language functions of Chinese. Based on an investigation of the geographical distribution of the Chinese linguistic landscape from five dimensions, this paper finds that in the language life of Vietnam, Chinese has played two major roles of foreign language and national language, but the two are biased in different regions of Vietnam. At the same time, Chinese has two major functions: instrumental function and cultural function, but the two are not equal but under a process of dynamic evolution. It highlights the multiplicity and complexity of the language roles of Chinese, as well as the development and competition of the language functions of Chinese. This paper is a new attempt to study the relationship between language roles and language functions in language planning. It is suggested that more work be done to collect, analyze and utilize linguistic landscape to follow up and shape language roles and functions, so as to provide reference and support for the formulation and implementation of international Chinese communication planning in areas and countries.

**Keywords**

Vietnam; Chinese; language roles; language functions; linguistic landscape

# 全球中文教育研究

# 国际中文教育的发展要顺应时代发展的大趋势

陆俭明 *

**提要：**本文扼要阐述了时代发展的三个大趋势，指出要勇于迎接这三大发展趋势给国际中文教育带来的挑战，要求我们必须进一步革新国际中文教育的教育理念，必须进一步采取必要的革新举措。文章强调，要清醒认识国际中文教育的使命，为此国际中文教育要重视并加强汉语书面语教学，要走数字化道路，要走"中文＋职业"之路，要积极调动社会力量。

**关键词：**国际中文教育；使命；汉语书面语教学；数字化之路；"中文＋职业"之路

## 一、当今时代发展的三个大趋势

国际中文教育目前正稳步发展，总体向好。截至 2022 年 12 月，全球有 180 多个国家和地区开展中文教学，81 个国家将中文纳入国民教育体系，有

---

\* 陆俭明，北京大学中国语言学研究中心、中文系教授，博士生导师。现兼任国家语委咨询委员会委员、国家语委语言文字标准审订委员会委员。

4 000 多所大学、3 万多所中小学、4.5 万多所华文学校和培训机构开设了中文课，学习中文的人数不断增加①，特别是在非洲和阿拉伯地区。联合国各公约中文版上线逐渐增多，近期《联合国气候变化框架公约》中文版上线。② 国际中文教育今后要进一步发展，必须认清并顺应时代发展的大趋势。有以下三个大趋势。

一是人类社会发展的大趋势。就世界来说，如今正处于百年来未有的大变革时期。当今世界之变、时代之变、历史之变正以前所未有的方式展开，和平、发展、合作、共赢，构建人类命运共同体，已逐步成为时代发展的主旋律，成为不可抗拒、不可逆转的大趋势。

二是科技发展的大趋势。我们知道，整个人类社会来说，生产力发展越来越迅速——最早是采集渔猎时代，这经历了大约二十来万年；农牧时代，经历了大约数千年；18 世纪才从农牧时代进入工业时代；19 世纪发明了电报、电话，这可以说是信息时代的雏形；20 世纪 90 年代信息高速公路通向世界各地，真正进入信息时代。21 世纪逐步进入数字化、智能化、量子思维时代。人工智能语言模型 ChatGPT 的出现，给人们造成不小的冲击，会给人类工作构成可能比较巨大的冲击与挑战。对我们来说，更需要看到科技发展呈现的两方面特点：一个特点，学术分科越来越细；另一个特点，不同性质的学科之间越来越互动、融合、交叉。如今的现实是，各学科共同合作办大事，服务于人类的应用需要，同时不断将学术与产业推向前进。上述两大特点也正是科技发展的大趋势，尤其是"学科的融合交叉"这是任何学科发展的必由之路。

三是我们国家发展的大趋势。这也就是党的二十大所指出的，以高质量发展推进中国式现代化建设，要深入实施科教兴国战略、人才强国战略、创新驱动发展战略。中国要进一步认识世界，也要让世界进一步认识中国，为此要讲好"中国故事"，迫切需要加强国际传播能力的建设与创新。

上述三大发展趋势正是国际中文教育所面临的新形势。这一新形势无疑

---

① 参见《扎实推动国际中文教育高质量发展》，《中国教育报》2022 年 12 月 9 日，第 1 版。
② 据《中国科技网》2023 年 4 月 20 日报道。

给国际中文教育带来了新的挑战和机遇。其挑战，在于如何进一步明确国际中文教育的使命；其机遇，在于新形势为国际中文教育指明了进一步发展的方向。

上述三大发展趋势，势不可挡，不可逆转，将会继续向前推进。国际中文教育要继续顺应这时代的呼唤，要抓住这三大发展趋势给国际中文教育带来的机遇，要在目前的基础上继续大发展；同时要勇于迎接这三大发展趋势给国际中文教育带来的挑战，要求我们必须进一步革新国际中文教育的教育理念，必须进一步采取必要的革新举措。

## 二、要清醒认识国际中文教育的使命

首先要清醒认识国际中文教育的使命。对于国际中文教育的使命，是有一个从模糊到逐步明确的认识过程。国际中文教育既是一项事业——国家的民族的事业，又是一个不同于语言学、不同于教育学的独立的学科。需要提醒大家注意的是，国际中文教育无论作为一项事业还是作为一个学科，经历了由"对外汉语教学"到"汉语国际教育"到"国际中文教育"的更名过程。

第一次更名，由"对外汉语教学"到"汉语国际教育"。中华人民共和国成立后的汉语二语教学始于20世纪50年代。虽然从50年代开始教育部就曾派出一些教员到海外某些国家进行汉语教学，譬如1952年教育部派北京大学朱德熙先生赴保加利亚教授汉语；后虽逐步有所增加，但所占比例还是很少。从20世纪50年代到21世纪初，我们面向海外的汉语二语教学，主要是外国汉语学习者来到中国作为留学生学习汉语。因此从50年代开始，汉语二语教学一直被称为"对外汉语教学"。2005年7月，我国在北京举行盛大的"世界汉语大会"，这届大会可以说成了汉语二语教学的分水岭，汉语教学发生了新的变化，主要是：（1）由"招进来"变为"招进来和走出去并举"；（2）先前的"对外汉语教学"，主要在汉语环境下开展汉语教学，2005年后开始要大面积地开展在非汉语环境下的汉语教学；（3）汉语教学对象的年龄层次开始呈现降低的趋势在"招进来"阶段，汉语教学对象几乎完全是成年人；2005 年之后，随着国外在中小学开设汉语教学课程，汉语学习者更多的将是青少年，甚至是少年儿童。[①] 有鉴于汉语教学出现了新形势，于是 2012 年教育部在本科专业目录中将"对外汉语教学"更名为"汉语国际教育"。

第二次更名，由"汉语国际教育"到"国际中文教育"。语言是沟通和交流互鉴的桥梁与纽带，各国对学习中文的需求持续旺盛，汉语人才越来越受到欢迎。很多国家将中文纳入国民教育体系，在大中小学开设汉语课程，并支持企业、社会组织参与中文教育，促进了中外人文交流、文明互鉴和民心相通。这就孕育了第二次更名。2019 年 12 月在湖南省长沙市举行了"国际中文教育大会"，这次大会的主题就定为"新时代国际中文教育的创新和发展"，一改"汉语国际教育"为"国际中文教育"。这次大会有 160 多个国家和地区的 1 000 余名中外嘉宾因中文的魅力在湖南相遇，一起探讨新时代国际中文教育的创新和发展。由"对外汉语教学"更名为"汉语国际教育"，这一方面告诉人们，我们的汉语二语教学已经从国内走向国际，在我们国内对留学生开展的汉语教学也具有国际性，所以要牢记"外事无小事"；另一方面告诉人们，进行汉语二语教学也要注重"教书育人"。而由"汉语国际教育"更名为"国际中文教育"，进一步告诉人们，我们所教的汉语是中国国家通用语言文字，不能只教汉语口语，必须注意教授中文书面语。

可见，汉语二语教学的两次更名是有深刻意义的。总之，更名过程告诉我们，开展国际中文教育不要忘记"教书育人"！不要忘记"中文书面语教学"！更告诉了我们国际中文教育应肩负的使命。

国际中文教育所肩负的使命主要有以下两项。

其一，为各个国家培养具有国际视野的高水平、高素质的中文人才，包括高水平的中文教师、高水平的中文翻译家、高水平的汉学家、中国通；同时为各国培养越来越多的懂中文、会中文的二语或多语人才，以确保国际中文教育的健康发展。加强中国文化和各国文化的交流，加强中国人民和各国人民之间的友谊和交往。

其二，国际中文教育要服务于"讲好中国故事"，共塑中国形象；要服务于推

---

[①] 陆俭明：《汉语教学的新变化、新问题、新任务、新意识》，《暨南大学华文学院学报》2008 年第 3 期。

进构建人类命运共同体。习近平总书记在党的十九大报告中指出，"讲好中国故事，展现真实、立体、全面的中国，提高国家文化软实力"。这就为国际中文教育在文化教育方面指明了努力方向。国际中文教育如何能很好地服务于"讲好中国故事"？这就是一个很好的研究课题。同时，大家知道，我国所倡议的以"各国共商共议、合作共赢"为基点构建人类命运共同体的理念，越来越深入人心，受到越来越多的国家认同、赞赏，并已经体现在联合国文献之中。国际中文教育怎么为构建人类命运共同体出力做贡献？有的汉语老师问："语言教学跟构建人类命运共同体有关吗？我们不就是教外国学生学习汉语嘛，能在构建人类命运共同体事业中出力做贡献吗？"他们所以会有这样的想法，是因为他们还不太了解语言的性质，不太认识语言教学的性质。语言有一种性质，不太被人注意但实际存在，那就是语言具有情感性。这其实大家都能体会或者说都已经体会过——在异地他乡碰上一个说家乡话的老乡，虽素不相识就会感到倍加亲切；在国外碰到几位会说中文的老外，也会立刻跟他们拉近距离。因此，语言不仅是人类最重要的交际工具，是思维的物质外壳，是记录人类文化的载体，而且正如"世界语言大会"（2014 年 6 月 5 日—6 日）最后形成的《苏州共识》所指出的，"语言是相互沟通理解的钥匙，是文明交流互鉴的纽带"。① 任何外语教学，包括汉语教学在内，在教员教授某种语言、学生学习某种语言的同时，实际上也在进行着情感交流，也在进行文化上、价值观上互相交流、相互理解沟通的教学。因此我国于 2013 年提出"一带一路"倡议后，我们语言学人首先敏锐地感到，"要由语言开路""要由语言铺路搭桥"。② 为什么？因为语言通就能带动情感通，情感通才能实现"民心相通"。当今时代全球治理最大的问题便是对于"国际理解"的威胁，基于曲解或误解的"价值观地缘政治"叙事可能越来越深刻地制约全球行动。因此全球治理从来没有像今天这样更需要跨文化的理解。国际中文教育要确立自觉推

---

① 网引 2014 年 06 月 19 日 12:45 来源：中国语言文字网。本人有幸应邀出席了苏州语言大会，《苏州共识》全文见陆俭明：《话说汉语走向世界》，北京：商务印书馆，2019 年，第 4—6 页。

② 李宇明：《"一带一路"需要语言铺路》，《人民日报》（第 7 版）2015 年 9 月 25 日；陆俭明：《推进"一带一路"需提升国家语言意识》，《光明日报》（第 7 版）2016 年 7 月 24 日；陆俭明：《"一带一路"建设需要语言铺路搭桥》，《文化软实力研究》2016 年第 2 期。

动国际理解的意识。可见,国际中文教育应该而且可以为构建人类命运共同体做出自己应有的贡献。

## 三、要重视并加强汉语书面语教学

要完成好国际中文教育的这一重要使命,必须重视并加强汉语书面语教学。这里所说的"书面语"不是指"写下来的文字",而是指"书面正式语体"。[①]

第一,大家都知道,任何外语教育都要完成好两个任务:一是培养好学生的跨语言交际能力;二是培养好学生的跨文化交际能力。但更要了解,前者是基础,只有具备了跨语言交际能力这个基础,学生才能真正获得跨文化交际能力,学习汉语尤其是这样。要知道,任何有文字的语言,都会存在书面语和口语的差异,汉语、西方语言都如此。但由于汉语书面语历史悠久,积淀厚重,所以汉语的书面语跟口语的差异远比西方语言要大。请对比两句话:

(1)口　语:这句话哪行啊,得改改。〔口头说·通俗〕

　　书面语:(a)这个句子不行,必须修改。〔书面正式语体·非庄重〕

　　　　　(b)此句欠妥,宜加修改。〔书面正式语体·庄重〕

(2)口　语:要说一天三顿饭嘛,还可以。〔口头说·通俗〕

　　书面语:就一日三餐而言,尚可。〔书面正式语体〕

汉语书面语自备一套词汇形式,例如:

名　词——口　语:爸爸、官儿、同学、外婆/奶奶

　　　　　　书面语:父亲、官员、同窗、祖母

动　词——口　语:去、喝(茶)、写(书)、丢、找、到

　　　　　　书面语:往、饮(茶)、著(书)、失、觅、抵

形容词——口　语:容易、很小、远近、好、沉、长(指时间)

　　　　　　书面语:易、甚微、遐迩、佳、重、久

---

① 冯胜利:《书面语语法及教学的相对独立性》,《语言教学与研究》2003 年第 2 期;冯胜利:《语体机制及其语法属性》,《中国语文》2010 年第 5 期。

副　　词——口　　语：特别、很、没有、稍微、都、越来越

　　　　　　书面语：尤、颇、无/未、略、皆/均、日益

助　　词——口　　语：罢了

　　　　　　书面语：而已

在语法方面虽然大部分口语语法用于书面语,但书面语还自有一套语法格式,而口语是不用的。例如:

(1) A 而 A　　如:少而精 | 多而广 | 伟大而艰巨

(2) 由 X 而 X　　如:由秋而冬 | 由南而北 | 由喜而悲 | 由远而近

(3) 为 NP 所 V　　如:为我所用 | 为人民群众所喜闻乐见

(4) N 之 A　　如:品种之多 | 质量之好

(5) Ad ＋ 为 ＋ A/V　　如:深为不满 | 广为流传 | 大为惊讶

(6) 为 NP 而 V　　如:为现代化而努力奋斗

(7) 值此…之际　　如:值此北京大学 125 周年校庆之际,……

(8) 与其…不如…　　如:与其扬汤止沸不如釜底抽薪

(9) 无以……　　如:无以回报 | 无以应答

(10)(N)所……的　　如:他所了解的 | 王教授所研究的

(11) X 之所以为 X　　如:汉文之所以为汉文(章太炎) | 人之所以为人

因此,外国学生如果不学习掌握好汉语书面语,就不能很好阅读中文文献,而他们又生活在非汉语环境下,就不可能了解掌握中华文化的真谛。

第二,国际中文教育必然伴随着文化教育。中国既有辉煌灿烂深邃的古老文化,又有多姿多彩中外交融的现代文化。中华文化需要走向世界,融入国际多元文化的大家庭中去,让世人了解、认识、喜欢、欣赏。而文化伴随语言文字教学走向世界是一个很重要的渠道。真要发挥这传播渠道的作用,就必须设法使越来越多的国外汉语学习者学习、掌握好汉语书面语。在这方面我们一定要换位思考。想想我们自己对外国文化是通过什么渠道了解、认识的。我们并不都是直接去阅读各个国家的原著、看原文影视才了解、认识的,主要是通过我们国家的外语专家和外语教师对各国文化的介绍、对各国名著翻译而成的中文译本来了解和认识的。同样,中华文化走向世界最有效的渠道与途径,就是通过各个国

家的汉学家、中文翻译人员和汉语教师向他们国家的民众介绍中华文化，将中国经典作品，包括影视作品，翻译成他们的文字，让他们的民众广泛了解。

第三，现在我们常说"要讲好中国故事"。谁来讲？用什么语言讲？我们自己用汉语讲？抑或靠我国的外语学人向各国去讲？我们自己当然要讲，在这方面已做了不少工作。2022年，高等学校"理解当代中国"系列教材共39册由外研社出版。已出版教材涵盖9个语种，于2022年秋季学期面向全国普通本科高校外国语言文学类专业本科生、研究生和语言类留学生推广使用。此外，实施"国际中文教育精品教材1+2工程"，推出了《冬奥中文100句》《故事里的中国》《乡村环游记》《我与"非遗"》等国际中文教学资源。这些教材和教学资源都较好地运用世界听得懂的理论语言、学术语言、专业语言，阐述中国之路、中国之治、中国之理，使国际中文教育在助力讲好中国故事方面起了很好的作用。但是，要取得更有效的效果，"要让外国人来讲好中国故事。这要比我们中国人向外国人讲中国故事，效果要好得多"（北外文秋芳教授在北京语言大学一次座谈会上的发言）。可是我们试想，如果我们通过国际中文教育，外国汉语学习者汉语不过关，汉语书面语掌握不好，能办得到吗？

第四，我们常常谈论汉语话语权的问题。但是大家认真想过没有，怎样才能让我们汉语在国际上真正有话语权？我们真要取得汉语在国际上的话语权，首先要国力强，其次是教育、科技、体育居世界前列，再就是要构建国际话语体系：这可以说是汉语取得国际话语权的硬件条件。除此之外，更重要的必备条件，就是要让越来越多的外国各个领导层人士，要让各学科的专家学者，都能学习、掌握好汉语，特别是汉语书面语。譬如，举行国际会议，光是我们国家的与会者用汉语说汉语，其他国家的与会者绝大部分不会汉语，一切还是落空！当今英语话语权的获得，我们暂不去追究其初始原因，就当今情况来看，靠的就是各行各业的领导层、各学科的专家学者都能比较熟练地掌握和运用英语。

因此，国际中文教育必须重视和加强汉语书面语教学。希望国际中文教育的有关领导和广大汉语教师能认识到这一点，重视和加强汉语书面语教学的研究。眼下要马上组织力量具体研究如何有效开展汉语书面语教学，包括教材、教学模式、教学方法，等等。我想当前汉语书面语教学研究具体要进行以下几方面思考与研究：

如何有效帮助学生增加阅读量？如何有效帮助学生增强阅读理解能力？如何有效帮助学生提高对语段的概括能力？如何引导学生在语篇中学习词语？如何有效帮助学生提高书面表达能力？如何建设适应汉语书面语教学需要的"汉语书面语资源库"？

## 四、国际中文教育要走数字化道路

科技发展的大趋势是：要走跨学科、跨领域与其他学科融合交叉之路，要走"数字化""智能化"之路。如今，数字化不仅是软件技术的基础、智能技术的基础、多媒体技术的基础、信息社会各种自动化技术的基础，而且各行各业都在实施数字化，特别是关系到技术创新、应用开发和商业模式的创新。现在整个世界，特别是发达国家和一些发展中国家，都作为一项重要的"国策"在向数字化方向转型。总之，数字化已是科技发展的大趋势。我们各个学科领域都必须顺应这一"数字化"发展大趋势，国际中文教育无疑也得走"数字化"之路。

目前，广大汉语教学工作者虽然不一定都已经明确树立起了"数字化"这一概念和意识，但实际上也已经起步。这表现在以下几方面。

电脑、手机这些数字化工具人人离不开手了，都已成为语言研究、语言教学必不可少的工具。各单位都不同程度地建立了相关的语料库、资源库以及为适应某种需要而建设的不同类型的数据库及其检索系统。已将海量的图书、报纸、期刊、照片、绘本、乐曲、视频等人文语言资料加以数字化，并已经在 Web 上提供给大众获取和使用。已经成立了规模不等、用途不一的语言数字化研究机构：平面媒体语言中心（北京语言大学）、有声媒体语言中心（中国传媒大学）、教育教材研究中心（中山大学）、少数民族语言中心（中央民族大学）、海外华语研究中心（暨南大学）、语言智能联合研究中心（上海交通大学）、语言智能研究中心（首都师范大学）、人工智能研究院自然语言处理与社会人文计算研究中心（清华大学）、数字人文研究中心（曲阜大学）、新疆多语种信息技术研究中心（新疆大学）、人工智能与人类语言重点实验室(北京外国语大学)等。而在实际教学中,针对学生学习特点的变化——习惯于"碎片化"学习,习惯于从网上找学习资源,汉语二语教学大多也已运用数字化教学手段。诸如中国大学慕课(MOOC)、超星学习通、云班课、雨课堂、钉钉、腾讯课堂、企业微信等国内线上学习平台,还有"爱课程"和"学堂在线"等。另外,出现了越来越多的数字化授课模式,如直播课、录播课、慕课、远程指导;出现了越来越多的教学模式,如 PBL(Problem based leaning,基于问题的学习)、对分课堂以及 BOPPPS(包含导言 Brideg-in,目标 Outcome,前测 Pre-test,参与式学习 Participation,后测 Post-test,总结 Summary 六环节教学法)。有的还采用多模态的语言教学法,把传统独立的听力课、口语课及影视欣赏课等课程综合为一体,形成视、听、说、图、影、像、动作、表情、语气等多模态的语言教学。好多学校还安装了"嘉课堂"教学系统软件平台,采用智慧教学系统。这一切教学手段都离不开互联网,离不开电脑、手机。2023 年 6 月北京语言大学建立了"国际中文智慧教学平台",可以精准构建学习者需求,智能定制个性化的学习方案和教学资源,为教师精准开展教学活动提供全流程的信息化和智能化支撑,更加科学有效地对学习者进行评价。这次全球性持续的新冠疫情,是坏事,但也更催促、推动了线上线下混合式教学。而现在不少单位已经在考虑,进一步实现基于"互联网＋"的"泛在化"教学模式——任何人在任何时间,任何地方,运用任何方式,可以获取想学习的东西(即所谓"五 A": Any one; Any time; Any where; Any why; Any thing)。

这里特别值得一提的是,我们语言工作者没有忘记自己的使命,用实际行动与特有的方式,在这次疫情防控中,在那脱贫攻坚战中,在正在开展的乡村振兴活动中,立即承担起了语言应急服务的任务,做出了自己的贡献。那语言应急服务也用上了数字化技术。

国际中文教育要走"信息化""数字化"之路,这就给广大汉语教师提出了新的要求——树立"信息化""数字化"意识,充电"信息化""数字化"知识,努力具备实施"信息化""数字化"方面的技能。

当今,人工智能语言模型 ChatGPT 由 GPT3 到 GPT3.5 又到 GPT4 不断推出,真正实现了"人工智能内容生成",包括文本生成、代码生成、视频生成、文本问答、图像生成、论文写作、影视创作、诗词创作、科学实验设计等。① 这给地球人造成了不小的冲击,震惊世界。可以说,这是人类自第一次工业革命以来,影响最大的科学技术革命。② 而且可以设想,随着人工智能的迭代升级和 AI 技术的革命性变化,人工智能语言模型可能会给人类工作构成比较巨大的冲击与挑战。对此,国际中文教育界必须面对,不必也不能回避。重要的是我们要有清醒的头脑——要与时俱进,认真地了解它,利用它,它毕竟能帮我们做好多事,把它作为语言研究与语言教学的利器,为我所用;但是,绝不要依靠它,并要防止它对我们的误导,要避免上当,因为它也老出错,原因是人工智能毕竟只是依靠天文数字的大数据以及先进的算法、算力,依托人工神经网络,进行深度学习,即深度概率匹配③,而它本身不能感知,不具备思维能力,没有意识和情感。正如冯志伟所指出的,

> ChatGPT 使用生成式预训练模型从大规模语言数据中获取的大量参数,基本上都是基于自然语言的数据的参数,还没有这些语言数据与语言外部的客观世界的千丝万缕联系的参数。因此,ChatGPT 只是处理自然语言本身的数据,并不能处理丰富多彩的语言外信息。④

## 五、要走"中文+ 职业"之路

我们知道,随着我国教育对外开放水平持续提升,特别是随着"一带一路"建设和构建人类命运共同体"中国方案"的不断走深走实,出现了两个跟国际中文教育密切相关的情况:一是我国企业加快步伐走出国门,广泛参与国际经济贸易活动,中企中的外国员工越来越多。另一个情况,外国越来越多的企业和资本青睐中国,走进中国,在中国工作的外国员工越来越多。"一带一路"建设需要语

---

① 冯志伟:《从图灵测试到 ChatGPT》,《语言战略研究》2023 年第 2 期。
② 石锋:《语言之谜——来自人工智能的挑战》,《实验语言学》2023 年第 2 期。
③ 同上。
④ 冯志伟:《从图灵测试到 ChatGPT》,《语言战略研究》2023 年第 2 期。

言铺路①,怎么"铺路"? 具体说就是要积极开展"中文＋职业"的国际中文教育,这样才能通过"语言通"达到实现"政策沟通、设施联通、贸易畅通、资金融通、民心相通"这"五通"。上述两个跟国际中文教育相关的情况,要求国际中文教育要及时变革教育理念——不能光有单纯的"学科"意识,还必须同时要有服务意识、跨界意识、合作意识。

所谓"服务"意识,就是国际中文教育要为境外的中企、国内的外企中的外国员工具备、提升中文能力服务。所谓要有"跨界"意识,就是国际中文教育需要开展跨国界、跨行业、跨机构、跨学科的中文教育。服务意识和跨界意识就必然要求树立另一种意识,那就是"合作意识"——跟其他国家、跟其他行业、跟其他机构、跟其他学科的合作。

要求国际中文教育要有服务意识、跨界意识、合作意识,这也就意味着,要求国际中文教育必须从单纯的"中文"教学模式发展出"中文＋"教学模式,甚至还要发展出"＋中文"的教学模式。可以预测,今后"中文＋职业"教育将会成为主流中文教育。

那么"职业"指什么? 包含三层意思:职业领域、具体技能、职业教育。这需要根据实际情况灵活调适。

这是个新事物,具体怎么做,需要深入探究。首先需要有个顶层设计,因为这将关涉到培养目标、课程设置、教学导向、中文水平等级的确定、职业资格等级的确定、教材编写和辅助材料的支撑、评估标准等。其次,在实施过程中,也需要依托大数据、云计算、物联网、移动互联等新技术,推行线上线下相结合的创新教育模式,统筹推进"中文＋职业"教育。


## 六、要积极调动社会力量

国际中文教育的发展,当然首先要靠国家在指导思想上、在政策上、在财力

---

① 李宇明:《"一带一路"需要语言铺路》,《人民日报》(第7版)2015年9月25日。

上给予全力支持；但同时要广泛而积极地调动社会力量参与，让社会力量和市场模式也成为国际中文教育的一种驱动力量。

2021年，浙江师范大学组合中非双方的社会力量，成立了"中非中文教育联盟"，首批参与发起的单位有15家中方本科院校、18家非方院校、6家中方职业技术院校、25家企业（包括几家非洲中资企业）。我有幸应邀（线上）出席了非洲国际中文教育联盟启动仪式，参加了"非洲国际中文教育研讨会"。2023年4月16日在北京举行"国际中文产业发展论坛暨联合国中文日纪念活动"，在论坛上成立了"国际中文产业联盟"，并宣读了"国际中文产业联盟倡议书"。倡议书说："国际中文产业联盟由专家学者和业界人士组成，旨在聚集专家学者的智慧和力量，发挥国际中文产业的市场和技术优势，将学者指挥与产业进行有效融合并落地，为产教融合、科教融合搭建新平台。"这真是可喜可贺！显然，成立国际中文产业联盟是一件十分有意义的事，这可以进一步汇聚国际中文领域专家学者的智慧，调动和发挥国际中文产业社会力量的创新和技术优势，为国际中文行业搭建交流合作新平台，打造产教融合、科教融合新模式，构建产业发展新生态，不仅有助于推动国际中文教育事业高质量发展，而且更有助于推动中华文化传播。这无疑是一条充满希望和生机的道路。

上面谈到要认识汉语二语教学"更名"的深刻意义，目的就是希望从事国际中文教育和从事国际中文产业的各个学校、各个机构，不管是公办的还是民办的，在考虑和进行基于产业发展需求的国际中文教育标准的研究时，在考虑和进行新技术与语言教育市场需求融合创新模式的探讨时，在考虑和进行数据挖掘和语言产品形态的研究时，在考虑和进行国际中文产业创新服务模式的研究时，在考虑和研究国际中文教育如何进一步解决好供给侧和需求侧的互动与平衡，如何积极探究"中文+"的实践新模式、新平台、新方案、新课程，以便构建多层次、多类型的"中文+"教育新生态时，都不要忘记"教书育人"！都不要忘记"中文书面语教学"！

但愿全球所有的中文专家学者、中文教育者和中文学习者，以及技术机构，一起来推进这项具有深远意义的事业。

# The Development of International Chinese Education Should Conform to the General Trends of the Times

LU Jianming

## Abstract

This paper briefly expounds the three major trends of the development of the times, and points out that to meet the challenges brought by these three trends to international Chinese education, we must further innovate the educational concept of international Chinese education, and we must further take necessary innovative measures. The article emphasizes that it is necessary to clearly understand the mission of international Chinese education, so that international Chinese education should pay attention to and strengthen Chinese written language teaching, take the digitization road, the "Chinese + occupation" road, and actively mobilize social forces.

## Keywords

international Chinese education; mission; teaching Chinese written language; digitization road; the "Chinese + Occupation" road

# 中文还能怎么养成？

## ——语言的受限与养成和全拼音教学与掌上课堂

史有为 *

**提要：** 在当今世局大变动、人工智能风起云涌的时代，在中文国际教学方面有必要提出两个基础性观念以及两个应用性工具。二语教学中必须有"受限语言"的观念，但又必须认识到"受限"是有弹性的。"语言养成"是内在天赋能力与外在培养的结合。不管是母语还是二语都是"养成"的，而非可天然获得的。面对汉字难的问题，我们有必要为外国学生提供一个适合他们拼音习惯的过渡性的工具，即"全拼音教学"。面对个别化等问题，我们也必须为学生提供一个全新的学习工具："智能化掌上课堂"。希望这些观念与工具能为中文更快走向世界贡献一份力量。

**关键词：** 新时代；受限语言；语言养成；全拼音教学；智能化掌上课堂

\* 史有为，已退休，原南昌大学教授，原日本明海大学名誉教授，日本《现代中国语研究》顾问。主要研究方向为现代汉语语法、外来词、二语教学、现代汉字等。

解　题

我们处于一个世界大变局的时代。世界正面临多语竞逐。汉语是世界最大单一语言群体的母语。汉语有责无旁贷的理由主动参与当今的语言竞争。因此，中文须要更快地走向世界。以 ChatGPT 为代表的 AI 大数据语言生成模型的风暴已经掀起，逼迫人类改变生活和工作的方式，也挑战传统的中文二语教学。[①]我们对此必须做出实质性的应对。中文国际教育在观念上、行动上现在更紧迫地需要去做出回应。我们往往言必称欧美，过于依赖外来理论，而缺乏自源性的基础理论建设。在当下这种潮流下，许多人缺乏深度的自立思考，常常会将一些创新思维，将一些超前的思想打入另册。我们应该跟上时代的脚步，应该在基础理论与应用手段上都有所作为。为此，本文将探讨两个基础性观念——"受限语言和语言养成"，并提出两种涉及观念的备用教学工具——"全拼音工具和智能化掌上课堂"。

## 一、关于受限语言

### 1. 不同的"受限语言"

受限语言本是计算机自然语言处理界提出的概念。这个概念在工程界早已广泛使用，在产品说明上也一直在使用着。例如"开、关、暂停、继续、前进、慢速、倒退"等。其目的是用简单、明确、统一的语言（包括其文字、图符形式）让使用者更容易操作产品。但是一直以来这种使用形式并无名称，也无书面规范。传统计算机自然语言处理所用的受限语言是范围明确的、固定的，也是严格的，而且

---

① 崔希亮在 2023 年一次报告中认为，在 GPT 语言大模型面前，二语教学将面临 5 种挑战：（1）传统语言教学模式受到挑战；（2）教师的权威性受到挑战；（3）传统的教材和教学工具书受到挑战；（4）学习者以往的学习经验受到挑战；（5）学习者自主学习的创造性受到挑战。

一般限于书面。唯有这样，才能进行分阶段的处理。如今计算机语言处理已经完全放弃了"受限语言"的概念，改用大数据计算的模式。而在GPT的超大数据模型里，受限语言更没有立足之地。然而，这个观念对于二语教学使用的非大数据模型来说却仍然有很大的借鉴意义。

母语与二语的教/学实际上也在不同程度上实践着"受限语言"观念。此处的"受限语言"是全方位的，有词汇、语法、语篇，也有包括语速在内的语音。相对于机器，人的语言教/学却是灵活的，有弹性的。比如幼儿在初学母语时，大人们会用简单的词和短句教他听话和说话，而且发音缓慢而清晰。这一切都是为了让幼儿更容易分辨，容易听明白。随后的发展就是慢慢放开手脚，说话会越来越接近成人。这开始阶段对幼儿所用语言显然就是一种有一定受限程度的语言。又比如，对外汉语教学的初级或入门阶段所使用的汉语也是一种受限汉语，简单、明确，尽量不发生歧义。然后逐渐放宽所受的限制，分阶段循序渐进。当然，幼儿所接触的受限语言，跟成人二语学习中的受限语言并不相同。它们是两种不太一样的"受限语言"，跟工程中的受限语言更是大不相同。这种不同对建立二语教学理论十分重要。

幼儿最初接触到的语言，受限而并非严格受限。它以一些反复出现的词语为核心向外扩展。核心的词语是贴近幼儿生活的，也并非特别有意识去选择，可以说是自然而然的结果。每个家庭，每个母亲使用的"育儿语言"①可能不会完全相同，但大致上核心会保持一致。② "育儿语言"并无理论指导，所给予幼儿的

---

① "育儿语言"也称为"儿向语言"。李建涛："'涉儿群体'面向儿童所说的话语即为儿向语言。""涉儿群体"包括父母、幼儿教师等。也有国外学者认为"高质量的儿向语言有利于儿童语言的发展"。参见李建涛：《幼儿教师儿向语言研究》，《语言战略研究》2023年第3期。

② 李建涛介绍国外学者认为"儿向语言具有本能性，不同语言文化背景的儿向语言特点差别不大。参见李建涛：《幼儿教师儿向语言研究》，《语言战略研究》2023年第3期。周鹏、谢媛指出："家庭环境因素主要指家长与孩子的互动方式、家长的受教育程度和社会经济地位等，它在儿童语言发展过程中发挥着非常重要的作用。研究表明，家长与孩子的语言互动为儿童早期口语中的语音、词汇、语法和语用的发展提供了重要支撑。"并提出家庭环境因素四特征：家长语言输入的数量；输入的质量；家长的反馈策略；家长的受教育程度。参见周鹏、谢媛：《中国儿童语言发展研究的方法转向》，《语言战略研究》2023年第3期。

语句也并无特别的控制,而且也很难控制。常常可以看到大人会对幼儿说一些超出幼儿能力的语言。这就是一种天然或自发的弹性。幼儿一开始就是被动听,然后在身势和语境的辅助下逐渐听懂某些词句。开始阶段,幼儿对听懂母语可能会有天然性的选择。选择生活中需要的词句,选择短的语句。这就是一种天然的语言受限。所谓听懂也就是在身势或语境下的"猜测",然后根据结果印证猜测是否正确。他们会经过多次反复,最后确认。有了第一批的成功,以后会根据已经懂得的词语以及语境去推导。听懂是说的前提。在大致听懂一部分"受限母语"后才会真正学习开口说话。而最初所说的话也显然是不自觉受限的。

成人学习二语应该与幼儿不一样。成人已经心智发育成熟,已经有许多母语实践和社会生活的经验。与"育儿语言"或幼儿接触到的母语相比,二语教学对语言受限的意识或自觉更为明晰而强烈。后者还有着明确的标准意识。这就是说育儿语言是自发的,而成人二语教学是自觉的,二者有明显的差别。从新旧HSK到"高等学校外国留学生汉语教学大纲"和今日的"中文等级标准",从语音、词汇到句法格式,都说明了自觉的受限意识。这一方面是好事,说明我们懂得"从易到难、循序渐进"的道理,但另一方面却提出了又一个也带根本性的问题:如果我们在教课中也这样"标准化",会不会扼杀了人的天赋机能,把本是弹性的受限语言绝对化了,导致与生动的社会生活相分隔,也减少了语言学习的趣味。这样做,会不会貌似科学,实则并不科学?

### 2. 二语教学中"受限"应是个弹性概念

最新的《国际中文教育中文水平等级标准》(北京语言大学出版社,2021 年)将汉语分为三等九级,每等三级,九级最高。其中初等 1—3 级,2 245 词;中等 4—6 级,3 211 词;高等 7—9 级,5 636 词。从表面上确实循序渐进。但仔细看去,却有许多不尽如人意之处。例如:"穿",一级词,但与之搭配的只有"衣服"。"鞋子"还在二级,"衬衫、裤子"更在三级,"袜子"要到四级才能"穿"。其他还有,不再一一列举。这个标准依据的是什么"科学"原则?又是怎么制定出来的?如果依此来评判学习者的中文水平,那还勉强,如果要照此标准去编教材,也许就如同闭门造车。

在有些同行的意识里，等级标准或许只是一种管理，无须与实际生活画等号。也许有些同行会认为，订立标准就是订立规范；规范就是硬的，必须服从。但是，这样的标准却是不近人情的，与生活、与社会脱节，当然也与真实教学脱节的。有谁这样老老实实地去教？会不会只有身在国外的外国人教师？然而据我所知，国外自编的汉语教材，好像没有哪一本一字一词地根据以上"标准"编写的，有的初级教材甚至大大超过了这些标准，但却获得了不俗的效果。①

另一件事：笔者曾被问及，教学中如何应对社会上的热词，是拒绝呢，还是适当响应，纳入教学。这的确让人为难。如果拒绝，在中国的留学生也会在课余接触到许多非"标准"词句。如果是在国外教学，那么这些学生会非常闭塞，也许会培养成只能应试的书呆子。这根源可能就在于我们在二语等级标准上的观念是僵化的。语言本是人本、人为、人用的。在语言这个领域里所有的东西都是柔性的或有弹性的。所谓的"等级标准"和教材当然也应该有弹性。

面对学习者时，二语受限必须有合理的弹性，应该赋予柔性的理解。如果教学有太多语言限制，可能就过犹不及。受较严格限制的应该是考试内容，而不能是教学内容。教师在教学中应该拥有临机加减裁量的权力。我们应该在受限与自由裁量之间有一个平衡点，应该允许教师根据情况添加内容。至于如何编写好有弹性的教材，如何编制好"等级标准"，如何在教学中掌握弹性，响应生活，如何编制测试标准和考题，则是另一类课题，也是真正考验我们水平的科目。

提出"受限语言"，并非否定以往，而是要对二语教学增加一个新的视角、新的认识，清楚地认识到，二语教学并非隔绝社会，语言的受限不能绝对化，而是恰恰相反。这样才能自觉地去创造新的成功。

① 这当然跟学生的素质有关。笔者1992—1998年在大阪外国语大学任教时，使用了古川裕教授所编初级教材。一开始我还怀疑是否过难。但教学的结果表明，绝大部分的学生都接受了。到一年级结束的时候，许多学生都敢用汉语跟笔者交谈，而且交谈内容远超想象。而在某些非一流大学里，由于初级课本比较规矩比较简单，在学年将尽时，还没有多少学生敢用汉语跟笔者交流。

### 3. 弹性的最小二语平台

入门阶段的主要任务是，在大脑—心理中构筑起一个最小二语平台[①]，以便在此基础上扩展与提升。最小二语平台中包括程度不等但足够使用的语音、词汇、语法和语篇成分，可能还有少量语用项目。一年级这个平台筑好了，筑牢了，那么二年级就不会有太大困难。该平台筑好筑牢的标准就是，能否舍弃母语作为中介而直接用二语来思考，来直接交际。这个平台的作用就是为了向更高阶段发展的。根据我们的观察，大多数初级教材在语汇和用句上都是不大一样的。许多成人在非课堂下学习二语也都有构筑最小二语平台的阶段。这个阶段所用的语汇和句子也是变动的。不同人有不同的内容。只要简单，短小，适合当时使用，就可以构筑起这样的平台。因此，可以认为，入门阶段的受限语言范围完全可以有弹性，可以根据不同环境的需要容许对语汇和语句做不同的选择。语汇—句法设置单一，对于一般教师可能是个好事，可以少费脑子，照本宣科即可。但对于真正有才华的教师，就会束缚他们的创造性和探索精神。对于学生则会妨碍他们"语向能力"[②]的发挥与实现。从这个角度看，我们应该慎重处理好"等级标准"，不要让它变成束缚创造性的"标准"。

最小语言平台的论说也适用于幼儿学习母语的情况。我们往往惊叹于幼儿如此快速地学会母语，其实幼儿也经过了一段构筑最小语言平台的阶段。每个幼儿接触的语言可能不会完全一样，但同样都能依据所接触母语构筑起理解母语的最小平台。幼儿是先听懂后说话。"先听懂"就是先构建了输入—理解的最小语言平台。"后说话"就是听懂以后再逐渐转换成输出—生成的最小平台。这

---

① 最小语言平台是在与思维功能挂钩时提出的。只有证实具有初步思维的能力，才能证明建立起了最小语言平台，反之则否。开始只是拟定最低量基础词汇和语法项目，并无弹性观念。参见史有为：《最小语言平台与思维功能习得——兼议 CEFR 欧洲框架》，《对外汉语研究》2009 年第 5 期，收入史有为：《寻路汉语》，北京：商务印书馆，2013 年。

② 语向能力最初在笔者《习得与语向自整理能力》中萌生，以"语向自整理能力"表示。以后又发展成以"语向自调适能力"表示。本文则以更具概括性的"语向能力"代替。希望未来能进一步完善，也希望未来能在脑神经实验中得到证实。参见史有为：《习得与语向自整理能力》，《对外汉语研究》2013 年第 1 期；史有为：《从语言发生谈二语养成（上、下）》，《国际汉语教学研究》2015 年第 3、4 期。

是两种不同的平台,前者显然大于后者。它们并没有一个统一的语汇表和语法表。只要能够有一个足以发展语言的立足点即可。

大部分成人的二语学习,却不大一样。大多是先建立输出性的平台,然后或同时建立输入性平台。许多二语学习者往往入门阶段都有这样的感觉:可以慢慢说,却听不懂对方的话。这里有许多不同情况,有的是因为对方语速快的原因,有的则是由于过分依赖文字,导致听力没有跟上。可见最小语言平台也是有完整和偏侧的区别。完整的二语能力应该是输入和输出都具备的。我们应该如何建造这个平台?是完整的,还是偏侧的?或者从哪一侧开始,才是最佳的方案?这也许正是我们应该研究的一个课题。

### 4. 推演:受限科技汉语

如果将受限语言的概念推演到科学技术界,那么我们可以建立一种全新的汉语形态:简单、明确、规范、尽可能无歧义的汉语。这是一种受限的科技汉语[1],具有简易特点以及容易学习并理解的品质,因此也就具有了推广世界的价值。许多留学生学好汉语后再进入科技专业学习,其目标之一就是掌握完整的科技汉语。从这个角度看,科技汉语也是一种受限语言形态。说得再远一点,如果我们希望汉语走向世界的话,那么制定"科技汉语"规则就是利于外国学者掌握中文的一个选择。[2] 如果汉语真的要走向世界,让世界在英语、法语、德语之外有另一种选择和体验,让中国的科技创新更快地为世界所了解或接受,那么建设"科技汉语"是必要而绕不开的一步。进一步说,如果能实现"科技汉语的全拼

---

[1] 据美国密歇根大学(University of Michigan)端木三教授在微信群里介绍,国外辞书学界曾提出一种"元语言",设定很少的语词和严选的有限句法规则,用来作为解释词条的语言。这其实就是一种受限语言。具体如朗文词典用两千"定义词汇"(Longman defining vocabulary)注释所有词条,牛津词典用 3 000 单词注释词条,即所谓的"Oxford 3000"。这些 basic English 其实都是受限英语的体现。另一种受限英语是"Simple English",包括用词在内的简易英语文体,用于编写工业界的机器操作和维修手册。为了避免误解、防止事故,而规定用语简单,无歧义,一词一类以避免兼类,等等。

[2] 关于发展科技汉语的建议,参见汪品先:《基础研究:不钻象牙塔,不当外包工》,《科技导报》2022 年第 3 期("汉语堂"公众号转载时改题为《汉语不该断送,应当随着科学发展而再生》)。

音化"①，那么科技汉语走向世界就不再遥不可及。

这些也应该是我们推广中文国际教学的一个目的吧。

## 二、语 言 的 养 成

### 1. "获得"改成"习得"之谜

自从乔姆斯基提出语言获得装置（Language Acquisition Device，LAD）理论，该理论提出以后，人们便一窝蜂地使用上 Acquisition 这个概念。国外学界，把"Language Acquisition Derive"翻译成"言语获得装置"，中国接受了。过了一阵子，国外有人又改了翻译，把"Acquisition"改译成了"习得"。我们却又照单全收，一统天下。然而日本比我们稳重些，至今仍使用"获得"和"习得"两种译名，"获得"并未退出。② 将"获得"改成"习得"是否就是对"Acquisition"的重新诠释？是否就是为了弥补"Acquisition"一词的漏洞？从汉语角度看，"习得"后的味道已经与"获得"所表示的先天性含义相去太远，完全没有了先天性意味③。按照汉语母语者的字面理解，"习得"就是"学习而得到"，那天赋机能又体现在哪儿了？而且在实际使用上，也大都用于"learning"的意义上，与"天赋"没啥关系。这是在忽悠我们，还是在指导我们"改弦更张"？但"Device"又指出了这是个东西，是个实体，而不是什么原理、关系或规律、方式。日本始终坚持"装置"的译

---

① 赵元任："在多数文字用处的场合，比方说是自然科学啊、工啊、农啊、商啊、军事啊、普及教育啊，这些用处上呐，我觉得现在就可以用国语罗马字拼音文字。"他的智慧、经验与理想值得我们借鉴。参见赵元任：《语言问题》（最初发表于 1959 年），北京：商务印书馆，1980 年。

② 据目前资料得知，"获得"和"习得"可能都是日本最先提出的译名。日本现仍使用"言語獲得装置""言語の獲得理論""言語習得装置""第二言語習得""第一言語習得"等多种用语。《応用言語学辞典》（日本·研究社，2003）区分为母语"获得"和二语"习得"，后者可理解为（对外国语）"learning"。

③ 因此日本有人又创造"生得"和"生得性"来诠释"acquisition"。这似乎显示了"acquisition"本身存在的问题。

法。可是,不清楚为什么中文把"装置"改成了"机制"①,是代乔姆斯基"装饰",还是有意识为自己的信仰装饰? 这一切不由得让人生疑,也让人对"Acquisition"与"Device"的原本含义②与使用该二词是否恰当生出了疑问。然而,出于对乔姆斯基的崇拜,对翻译来源的迷信,又有多少人对此提出质疑。我们相信,总有一天会有一个正确的说法。③

### 2. 不同的二语学习观点

据说,由于发现幼儿学会听懂和说话的速度实在惊人,因此才有了"儿童语言获得"(Child Language Acquisition)这个概念。进而又延伸到二语学习,然后乔姆斯基才提出更具普遍性的"语言获得装置"(LAD)的理论。根据 LAD 的理论。该理论的核心在于假设大脑里有一个"普遍语法"(UG)的先天东西。语言学习不过是激活这个内在东西。然而至今要证明 UG 的存在仍困难重重。该理论认为,幼儿学习母语是"Acquisition",而二语学习也是"Acquisition",是母语学习的某种重复。然而我们是否有过实验上的证据? 又有谁真像幼儿学习母语那样去安排二语学习? 按照 LAD 理论的推论,母语"Acquisition"的过程,同样也可以在二语学习者身上再现。母语学习时并不需要理性语法知识,可是现在通行的二语教学却似乎并不如此。我们在使用"习得"一词时已经毫无天赋能力的意思,与传统的"学习"并无多大区别。依据"Acquisition"理论,课程就应该复制儿童学话,完全是沉浸式的,让学生自己扑腾着学会游泳。然而,通行的教学似乎并不如此。

另一些理论认为,二语学习并非母语习得的复制,而是学习的过程,学习者大都已过了语言习得的关键期,不可能达到母语习得的程度,对目标语必须有理

---

① "机制"惯常应该与英语的"mechanism"对应,未见对应"device"的例子。
② 中国的英汉词典民国早期大多译自日语的英和辞典而成,至今仍有遗风。
③ 仍有学者或机构使用"获得"一语,如"香港中文大学认知与语言获得实验室",如社科院语言所胡建华为张云秋等所作"序"中使用了"儿童语言/母语获得""手语的获得""二语获得"等语,而根本不提"习得"。该书"后记"中陈述首都师大"希望在语言获得方面进行特色研究。"今又见到 2023 年 7 月于深圳召开的"儿童语言、语音获得与认知研讨会"。参见张云秋等:《汉语儿童早期语言的发展》,北京:商务印书馆,2013 年。

性理解的过程。有人还认为"Acquisition"指母语或第一语言的实现过程,而"Learning"指外语或第二语言通过教育或实际活动实现的过程,将二者区分了开来,认为不可混淆。①

### 3. 二语是"养成"的

在上述两类论说之外,我们采取了另一种看法,认为人类大脑皮层确实有语言区,但其中的机制远未解开。如果从更能感受的视角去提出假说,也许更有说服力,更有二语教学价值。"养成"(develop)②和"能力"就是其中的两个视角。"养成"说认为,语言,包括二语,都是养成的。③ 语言养成包含激活天赋的语向能力和后天外在的作用(自身的能动性 + 外力的培养)两个方面。④ 人具有天赋的语向能力,该能力包括:语向自适应能力(包括语向的模仿、记忆和使用能力)和语向自整理能力(包括语向的自分解、自修正和自对应或翻译的能力)。该语向能力是否还包括天赋分析、概括、逻辑归纳推导等能力仍需研究。二语明显是"养成"的,是从模仿和记忆开始的。从可控的角度来看,"模仿、记忆、实践/使用"是人的三种天赋能力,也是彼此互动促进的能力,是教学的"牛鼻子"。这几

---

① 朱曼殊、缪小春对来自克拉申的"在自然交际环境中的外语学习就是语言获得,而只有在课堂环境内的学习才被称为语言学习"提出了批评:"事实上他们忽略了学习者在母语获得过程与外语学习过程中的生理、心理、认知、社会方面的差异,从而导致这两个概念的混淆与混用。"朱、缪的观点显然更符合事实。参见朱曼殊、缪小春:《心理语言学》,上海:华东师范大学出版社,1990 年。
李宇明介绍:"美国心理学家托马塞洛(M. Tomasello)等学者整合以往学说,提出儿童语言发展的建构论,认为儿童语言发展是基于成人与儿童的语言互动"。这与乔姆斯基的观点也明显不同。这说明,乔姆斯基理论并非唯一信条。参见李宇明:《惠及儿童的儿童语言学》,《语言战略研究》2023 年第 3 期。
② 承王菊泉兄指教,"养成"的英语译词改为"develop"或"development",放弃曾使用的"cultivation"。
③ "养成"说最初发表于《习得与语向自整理能力》,认为语言养成类似于植物的"种植"和机体内的"占位"。大脑只是一片适合植物生长的田地,没有外来种子的种植与养护,哪来语言? 语言根植于大脑就如在脑区内的合理占位。二语成功养成则是又一占位。参见史有为:《习得与语向自整理能力》,《对外汉语研究》2013 年第 1 期。
④ 张云秋等:"认为儿童语言习得是天赋因素和认知功能因素共同作用的结果","这一方面说明儿童语言习得具有天赋属性,但另一方面也说明外在条件同样很重要,即天赋因素和认知功能因素共同作用儿童才能真正习得语言。"参见张云秋等:《汉语儿童早期语言的发展》,北京:商务印书馆,2013 年,第 3 页。

种能力会因语言各分项(如语音、语汇、语法、语篇)而异,也会因年龄大小而异。或者说,它们与语言各分项和个体年龄之间存在一定的相关性。例如语音项目,年幼时容易模仿,尤其对于声调、语调等超音段,年龄越大越难模仿。强调模仿与记忆,恰恰就是强调要充分激发人自身的语向能力,让人在使用实践中有可能按照所记忆的话语去类推、纠正、调整,形成具有可控类推的内置模式,最终实现完全的语言养成。过分依赖理性的语法知识的学习,会使这些先天能力退化,从而无法达成完全的语言养成。语法学得精深的二语人,往往说话生硬不顺,不像母语人讲话。而越是对语法知识所知不多的人,说话反而顺畅生动。①

　　二语学习是一种内在能力与外在力量或因素相互作用下的"养成"过程。各年龄段的二语"养成"过程均与母语学习有所不同。二语学习有着与母语学习不完全相同的黄金期。年龄越小,越接近母语学习,年龄越大,离二语学习黄金期越远的人,越难养成高水平的二语,而且越跟母语学习的结果不同。语言教学应该依靠可掌控的"模仿—记忆—实践"铁三角,以此来促发内在的语言认知。不管是幼儿的还是成人的,语言养成都特别依赖模仿和记忆以及实践。模仿和记忆是感性的。模仿能力和记忆能力会有与年龄相关的节奏变化,也会因后天加强训练而增强。随着年龄增大,越容易发生对理性知识的依赖,越希望依靠语法知识来填补感性缺乏(个别的天才不在此列)。实践是试错的机会,也是在心理上固化认知、建立语言系统的必要手段。年龄的大小与实践的勇气之间也可能有一定相关性。没有这铁三角,那二语不可能自动地在脑中生根发芽。

### 4. 母语也是"养成"的

　　幼儿学习母语更会显示出一种内在本能。他们会在语言实例有限的情况下学会母语。同时幼儿又必须依靠外在培养的因素。外在因素的表现如:跟孩子不断重复性地说话,新的语句不断刺激孩子,耐心地教孩子说话并纠错,不断接

① 史有为:《在现实与理念之下——在日汉语教学反思》,《汉语教学学刊》2021年第1期;史有为:《二语习惯的养成——汉语二语语法教学再认识》,《北华大学学报》(社会科学版)2021年第6期。

触到周围更多的语言交际实例。没有外在因素,那么内在本能只能永远内在而不能转换为现实,也即不能说话。因此,幼儿的母语学习过程也并非仅仅"Acquisition"就可以打发的。由此,我们坚持幼儿的母语也是"养成"的。

语言中有许多字面义与真实义大不相同的习惯说法,还有比喻的说法,还有些需要在特定语境配合后才能理解真正的含义。这些都不是幼儿所能理解的,他们要经过大人的引导,并经过多次试错才会学会。试错的过程就是激活幼儿天赋本有的认知(理解)能力。所谓吃一堑长一智,语言学习也是如此。笔者曾多次观察过类似的实例:有个一岁零两个月的幼儿完全不会说话,看她老婆婆怎么走路,她居然弯着腰模仿起来,引来了一阵哈哈大笑。大笑之余,就是思索她是怎么学会听懂的。又如,有个还不会说话的幼儿吃一根长面条,双手拿着面条的两头从中间开始咬,大人对幼儿说"从头上吃",这个幼儿就把食物放到头顶上。他听懂了"头"字,但只是懂得"头"中的一个义项。另一个义项需要大人引导他去理解。再如,还有个会说些话的幼儿,大人问:"你叫什么?"幼儿说:"我没有叫!"再问,还是回答:"我没有叫!"显然他也只懂得"叫"或"叫什么"的一个意思。可见即使人类有大脑的语言区域,没有后天培养也是达不到"Acquisition"的。①

自然语言必须依靠语音。即使在发音这一点上,也很难单纯用"Acquisition"就可以解释。幼儿的听觉器官最早发育完全,发音器官的发育则滞后于听觉器官。听是被动的行为,听懂却含有主动因素。发音则完全是主动行为。发音中最早学到的是模糊的元音以及音调。辅音以及准确的元音是要多次练习并反馈纠正后,才能逐渐由少到多,由易到难地发出的。没有多次模糊或偏离的发音试水,就不可能有以后的清晰发音。从这一点看,发音也并非全是天赋,后天的教养与自身努力显然不可缺少。

### 5. 如果真正践行"Acquisition"?

如果我们真的要奉"Acquisition"为圭臬,那么,一是语言不必如此受限,二

---

① 李宇明也认为:"儿童语用能力发展有先天因素,但主要是后天在与他人的语言交互中实现的。"参见李宇明:《惠及儿童的儿童语言学》,《语言战略研究》2023年第3期。

是也不必有多少语境，三是更无须加许多理性的语言知识、上各种辅助手段，四是无须加许多后天的训练和努力。然而现今的二语教学却并非如此。我们如今是真的有些挂"Acquisition"卖"learning"的意思。还不如老老实实承认二语学习就是一种语言"养成"或学习的过程。即使有天赋，也要有人去养护天赋。否则我们何必设立各种对外汉语学习的学校。干脆把学生统统投入汉语社会的"大海"即可。当然会有人学会游泳活了下来，但"死"的可能更多。因为缺乏一个入门的基本训练，也因为许多成人的学习黄金期已经过去。所谓沉浸式教学，还是需要一个入门训练作为"泡海"基础的。这些都证明二语学习并非"Acquisition"那么简单，而是内在能力配上外力养护的"养成"或学习过程。①

## 三、全拼音中文教学

### 1. 两种教学依凭工具

母语养成依靠的是语音输入②，当然还有身势和语境。二语养成可以有两种依凭工具：一种是语音；另一种是对应语音或音—义的音标或文字。音标与拼音文字的区别是：拼音文字是经过定型化的东西，反映了某些语义或语法信息；而音标缺乏这些，仅仅简单记录或对应了语音。

语言是多信息的。语音在语境之外可以保留其中大部分信息。语音转换为文字又将丧失一部分信息。虽然如此，语言却也因文字而长远及丰满。文字晚于语言，文字却因承载语言而成为另一种文化，并在一定范围内、一定程度上甚至影响并推动着语言的发展。而一般的音标则必定丧失相当的语言信息。只有在万不得已的情况下，人们才会使用音标表示语言。然而，在学习二语时，如果该二语没有文字，或文字比较特殊，有时仍不得不使用音标作为入门的工具。

---

① 赵元任先生在 1959 年说过一段关于"养成"的话："语言是一套习惯，学习外国语就是养成一套特别的习惯。习惯这东西啊，是养成容易改变难，所以小孩儿从没有习惯起头，养成习惯容易，大人从已经有了本国语的习惯，再改成外国语的习惯难。"参见赵元任：《语言问题》(最初发表于 1959 年)，北京：商务印书馆，1980 年，第 156 页。

② 为了讨论集中，这里暂时撇开聋哑人手语工具。

## 2. 二语教学的"接受"视角

二语养成有两个考虑角度：其一是如何将二语原汁原味地输入学生中；其二是如何让学生更容易接受或学会二语。前者是出于二语自身的考虑；后者是出于学习者的考虑。为了前者，我们希望将二语整体不走样地提供给学生。不仅是语音、语汇、语法、语篇，还有文字、语体，等等。为了后者，我们必须研究哪一种路径更容易为学生接受，更容易学会二语。我们对前一项的考虑已经很多很多，包括本文第二节的"受限语言"。后一项的研究也不少，但显然还不够。有鉴于此，我们再提出一个"接受"概念。"接受"是一个非常重要的视角。在解决了教什么以后，语言教学就必须从学生接受的角度去安排教学的所有方面。这样就可能会自觉地设计出更好的教学方案，也许还可能在此基础上建立一门"语言/二语接受学"。

## 3. 直面汉字

相对于所有的外国语言，中文的难点之一当然是汉字。[①] 汉字的优点和缺点都摆在那里，是一个事实。当下突然冒出许多狂捧汉字、否认汉字难的言论，不得不让人警惕，让人怀疑是否又是"捧杀"，是否好心又在办坏事，事实上是在阻碍汉语走向世界。我们不能忘记自己识字的经历，不能忘记面对陌生字不认识、记不住的尴尬。学习汉语的外国学生都来自拼音文字的国家，包括以拼音的假名为基本文字形式之一的日本。[②] 拼音和汉字是完全不同的文字体制。以此来看，我们应该承认汉字对于外国人是一道高门槛（可能有个别的学生会很感兴趣，而且会很快学会）。我们应该为外国学习者设置更合理的类别与阶梯。

为什么我们不能采用汉语拼音作为过渡性字符去引导他们入门呢？它们完全可以不仅仅作为注音工具，而且还是辅助性字符，用来引导外国学习者进入汉

---

[①] 李泉：《关于"汉语难学"问题的思考》，《语言教学与研究》2010 年第 2 期。

[②] 日本学生现在的汉字能力也大大下降。笔者在日本任教时就有国立大学中国语学科的学生跟我说，她讨厌汉字。这当然是有理由的。因为在日语里一个汉字常常有三四个读音，训读、音读还有惯用音，确实让人晕头转向。

语，了解基本的汉语。这样就可以把难点①分期、分流，也就可以更容易培养出对汉语的兴趣，为下一阶段进入汉字学习筑好基础。

笔者 2022 年连续发表了两篇鼓励全拼音教学的文章②，详细提出了学生分流以及自愿选择"全汉字、拼音＋汉字、全拼音"三种教学班次的设想。论文发表后，引起了国内外的响应。但仍有朋友表示不同意，怀疑全拼音入门能不能成功，不认同汉字难学。有朋友告诉我，有个印尼学生，上课时把所有汉字注上拼音，结果她的汉语再也提不高了，也畏惧起了汉字，连汉字阅读都成了问题。也有朋友说，他教汉语几十年了，不管东西方的学生，学得很快，作文非常好，书法也过得去，不亚于中国青年。为什么要降低标准呢？还有人主张不要拼音，直接用汉字学，或者主张把汉字拆成几十个形"码"，用来教汉字，说"外国人学得很快"。③

这些意见或疑惑是正常的。它们包含了以下五个问题。

其一，汉字到底是否难学？如果不承认汉字难学，那又何必研究开发各种学习法？何必拆成各种部件或形码？

其二，汉字如何教才能降低困难？以注音学习汉字，只是学习的一种方法，并非汉语拼音的错。相反，却有教师指导的责任。教师应该指导学生如何正确认识汉拼，如何尽早尽快甩掉注音拐棍。④ 当然，我们也可以放弃汉拼注音，用

---

① 中文主要的难点通常认为有三个：声调难，写字难，作文难。前两个比较容易理解。作文指的是累积了三千年文化的语体。尽管经历了五四新文化的冲击，白话登台，但实际上书面语仍有许多规矩，包括韵律要求，特殊句式，为了求雅而特别要求讲究修辞，要求采用成语或文言古语及其格式。这一切都超出了普通人的教养，使得"我手写我口"的理想仍未完全实现。参见吕叔湘：《语文常谈》(第 2 版)，北京：生活·读书·新知三联书店，2008 年。

② 史有为：《拼音担纲，助力中文走向世界》，《语言战略研究》2022 年第 1 期，"卷首语"；史有为：《国际中文教育全拼音教学的学理、构想与价值》，《语言战略研究》2022 年第 5 期。

③ 近来还有人大肆批判汉语拼音如何不科学，如何表音不准确。这些人是否懂得音位与音位表示？汉语拼音方案是限于 26 个字母并尽可能基于音位的巧妙设计。音位与实际发音有一定差别，但又有确定的对应规则。亿万人都已经掌握汉拼，而且使用于教育、词典和电脑、手机。他们以使用自如、效果良好的形式，击碎了这些不实之言。

④ 我们在刚学英语时，也总喜欢在英文词下面注上汉字读音，以为好得很。结果呢，糟得很。英文也读不准，还记不住。注音只是拐棍，临时或短时用一下可以，不能过分依赖。

传统的直读法来教学汉字。这都可以试验。

其三,没有试验就不能轻率否定全拼音教学方案。以全拼音教学汉语已经有许多成功的案例,应该承认事实。

其四,学生的情况千差万别,总有不同的天赋与学习能力。因此不能以一部分的效果去涵盖另一部分,并以此否定另一种教学方案。

其五,以拼音作为学习语言的临时依凭,并非放低标准,目的是为学生搭建桥梁,以便更快学好口语,并为过渡到汉字学习减少集聚性困难。①

至于直接用各种拆解的字件去教汉字,当然并非不可能。但是学会汉字并不就等于学会汉语。所谓"外国人学得很快",究竟是学汉字快,还是学汉语快?语言和文字的关系混淆不得,容不得偷换概念,应该分清摆正才是。

### 4. 全拼音教学的现实依据

对全拼音汉语教学存有疑虑甚至反对意见,是正常的。但问题总是要解决的。这些朋友是否知道,3 500 个汉字相对于 26 个字母组成的词,从书写和记忆读音角度看到底哪个更难? 我们不能以个别学汉字不错的学生来涵盖全体。应该承认汉字难,这样才能有讨论的基础。②

这些朋友是否知道,欧美有许多不识汉字的汉语掌握者? 他们就是依靠拉丁字母拼音形式(有些还是国语罗马字)学会汉语的。"一些精通汉语的西方汉学家,即使已经能相当熟练地阅读汉字文本,但在参加以汉语为工作语言的学术会议时,也往往全部用拼音写发言稿,感到读起来更容易。"③

这些朋友是否知道,美国的一些学校根据认字易于写字的一般规律,已经准备"以打代写"的教学。所谓"以打代写",实际上就是用拼音输入转换成汉字,跳过写字,只需认字。这也是一种避免书写汉字带来困难的措施。比如在美的何文潮教授从 2000 年开始实验的"电脑中文"。该方案在罗德岛大学获

---

① 集聚性困难指的是许多不同的教学难点集中在一个时段出现所形成的困难。
② 北京某高校有位土库曼斯坦留学生,2015 年来中国留学,汉语口语说得很好,但汉字只认识几个,连自己的名字都写不正确,只能挂科,至今无法毕业。这说明确实有一部分这样的学生,不能无视。
③ 陆丙甫、谢天蔚:《对外汉语教学中的文本多元化》,《世界汉语教学》2014 年第 1 期。

得非常好的效果,2018 年开始扩大到其他学校。加州大学戴维斯分校(UC Davis)已在此基础上尝试一种"电书为主、笔写为辅,高频互动,优化效益"的教学方案。①

这些朋友是否知道,受总部在丹麦的马士基航运集团(MAERSK)的委托,北语汉语速成学院曾特为马士基开办一个高管班。鉴于欧洲人很难识写汉字的现实,该班完全使用汉语拼音教学,不学汉字。一般来说半年之内即可进行普通的口语交流,效果很好。当然他们都不识汉字,是"功能性文盲"。有的人半年之后再开始学习汉字。

这些朋友是否知道,日语里的同音情况比汉语严重得多,在成人阶段无法离开必要的汉字,但他们的学龄前儿童的读物都是平假名。儿童入学后,就逐渐开始教学带有汉字的文本。同时,日本还有专供外国人使用的纯罗马字拼音的教材和手册。当然其中的用语也肯定是受限语言,是"应付型"的。

这些朋友是否知道,许多西方来华传教士就是靠着不完善的方音拼音"文字"来传教的。他们显然成功了。这些方言拼音方案可能不够完美,却达到了传教的目的。

新的需求总会激发出新的对策。以上的这些应对方案就是如此。当然其中的基本条件是使用完全的口语。口语其实是一种更宽泛的受限语言。既然口语可以交流,那么记录口语的多数带有声调的拼音文本也应该可以。

以上这些都是事实,我们应该承认。

请朋友们不要怀疑我们对汉字的喜爱程度。笔者曾多次论述汉字的优点和优势,认为必须充分认可这些特点和优点②,指出作为正式的文字,在当前的国内语言环境中汉字无法被替代。原因之一是当前的书面语夹杂了许多古代语言成分,不全是口语的变异。往往文化水平越高的笔下,古代汉语成分或文言成分会更多,无法不依赖汉字传达。

① 何文潮、胡小艳:《从"电脑中文"到"有效中文":电脑科技在中文教学中的应用》,《第十五届国际汉语教学学术研讨会论文集:汉语国际教育的跨学科发展研究》(朱瑞平,王命全主编),北京:外语教学与研究出版社,2019 年。

② 史有为:《汉字的性质、特点与汉字教学》,《世界汉语教学》,1987 年,创刊号;史有为:《汉字的重新发现》,《汉字问题学术讨论会论文集》,北京:语文出版社,1988 年。

许多朋友探索或研发新的汉字教学法,包括整体式认字教学,以及分拆式汉字教学,我们都应该持正面的态度。但这些并不能成为否认汉字难学难写的理由。也不能作为拒绝另一类教学探索的理由,面对庞大的汉字集合给外国学生带来的压力,我们不能熟视无睹。

### 5. 教学实践是第一性的

"汉语拼音方案"与书面表达要求有相当的差距。简单依靠现行汉拼来学汉语显然并非最佳途径,而完全撇开汉语拼音方案当然也非正确之途。我们需要在汉拼基础上研制一种实用的应对方案。

任何合理的书写体系都至少应该有两个不同或相反的控制元,比如制定分词连写、虚词定型化等规则,以便增加语法信息,但同时又应根据常用度等因素去控制特殊定型化写法的数量,因为过分的精密化会增加不可承受的投入。这样才能保持一个既能合理运行又能被学习者接受的操作平台。① 这正是将来崛起而实践的一个内容。

希望我们不再坐而论道,希望有关的机构和教学单位应该起而舞剑,有魄力,敢担当,去试验,去实验,以回应时代对中文的呼唤。


## 四、智能化掌上课堂


### 1. 我们需要二语智能教学工具②

二语教育,至少在中文教学上,我们缺少个性化教学的手段,缺少课下的有

---

① 陆丙甫在与笔者交流中指出:应该考虑汉语拼音文本中如何增加语法信息,又要考虑"边际效用递减律",即离核心或最常用字越远,其效能也越会降低。用于文字,即不能让文字过分精密化。过分精密,学习力度的增加与收益会不成正比。

② 笔者的这个构想一开始便得到北语前任校长崔希亮的充分肯定,认为"这是一个纲领性的文章","想法相当超前,完全有实现的可能。网络公司做教育的和做游戏的人都会感兴趣"(2022 年 8 月私信)。遗憾的是这个创新的想法在现实世界里并未受到应有的对待。

效自学工具，缺少应对时间碎片化的方法，在国外教学时还缺少汉语环境。我们更缺少新的思想和点子。在当下 AI 大数据预训练语言模型（如 ChatGPT）的大浪下，我们才感到挑战，开始增强二语教育与 AI 结合的意识，才出现中文二语教育界的广泛响应。①

两年前，笔者就开始构思将电子游戏同智能手机的功能结合起来，注入二语教育的内容，希望创造出一款手机样态的智能化自学—辅助工具。在今天 AI 聊天式语言模型的激励下，这一构想显得更具有合理性和可行性了。这将可能创造出一个全新的中文智能化教学工具。它也可以用软件形式出现，随时可以下载到任何智能手机中。如果这个想法能够实现，将会提高中文教学效率，促进中文更快走向世界。也许还能在科技领域开辟一个新的天地，引领二语教学。

### 2. 从二语教学看电游特点及其应用

电子游戏（Video Games；Electronic Games），简称"电游"，是一种随电子科技发展而诞生的文化活动。② 现在已经有多种类型，而且具有相当的智能化水平。国外的研究③证明：包括电游在内，游戏可以传授大量技巧，包括语言和认知技能、问题解决和决策能力、多任务处理能力以及协作能力。现在也认识到，游戏或电子游戏也是一种从不会到会的自主有效的学习。④ 电游总体上可以概

---

① 2023 年 5 月哈兔中文已与香港科技大学 AI 紫荆智能团队达成合作协议，推动 AI 边缘模型接入中文教育场景，打造全国首例元宇宙教学场景下 AI 数字人的"大脑工程"（AI＋国际中文教育元宇宙）。
② 电子游戏现已发展出 20 余类，如动作类、射击类、体育类、赛车类、格斗类、冒险类、养成类、音乐类、益智类、扮演类、即时战略类、模拟类等。
③ Marc Prensky，*Don't bother Me，Mom—I'm Learning*，New York：Paragon House，2006.
④ 人民网：《课堂教学为什么不如电子游戏吸引人》，《文汇报》2013 年，参见 http://culture.people.com.cn/n/2013/0606/c172318-21757104.html.
马小强：《电子游戏教育价值分析与判定》，《中国电化教育》2008 年第 10 期；张玲慧、王蔚：《电子游戏在青少年教育中的应用现状及存在的问题》，《软件导刊》（教育技术）2008 年第 10 期（下半月）；王庆、钮沐联、朱德海：《国内教育游戏研究发展综述》，《电化教育研究》2012 年第 1 期；叶俊飞、赵建霞：《虚拟的世界，真实的学习——论电子游戏的教育价值》，《现代教育科学》2018 年第 6 期；尚俊杰、李芳乐、李浩文：《"轻游戏"：教育游戏的希望和未来》，《电化教育研究》2005 年第 1 期。

括为沉浸、交互与构想三大特征。这三项特征恰恰与二语教学非常契合。人工智能（AI）的三大技术支柱（智慧分析、动态感知、即时反应）与电游和二语教学十分契合。如果电游、与手机结合，注入适度的 VR 虚拟现实技术，引进语言生成大模型中部分功能，将聊天范围加以限制，将可广泛使用于二语教学领域。① 这将突破传统的电化教学（audio-visual aids）②的模式，并创造出一款全新的教学形式。③ 它将不再是课堂的简单重复，而是一种高度的创新。④

电子游戏有如下特点适合或适用二语教学。

综合性和模拟性：可以模拟现实世界中各种交际场景或过程，可以综合或包容多种艺术或技术。这将弥补二语教学中缺乏真实场景的重大遗憾，也为语言"沉浸"式学习准备了一个很大的泳池。

交互性：人与电子设备可以产生互动，自动提升其应对水平。各种交际角色之间也可随时发生不同互动反应。如果应用于二语教学，即可实现根据场景的应变式对话。

进阶式挑战：设置多个难度不同的目标，为用户提供自我挑战的机会。这在二语学习中就是循序渐进，由易及难。

娱乐性和激励性：电游有故事与形象，具有引人入胜的设计，可以战胜社会上影响学习的许多诱惑。电游中的激励机制还可以激发二语学生学习兴趣。

可试错性：语言常常是在试错中学会的。交际就是试错。试错必然与反馈结合。电游可以不打板子地无限次重复试错，从而保证二语学习的成功。

---

① 例如美国北卡罗来纳州立大学的游戏获益实验室，又如张辉提出以互联网为基础构建电子游戏教学资源的自动搜集系统。参见张辉：《电子游戏教学资源库的设计与实现》，硕士学位（教育学·教育技术学）论文，南京：南京师范大学，2009 年。

② 也称"计算机辅助教学"，大都集中于视听觉媒体技术（通过以情景图式为切入点，培养预测联想能力与交际能力），智能化程度较低。

③ 李辉、唐宝玲、刁振钰、丁志健、丁凯：《电子教育游戏在小学生学习中的应用调查研究》，《电脑知识与技术》2012 年第 26 期；张璐：《电子教育游戏在银川市小学数学教学中的应用研究》，硕士学位论文，宁夏：宁夏大学教育专业，2014 年；龚菲菲：《浅谈电子游戏在初中英语课堂教学的应用》，豆丁网，2015 年，参见 https://www.doc88.com/p-7478294749704.html?r=1。

④ 人民网：《课堂教学为什么不如电子游戏吸引人》，《文汇报》2013 年，参见 http://culture.people.com.cn/n/2013/0606/c172318-21757104.html。

广泛性和私密性：电游可以让更多的人参与。不管哪个年龄哪种水平，都来者不拒。电游又可以完全是个人的，互不干涉的。这对性格内向的学生具有积极作用，尤其对许多害怕在公开场合暴露的日本学生而言几乎是无可替代的。

多选择性：电游容许多种入口和途径，容许多种级别和模式，容许多个文字形式。这将大大促进教学个性化的实现。

可重复性：电游可以不断重复，可以老老实实地重复原先的学习内容或程式。如果借鉴 GPT 的技术，那么就可以根据学习者参与现场交际的情况，应变式地改变应答内容或程式。

可断续性：现在许多视频都可以随时中断随时接续。这个功能引进二语学习后，学生可以利用任何碎片化时间，随时随地参与相对完整的二语学习。

如果将 GPT 模型中的语言翻译的功能加入其中，还将实现"中介性"，用另一种熟悉语言来验证自己的理解，这将更有利于二语的入门。


**3. 中文智能化掌上教具的可能性**

（1）中文智能化掌上教具成功的依据。电游这些特点都可以被中文二语教学所利用，还可以与手机形式结合，如果再与 VR 结合，吸取如今 GPT 一类的生成式语言模型的某些成果，那将综合成为一款横空出世的教具。它就是未来的"中文智能化掌上课堂"。只有"掌上"才能真正成为个性化辅助教学工具，成为学生们 24 小时随身的课堂和老师。也许我们应该昵称它为"中文随身学"。

一个新想法可能意味着一片新天地。这样的构想是完全必要的，也是可能的，完全可以开发成功。理由如下。

一是硬件与软件技术的支撑。手机是基本的硬件依托。只有手机才能达到"随身"的效果。手机也可以投影于大屏幕上，以利课堂演习。

国内电游机和智能学习机已经非常成熟，研制水平也相当高。AI 的生成式语言模型也已日臻成熟（如百度、阿里和讯飞的产品），有各种开发技术人员。它们的经验对"中文随身学"的研制无疑有着不可替代的价值。

二是可接受度。这是一款智能化随身课堂。可以利用各种碎片化时间，无论旅途休息、会议空隙、片刻闲暇,都可以边看边听地学习。尤其是动漫式的形式,更增添了亲近感,容易进入与接受。

三是市场和技术增长需要。该产品使用人数将很可观,在国际上市场广阔。如果将"中文随身学"做成 APP,还可在电脑上使用,市场将进一步增长。这是一个新技术的增长点,抓住这个机会,可能使中国在这类科技上领先于世界。

(2)"中文智能化掌上课堂"所需保障。这是一个全新的构想,必须有多方面的准备与保障。

首先是内容设计:如何分阶段、分科目或分场景;如何设计课文内容和交际场景,如何实现语言视角的分级;如何设计语音、文字、词汇、语法项目的弹性内容;字符(汉字简或繁,拼音化字符)和语音如何显示或互相转换;如何评判成绩,如何奖励或激励;如何设计使用的引导符号;等等。

其次是必须鼓励民营企业参与设计制造"随身学",必须建立熟悉智能技术的全新头部机构,以便应对瞬息万变的需求与突发情况,逐渐改进教具,保证教具的成功与效能。

再次是需要得到国家有关方面的软硬两方面的支持。

(3)没有试验就没有创新。现实往往落后于需求,研究也很难超越想象。我们必须为中文国际教育开辟一条新路,必须抢占相关的技术高地与市场。如果我们能够抓住这样的想法和机遇,也许就可以让中文更快也更少阻碍地走向世界。

这是科技创新与繁荣市场的机遇,也是中文教学的机遇。万事开头难。愿中文国际教学的相关方有想象力,有魄力,有实干精神,共同完善并实现这个设想。如果我们还不抓住这个机会,那在今天 AI 的潮流中,我们可能将后悔无尽。

# How Else Can Proficiency in Chinese Be Developed?

## —— Restriction and Development of Language Acquisition: Full Pinyin Teaching and Handheld Classroom

SHI Youwei

## Abstract

At a time of great changes in the world and the dramatic rise of artificial intelligence, it is necessary to propose two basic concepts and two applied aids in international Chinese teaching. In second language teaching, there must be a concept of "restricted language", but it must also be recognized that "the restriction" is elastic. "Language Development" is a combination of inborn and nurtured abilities. Both mother tongue and second language are "developed" rather than naturally acquired. In the face of the difficulty of Chinese characters, it is necessary to provide foreign students with a transitional tool that suits their pinyin habits, namely "full pinyin teaching". Facing individualization and other issues, we must also provide students with a brand new learning tool: "intelligent handheld classroom". I hope these concepts and tools can contribute to the faster entry of Chinese into the world.

## Keywords

new era; restricted language; language development; full pinyin teaching; intelligent handheld classroom

# 《全球中文发展研究》征稿启事

　　《全球中文发展研究》是由华东师范大学国际汉语文化学院和国家语委研究型基地华东师范大学全球中文发展研究中心主办的学术刊物,旨在为从事全球中文发展研究学者、国际中文教育工作者和中文爱好者搭建学术研究成果的交流平台。发行范围涉及该领域研究人员、国内外各大高校及相关教育部门,期刊为半年刊。为响应党的二十大号召,推动新时代国家语言文字事业高质量发展,提升中华文明传播力影响力,本刊热诚欢迎海内外从事语言研究工作的专家、教师以及相关学科的学界同仁为本刊赐稿!

## 一、期 刊 宗 旨

　　本刊以全球中文发展研究为特色,关注全球中文学习的政策与方略、全球中文发展的话语创新与舆情研判、全球中文语言生活调查、国家通用语言文字推广普及等方面的研究,同时积极搭建跨学科交流平台,更好地服务于国家语言文字事业,推进中华优秀语言文化传承传播与创新发展,增强中华文明的国际传播力和影响力。

## 二、主 要 栏 目

　　1. 区域国别中文发展研究

2. 全球语言政策研究

3. 国家通用语言文字推广普及研究(语文教育)

4. 国际中文教育研究

5. 资讯

6. 其他

## 三、投 稿 细 则

1. 稿件以不少于 8 000 字为宜。

2. 投稿须提供打印稿(一式两份)或电子文档。为方便匿名评审,正文中应注意避免出现与作者身份有关的信息,打印本请另纸注明文章题目、作者姓名与联系方式。

3. 电子文档请用 WORD 排版,以附件形式发送到编辑部的邮箱。文件名格式为"姓名-文章名-单位名称-日期";邮件主题格式为"《全球中文发展研究》投稿-姓名-文章名-单位名称"。

4. 本集刊接收原创研究论文、综述、实践研究和案例分析等稿件,均为中文或英文撰写。稿件应具有一定的学术价值和研究意义,符合本刊的出版范围和方向,请遵循学术规范与投稿要求,勿一稿多投,且文责自负。

5. 请在稿件中注明作者电话、通信地址、邮箱,以便栏目责任编辑与作者及时沟通。本刊实现三审三校制度,审稿周期一般为两个月。来稿一经录用,编辑部会在出版后寄奉样本。两个月后如未接到审稿结果通知,投稿人可自行处理。来稿恕不退还,请自留底稿。

6. 本刊对作者原稿所进行的技术上的编辑删改加工,将不另行通知作者。如需要保留修改权的作者,请来稿时特别注明,否则视同全权委托本社编辑部编辑加工。特此声明。

7. 稿件一旦被本刊备用,文章的著作版权(包括光盘版版权、网络版版权)即属本刊所有,如不能接受请在投稿时说明。

## 四、联 系 方 式

地址：上海市普陀区中山北路 3663 号华东师范大学格致楼（物理楼）306 室《全球中文发展研究》编辑部；邮编：200062

邮箱：globalchinese@ecnu.edu.cn

# 《全球中文发展研究》杂志刊例

1. 稿件内容和格式

整篇稿件相关部分的内容及其序次为：标题，作者，中文提要（限 300 字内），中文关键词（限 5 个），正文，参考文献，附录（如需要），作者简介，通信地址。英文题目、作者（汉语拼音名或英文名）、英文单位名、英文提要（限 100～200 词）、英文关键词（与中文关键词对应）以及作者姓名、通信地址、电话、传真及电子邮件请另页提供。

用英文撰写的论文须提供中文提要和关键词。

如论文属省部级以上科研立项的成果，请在正文第 1 页加题注说明项目名称、项目编号、起讫时间、管理单位等。

稿件须提供详细准确的参考文献信息，引用以页下注的格式标注，如作者姓名（多名作者，姓名请全部列出）、出版年、著作名、出版地、出版单位、文章名、期刊名、出版时间及页码等。

2. 正文格式要求

正文中所有的标题均需独占一行，序号使用格式为：一级标题用汉字"一、二、……"，居中排列；二级标题用"（一）……"，三级标题用"1."，若只有两个级别的标题，则二级标题用"1."，依此类推，均前空两汉字格，跟行文同。例句编号采用（1）（2）……的形式编排，全文所有例句连续编号。例句首行前空 2 字格，回行文字跟首行文字上下对齐。注释用页下注。

3. 文中参引

正文中引述文献、转述文献均以页下注形式标注，页下注符号采用"①②

③······",设置每页重新编号,页下注格式同以下参考文献格式。

4. 随文圆括号夹注

随文圆括号夹注主要用于简短的说明、译文的原文、全名的缩写或全称的简称等。外国人名在正文中要翻译为汉语,并加括注,例如:在亨普尔(Carl G. Hempel)的渡鸦悖论中,如果背景假定是世界上渡鸦的数量远远少于非黑色的东西;那么观察到一只白色的鞋子是无关乎所有渡鸦都是黑色的。

5. 参考文献

参考文献以页下注格式标注。

中文作者按照"姓 + 名"顺序给出全名,两人以上姓名之间加顿号。英文作者按照"名 + 姓"顺序给出,两个姓名之间加"&",前后各空一格;三个及以上姓名之间加英文逗号,逗号后面空一格,最后一处间隔用"&"连接,前后各空一格。

外文论文(包括学位论文)的篇名以正体书写,前后加双引号,外文书名以斜体书写。篇名及书名的首词、尾词以及其他实词的首字母大写。

参考文献页下注格式:

(1) 独著

姓名:《书名》,出版地:出版社,出版年,页码。

吕叔湘:《吕叔湘语文论集》,北京:商务印书馆,1983 年,第 10 页。

Renford Bambrough,*The Philosophy of Aristotle*,New York:The New American Library,1963,p.10.

注意:外文引述文献作者两人或两人以上,用符号"&"连接。单页用"p.",多页用"pp.",后面用"–"连接。

(2) 编著

姓名主编(编著):《书名》,出版地:出版社,出版年,页码。

赵世举(主编):《语言与国家》,北京:商务印书馆,2015 年,第 10 — 11 页。

Paula R. Feldman(ed.),*British Women Poets of the Romantic Era*,Baltimore:Johns Hopkins University Press,1997,pp.10 – 11.

Theres Grüter & Johanne Paradis(eds.),*Input and Experience in Bilingual Development*,Amsterdam:John Benjamins Publishing Company,2014,p.11.

注意：外文单人编著用"(ed.)"，二人及两人以上编著用"(eds.)"。出版地精确到城市，不需要写州的名称。外文引述文献作者两人或两人以上，用符号"&"连接。单页用"p."，多页用"pp."，后面用"–"连接。

（3）译著

原作者姓名：《书名》，译者姓名，出版地：出版社，出版年，页码。

让-雅克·卢梭：《爱弥儿》，李平沤译，北京：商务印书馆，1996 年，第 10 页。

Jacques Lacan, *Ecrits: A Selection*, Trans. Alan Sheridan, New York：Norton，1977，p.10.

注意：外文引述文献作者两人或两人以上，用符号"&"连接。单页用"p."，多页用"pp."，后面用"–"连接。

（4）论文集中的文章

文章作者姓名：《文章标题》，《论文集名称》，论文集编者姓名，出版地：出版社，出版年，页码。

陈章太：《语言资源与语言问题》，《语言规划与语言政策：理论与国别研究（续）》，王辉、周玉忠主编，北京：商务印书馆，2009 年，第 13 — 24 页。

Hannah More, "The black slave trade：A poem"，in Paula R. Feldman（ed.），*British Women Poets of the Romantic Era*，Baltimore：Johns Hopkins University Press，1997，p.468.

Colette Grinevald & Michel Bert，"Speakers and communities"，in Peter K. Austin & Julia Sallabank（eds.），*The Cambridge Handbook of Endangered Languages*，Cambridge：Cambridge University Press，2011，pp.1-17.

注意：外文单人编著用"(ed.)"，二人及两人以上编著用"(eds.)"。外文引述文献作者两人或两人以上，用符号"&"连接。单页用"p."，多页用"pp."，后面用"–"连接。

（5）期刊中的文章

文章作者姓名：《文章标题》，《杂志名称》，出版年，期数，页码。

周芬芬：《论微语言的社会语用平衡》，《湖南科技大学学报》（社会科学版）

2014 年第 2 期,第 124—127 页。

Maria Carreira,"Seeking explanatory adequacy:A dual approach to understanding the term 'heritage language learner'",*Heritage Language Journal*,2004,Vol. 2,No. 1,pp. 1‐25.

Kendall A. King,Lyn Fogle & Aubrey Logan-Terry,"Family language policy",*Language and Linguistics Compass*,2008,Vol. 2,No. 5,pp. 907‐922.

注意:外文引述文献作者两人或两人以上,用符号"&"连接。单页用"p.",多页用"pp.",后面用"‐"连接。

(6) 报纸文章

文章作者姓名:《文章标题》,《报纸名称》(版),出版年月日。

彭聃龄:《理论研究须根植基础研究》,《人民日报》(第 7 版)2015 年 9 月 17 日。

Manning A. ,"Curriculum battles from left and right",*USA Today*,2 Mar. 1994,5D.

(7) 网络作品

作者(机构,政府):《网页标题》,网站名,网页制作时间,访问路径。

教育部语信司:《〈普通话异读词审音表〉修订初见成效》,中国语言文字网,2015 年 9 月 14 日,http://www. china-language. gov. cn/14/2015_9_14/1_14_6100_0_1442210891046. html。

Johndan Johnson-Eilola,"Little machines:Rearticulating hypertext users",1994,Retrieved from ftp://ftp. daedalus. com/pub/CCCC95/john-eilol.

National Heritage Language Resource Center (NHLRC),"Tenth heritage language research institute". Retrieved from http://www. nhlrc. ucla. edu.

(8) 学位论文

作者姓名:《论文标题》,硕士/博士学位论文,大学所在地:大学名,出版年。

赵健:《学习共同体——关于学习的社会文化分析》,博士学位论文,上海:

华东师范大学,2005 年。

Namhee Suk，"Impact of extensive reading in a Korean EFL university setting：A mixed methods study"，PHD thesis，Flagstaff：Northern Arizona University，2015.